中国供销合作经济发展研究报告
（2021年）

主　编　董晓波　计　慧
副主编　刘　敏　刘　巍

中国商业出版社

图书在版编目(CIP)数据

中国供销合作经济发展研究报告. 2021年 / 董晓波，计慧主编. -- 北京：中国商业出版社，2021.11
ISBN 978-7-5208-1882-7

Ⅰ. ①中… Ⅱ. ①董… ②计… Ⅲ. ①供销合作社－研究报告－中国－2021 Ⅳ. ①F721.2

中国版本图书馆 CIP 数据核字(2021)第 229771 号

责任编辑：刘毕林

中国商业出版社出版发行
010-63180647　www.c-cbook.com
(100053　北京广安门内报国寺 1 号)
新华书店经销
蚌埠市广达印务有限公司印刷
*
787 毫米×1092 毫米　16 开　11 印张　270 千字
2021 年 11 月第 1 版　2021 年 11 月第 1 次印刷
定价：68.00 元
* * * *
(如有印装质量问题可更换)

中国供销合作经济发展研究报告(2021年)编委会

主　　任　丁忠明　冯德连
副主任　秦立建　方　鸣
委　　员　丁忠明　冯德连　秦立建　方　鸣
　　　　　计　慧　李　想　刘从九　唐　敏
　　　　　徐守东　董晓波　周万怀
秘　　书　徐冠宇

编写人员

主　　编　董晓波　计　慧
副主编　刘　敏　刘　巍
参编人员　李　想　董晓波　刘　敏　刘　巍

总 序

安徽财经大学是一所以经、管、法学为主,跨文学、理学、工学、史学、艺术学等八大学科门类,面向全国招生和就业的多科性高等财经院校,同时也是改革开放后,在全国最早申报开设合作经济专业,创办《合作经济》杂志(后更名为《中国供销合作经济》,现更名为《中国合作经济》杂志),设立合作经济系,招收本、专科全日制合作经济专业学生的高校。2011年以来,我校为凸显合作经济理论研究和学科发展特色,开始筹建中国合作经济博物馆,2012年博物馆正式对外开放。2013年在全国首招合作经济专业硕士研究生,首次公开出版的《中国合作经济发展研究报告(2013年)》,得到了原农业部、中华全国供销合作总社领导的批示与肯定。此后每年出版的《中国合作经济发展研究报告》《中国供销合作经济发展研究报告》《中国棉花产业发展研究报告》,皆受到相关部门和社会各界的高度评价。作为一所教学研究型大学,加强智库建设、服务经济社会发展无疑是我们必须承载的重要任务。

近年来,我校一直围绕做好社会服务这一重要课题,遵循服务地方经济社会发展与服务我国合作经济事业发展两大主旨,从搭建平台、优化机制、创新模式等方面进行了积极尝试。此次出版的《中国合作经济发展研究报告(2021年)》《中国供销合作经济发展研究报告(2021年)》《中国棉花产业发展研究报告(2021年)》是我们与中华合作时报社、中国合作经济杂志社、中国棉花协会棉花工业分会、中国棉麻流通经济研究会和全国棉花加工标准化技术委员会等单位紧密合作,共同组织策划,由我校中国合作社研究院、中国合作经济博物馆、合作经济研究中心、棉花工程研究所面向合作单位组建以教授、博士与资深记者为主体的协同创新研究团队,经过一年左右深入调查研究所形成的研究成果。

当前中国特色社会主义进入新时代,党的十九大报告明确提出"实施乡村振兴战略",组织创新、制度创新、技术创新与管理创新已是大势所趋,新修订的农民专业合作社法已于2018年7月1日正式实施,城乡尤其是农村各种形式的合作经济组织制度发展方兴未艾,如何实现合作经济组织制度的高质量发展?既面临难得机遇,又存在诸多挑战,特别是全球新冠疫情大背景下,党的十九届五中全会明确提出了"双循环"新战略,因此加强高校和相关单位合作,组建协同创新团队,以习近平新时代中国特色社会主义思想为指导,研究中国特色合作经济理论与实践,推动中国特色合作经济事业发展,意义重大。

由于系统深入跟踪研究我国合作经济发展这一课题涉及方方面面,对我们来说,具有很大的挑战性,加之时间紧、任务重,不足之处在所难免,敬请领导、专家和合作社工作者批评指正。

安徽财经大学党委书记、校长 丁忠明
2021年8月

前 言

中国供销合作社是我国目前组织体系最完整、网络覆盖面最广、唯一代表我国各类合作社加入国际合作社联盟(ICA)的合作经济组织,在我国经济社会发展的历史上作出了不可磨灭的重要贡献。

当前,中国特色社会主义进入了新时代,党中央、国务院高度重视供销合作社的改革和发展。2015年,中共中央、国务院作出深化供销合作社综合改革的战略部署,并于2015年3月出台了《中共中央国务院关于深化供销合作社综合改革的决定》。2016年4月25日,习近平总书记在安徽凤阳县小岗村主持召开了农村改革座谈会,强调要深化农村改革需要多要素联动,明确指出要推进供销合作社综合改革。2020年9月,中华全国供销合作社第七次代表大会召开之际,习近平总书记又对供销合作社工作作出重要指示,明确指出"供销合作社是党领导下的为农服务的综合性合作经济组织",同时充分肯定了供销合作社的历史贡献和近些年来的综合改革成效,要求各级党委和政府继续办好供销合作社,为供销合作社的未来发展指明了方向。这是推动新时代供销合作社事业发展的行动指南。深化供销合作社综合改革,不仅是我国推进农业现代化建设和实施乡村振兴战略的需要,也是巩固党在农村执政基础的需要,还是实现共同富裕伟大目标的需要,更是推进供销社自身改革和发展的内在需求。发展现代农业,要求供销合作社发挥组织体系完整的优势,积极构建综合性、规模化、可持续的为农服务体系,推进农业产业化经营,提高农民组织化程度;实施乡村振兴战略,要求供销合作社发挥扎根基层的优势,广泛凝聚各类社会资源,大力开展农村社区综合服务,不断提高农民的生产生活质量;"双循环战略"背景下,扩大国内需求,要求供销合作社发挥流通网络覆盖城乡的优势,加快推进新农村现代流通服务网络建设,改善农村消费环境,开拓农村市场,促进城乡经济社会统筹发展。面对新形势,供销合作社如何坚持为农服务宗旨,继续全面深化综合改革,创新我国供销合作社体制机制,进一步激发供销合作社的内生动力和发展活力,提升服务能力,拓展服务领域,打造服务农民生产生活的综合平台,成为党和政府密切联系农民群众的桥梁和纽带,使供销合作社在实施乡村振兴战略中发挥更大的作用,为践行共同富裕这一中国特色社会主义原则贡献力量。因此,以习近平新时代中国特色社会主义思想为指导,认真学习贯彻习近平总书记对供销合作社工作作出的重要指示精神,系统深入地研究中国特色供销合作社理论、道路、制度和文化,准确及时地反映和宣传我国供销合作社事业取得的成就,针对存在的难点问题,提出切实可行的对策,就显得意义重大。

安徽财经大学长期得到中华全国供销合作总社支持,密切关注我国供销合作社事业发展,是中华全国供销合作总社重点智库,我们有责任搭建产学研协同创新平台,加强合作经济理论研究,培养合作经济人才,宣传合作社文化,弘扬合作精神,凸显我校合作经济办学特色,为中国特色供销合作经济事业发展作出应有的贡献。本研究报告得到了中华全国供销合作总社,中华合作时报社、中国供销合作经济学会,相关省、市、县供销合作社联合社的大力支持,在此一并表示感谢。

  本报告分工如下:第一部分至第三部分由李想负责;第四部分、第六部分和第七部分由董晓波负责;第五部分由刘敏负责;第八部分和附录由刘巍负责。同时,感谢苏耀庭、张曜等研究生同学的优秀助研工作。

安徽财经大学 董晓波
2021 年 8 月

目 录

第一部分 全国供销合作社发展现状分析 (1)
一、经济运行呈现持续稳定恢复的良好态势 (1)
二、基层基础不断夯实 (5)
三、社有企业发展稳中有进 (14)
四、为农服务能力明显提升 (19)
五、人员结构日趋合理 (20)

第二部分 全国供销合作社改革发展中存在的主要问题 (25)
一、体制机制方面的改革成效有待进一步显现 (25)
二、基层社基础尚不稳固 (26)
三、社有企业的规模实力和发展活力有待提升 (27)
四、人才队伍建设亟待加强 (27)
五、中国特色供销合作社发展之路的理论研究有待深入 (28)

第三部分 加快全国供销合作社改革发展的对策建议 (29)
一、探索多种形式的"三位一体"综合合作,持续深化综合改革 (29)
二、加快完善基层经营服务功能,打造乡镇为农服务综合体 (30)
三、大力推进社有企业高质量发展,提升为农服务产业支撑能力 (30)
四、创新人才发展体制机制,着力加强人才队伍建设 (31)
五、扎实推进农产品冷链物流和市场建设工程,提升流通网络现代化水平 (32)
六、加强理论研究,培育中国特色供销社合作社文化体系 (33)

第四部分 全国供销合作社综合改革与服务乡村振兴专题研究 (34)
一、供销合作社综合改革的主要目标、指导思想和重点任务 (34)
二、供销合作社综合改革发展概况 (36)
三、全面推进乡村振兴加快农业农村现代化的重点任务 (39)
四、供销合作社在实施乡村振兴战略中的作用 (45)
五、供销合作社综合改革与服务乡村振兴典型案例 (49)

第五部分 全国供销合作社"新网工程"建设专题研究 (56)
一、"新网工程"的产生及主要建设内容 (56)
二、"新网工程"在中国特色农业现代化中的作用与地位 (58)
三、"新网工程"建设的特点 (60)
四、2020年"新网工程"建设基本情况 (62)
五、2020年"新网工程"的新发展 (63)

第六部分 "三位一体"综合合作改革专题研究 (68)
一、"三位一体"战略构想的提出 (68)
二、"三位一体"综合合作的理论基础 (69)

三、"三位一体"综合合作的性质定位、功能和治理 …………………………………………（70）
　　四、供销合作社推进"三位一体"综合合作的探索和实践 ………………………………（72）
　　五、供销合作社推进"三位一体"综合合作改革的经验总结 ……………………………（76）
　　六、供销合作社推进"三位一体"综合合作的最新部署 …………………………………（80）

第七部分　全国供销合作社电子商务发展研究 ………………………………………………（82）
　　一、全国供销合作社电子商务发展现状 …………………………………………………（82）
　　二、全国供销合作社电子商务典型做法及案例 …………………………………………（89）
　　三、全国供销合作社电子商务相关法律法规进展 ………………………………………（93）
　　四、全国供销合作社电子商务发展存在的问题 …………………………………………（96）
　　五、全国供销合作社电子商务发展对策 …………………………………………………（98）

第八部分　学习习近平总书记"七一"重要讲话和对供销合作社工作作出的重要指示精神 …
　　………………………………………………………………………………………………（100）
　　总社党组理论学习中心组（扩大）举行第五次集体学习深入学习习近平总书记"七一"重要
　　讲话精神 ……………………………………………………………………………………（100）
　　中华全国供销合作总社召开党组（扩大）会议传达学习习近平总书记在庆祝中国共产党成
　　立100周年大会上的重要讲话精神 ………………………………………………………（102）

附　录 …………………………………………………………………………………………（103）
　　附录一　中共中央办公厅　国务院办公厅印发《关于加快推进乡村人才振兴的意见》……
　　………………………………………………………………………………………………（103）
　　附录二　中共中央、国务院关于全面推进乡村振兴加快农业农村现代化的意见（2021年1
　　月4日） ……………………………………………………………………………………（110）
　　附录三　国务院办公厅关于加快农村寄递物流体系建设的意见国办发〔2021〕29号 ……
　　………………………………………………………………………………………………（118）
　　附录四　供销总社等17部门印发《关于加强县域商业体系建设促进农村消费的意见》商
　　流通发〔2021〕99号 ………………………………………………………………………（121）
　　附录五　中共中央　国务院关于深化供销合作社综合改革的决定（2015年3月23日）…
　　………………………………………………………………………………………………（127）
　　附录六　国务院关于加快供销合作社改革发展的若干意见国发〔2009〕40号 …………（132）
　　附录七　中共中央　国务院关于深化供销合作社改革的决定中发〔1995〕5号 ………（136）
　　附录八　中华全国供销合作总社印发供销合作社促进小农户和现代农业发展有机衔接工
　　作实施方案的通知 …………………………………………………………………………（141）
　　附录九　中华全国供销合作总社关于推进区域电商发展的实施意见 …………………（146）
　　附录十　中华全国供销合作总社关于规范发展供销合作社金融服务的指导意见 ……
　　………………………………………………………………………………………………（149）
　　附录十一　供销总社关于加快推进再生资源行业转型升级的指导意见 ………………（153）
　　附录十二　国务院关于解决当前供销合作社几个突出问题的通知国发〔1999〕5号 ……
　　………………………………………………………………………………………………（157）

第一部分　全国供销合作社发展现状分析

一、经济运行呈现持续稳定恢复的良好态势

1. 全国供销系统销售总额稳定恢复

全国供销系统的经济总量持续大幅度增加。2020年,全系统销售总额5.3万亿元,同比增长14.2%。综合2006—2020年共15年的数据可以发现,全系统的年销售总额在2018年之前呈指数增长的趋势,2019年出现下滑,2020年呈现稳定恢复的良好态势(见图1-1)。

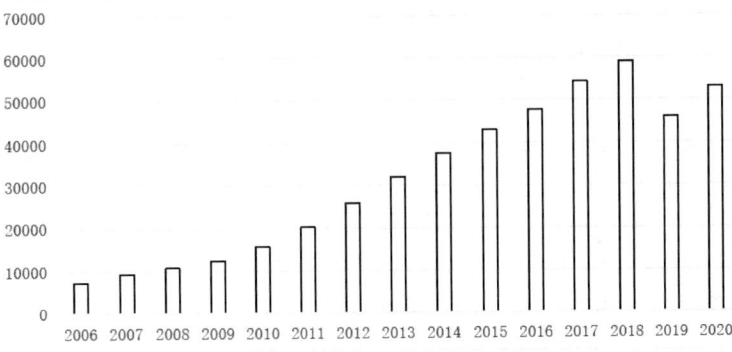

图1-1　2006—2020年全系统销售总额(单位:亿元)

其中,农业生产资料类销售额8667.1亿元,同比增长10.1%;农产品类销售额22205.3亿元,同比增长19.5%;消费品类零售额18234.5亿元,同比增长14.8%;再生资源类销售额2824亿元,同比增长21.8%(见图1-2)。

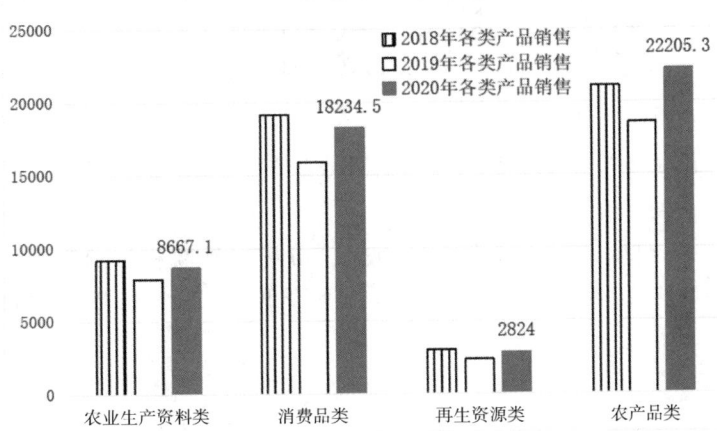

图1-2　2018—2020年全国供销系统销售总额构成分布(单位:亿元)

从图 1-3 中可以看出,在销售的种类中,农业生产资料类、消费品类、再生资源类和农产品类分别占到 16.7%、35.1%、5.4% 和 42.8%。较 2019 年,都有所上升,其中农产品上升幅度最大,上升 21.8%。

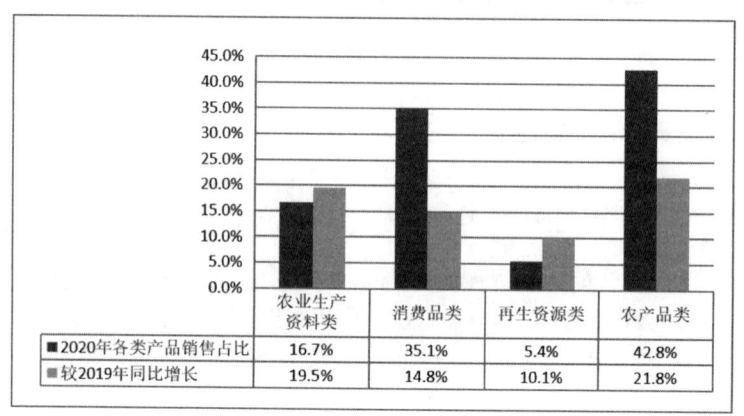

图 1-3　2020 年各类产品销售占比及较 2019 年相比

2.商品交易额总量逐步回升

2020 年全系统商品交易(批发)市场交易额 10459.9 亿元,同比增长 10.7%。其中,农副产品市场交易额 9002.7 亿元,增长 15.9%,再生资源市场交易额 768.5 亿元,增长 3.2%。与 2019 年相比,商品交易市场交易额和农副产品市场交易额在 2020 年都有所回升,而再生资源市场交易额提升幅度较小(见图 1-4)。

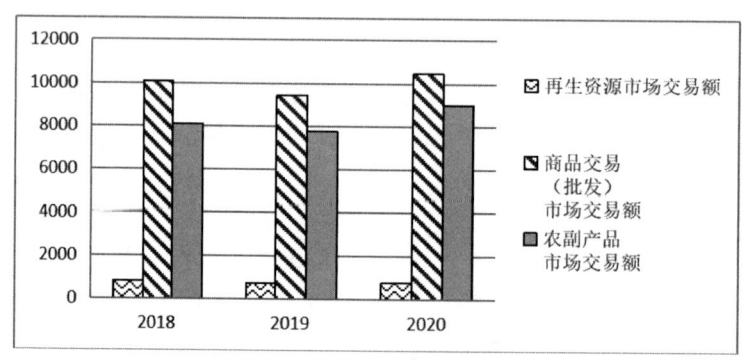

图 1-4　再生资源市场、商品交易市场和农副产品市场交易额对比图(单位:亿元)

2006 年到 2018 年之间,全系统商品交易(批发)市场交易额和农副产品市场交易额处于持续上升的趋势,2019 年这两类市场交易额均有所降低,2020 年出现大幅度的回升(见图 1-5)。

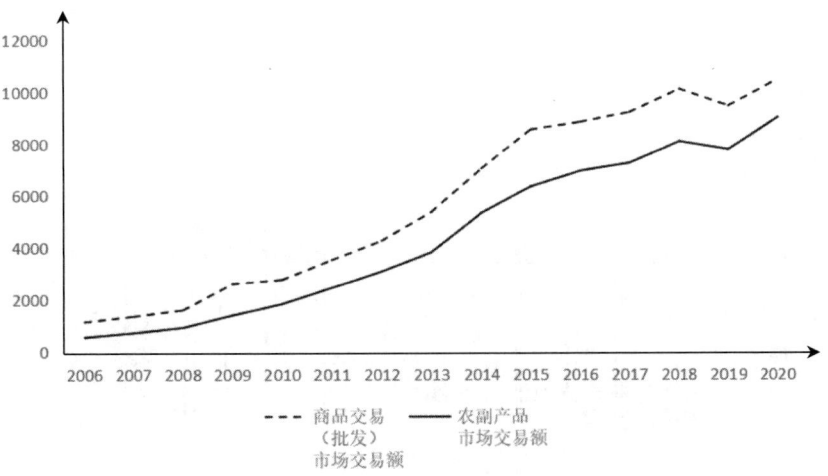

图 1-5　2006—2020 年两类市场交易额对比(单位:亿元)

3.进出口总额同比增长

2020 年全年商品进出口总额 893.4 亿元,同比增长 23.1%。其中,进口额 518.1 亿元,增长 48%;出口额 375.4 亿元,下降 0.2%。近年来,进口呈上升趋势,出口呈现稳定状态(见图 1-6)。

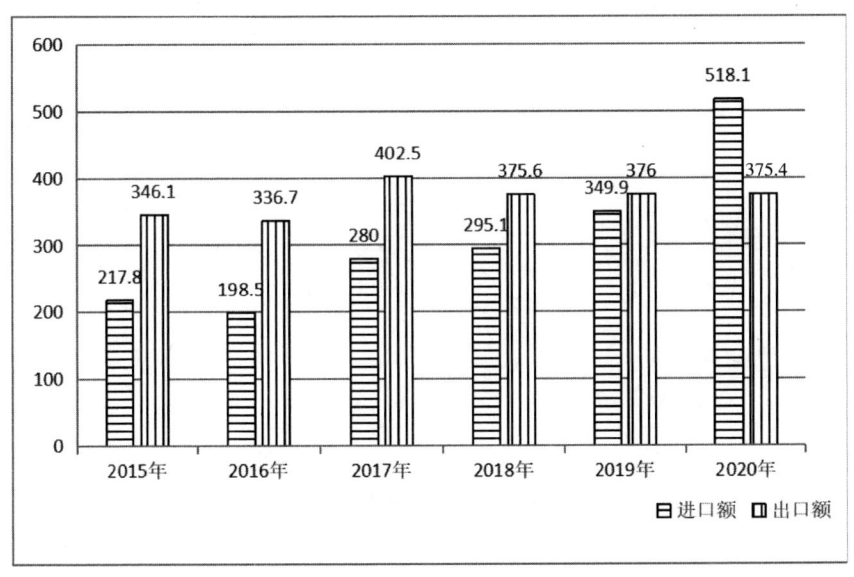

图 1-6　2015—2020 年商品进、出口额(单位:亿元)

从图 1-7 中可以看出,我国进出口总额 15 年来处于一个波动的状态,2009 年到达一个低谷,近年来呈现持续上升趋势,2020 年达到新高峰。

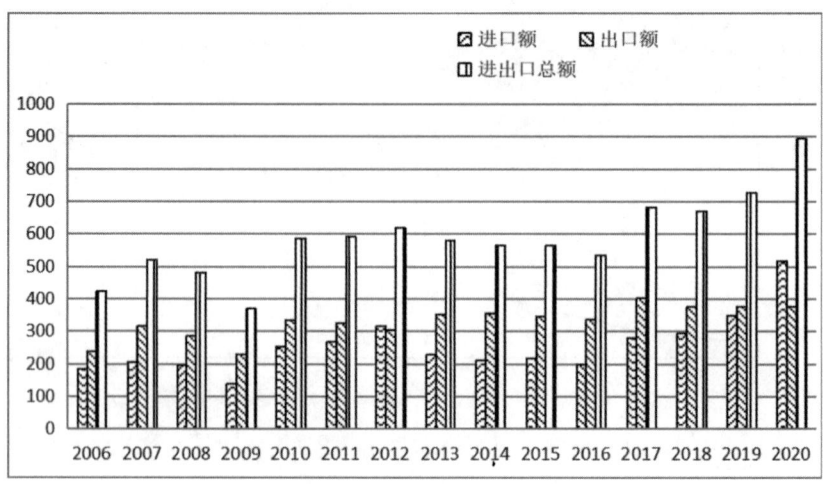

图1-7 2006—2020年进口额(左)、出口额(中)、进出口总额(右)(单位:亿元)

4.农产品购进额恢复性增长

2020年全年从农业生产者购进的农产品16133.2亿元,同比增长20.3%。2006—2020年农产品购进额的增幅分别为10.4%、23.2%、16.7%、29.35%、37.21%、45.03%、33.3%、29.2%、17.9%、17.9%、25.7%、23.1%、11.1%、-16.2%、20.3%。由此可见,全系统从农业生产者手中直接收购的农产品在2011年达到了一个非常高的增长速度,直到2018年持续保持增长的态势,2019年出现下滑,2020年又回到了原有的增长水平。

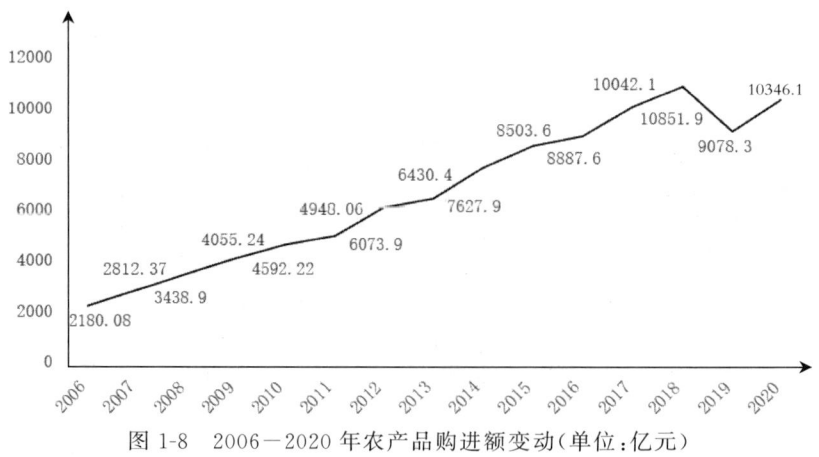

图1-8 2006—2020年农产品购进额变动(单位:亿元)

5.综合经营服务总体增长较快

2020年全国供销系统的综合经营服务发展继续保持良好态势。全年农业生产服务收入额216亿元,同比下降2.1%;全年金融服务营业额987.6亿元,同比增长39.5%;居民生活服务业营业额350亿元,同比增长105.2%;物流业营业额116.3亿元,同比增长70%;资产经营额174亿元,同比增长1.1%。从图1-9可以看出,2020年全系统尽管个别服务行业出现了小幅下滑,但综合经营服务营业额总体增长较快。从图1-9可以看出,金融服务已经占据了全国供销系统综合经营服务中的重要地位。

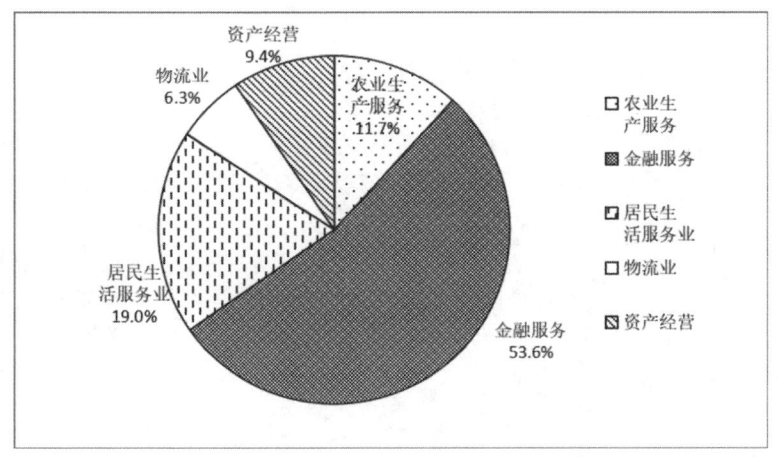

图1-9 2020年各类经营服务所占比例

二、基层基础不断夯实

1.基层组织建设扎实推进

2020年,全系统较上年增加了5187个基层社,共有37652个,基层社发展不断提速,连续多年保持较快增速,在全系统的经济比重稳步提升,整体运行质量明显优化。

(1)以集体企业为主体,其他类型企业共同发展

截至2019年年末,全系统共有基层社32465个,比上年增加673个。其中:集体企业20503个,有限责任公司3753个,股份有限公司764个,股份合作公司1395个,农民合作社3317个,其他2733个(见图1-10)。

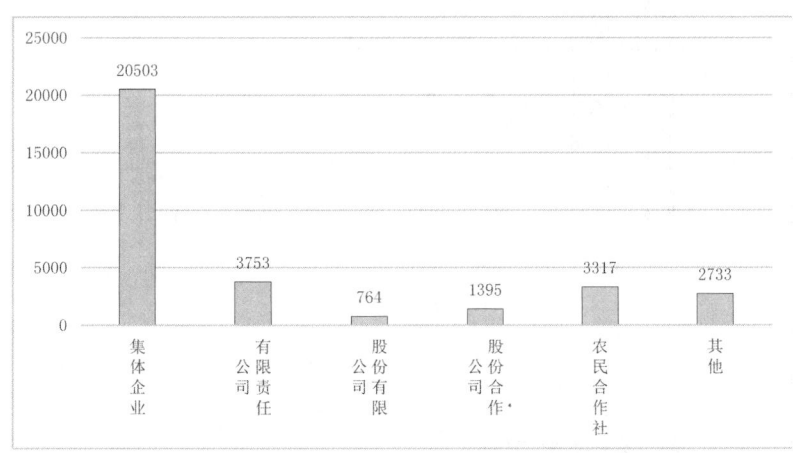

图1-10 2019年全系统基层社分类情况(单位:个)

从图1-11看,基层社所有制形式的主体是集体所有制,而合作社、股份制等形式占到37%

左右。也可以看出我国基层社所有制形式多元化,近年来出现多种形式企业并存,发展情况较好。

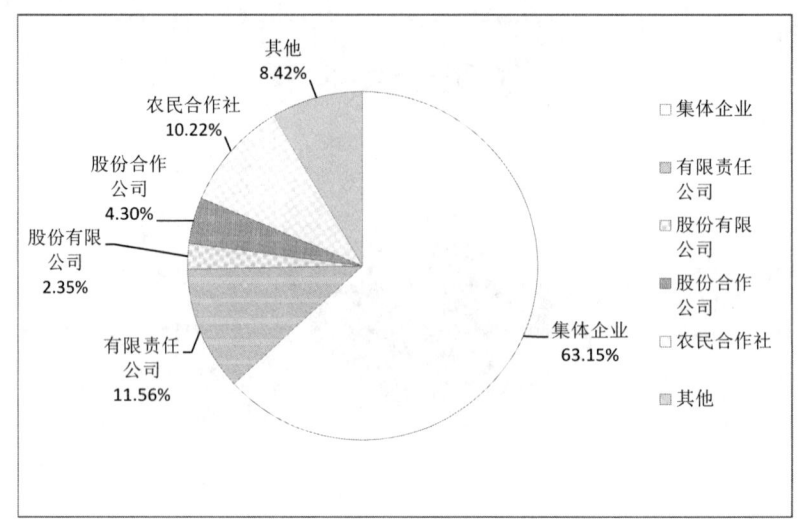

图1-11 基层社所有制形式比例

(2)垂直管理和属地管理的基层社数量明显增加

2019年,由县社垂直管理的23726个,实行属地管理的1503个,保留牌子实行民营的2737个,其他4499个。与2018年相比,县社垂直管理的数量增加了509个,占2018年数量的2.19%;实行属地管理的数量增加了143个,占2018年的10.52%;保留牌子实行民营的减少了39个,占2018年数量的约1.4%。如图1-12所示。从管理角度看,县社垂直管理和属地管理在增加,保留牌子实行民营有所降低。

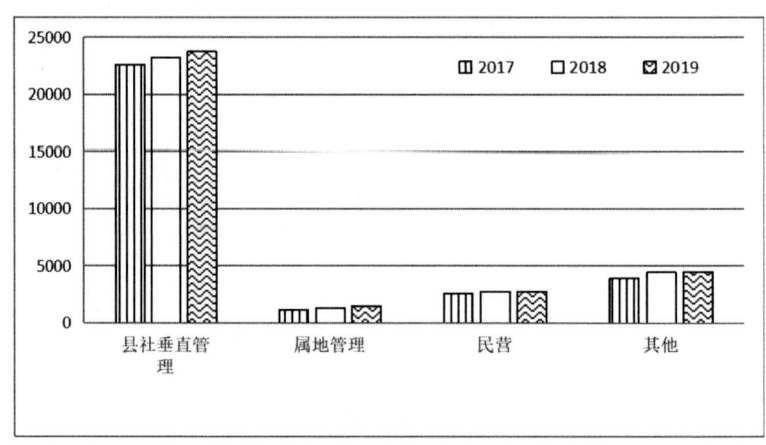

图1-12 2017—2019年基层社构成数量变动(单位:个)

(3)不同经营方式结构发生变化

截至2019年年底,实行自营的18956个,占58.4%;承包经营的4950个,占15.2%;租赁经营的3633个,占11.2%;停业、歇业的1932个,占6%。如图1-13所示。与2018年相比,实行自营的数量增加了1644个,承包经营的基层社减少了737个,租赁经营的减少了735个,停业、歇业的减少了2493个。较2018年,2019年基层社的自营持续增加,而停业、歇业的数量有大幅度下降,承包经营和租赁经营的数量略微减少。这反映出基层社不同经营方式结构的变化非常明显,对于数量发生增减的原因要深入剖析,以便更好地发挥各种经营方式的作用。

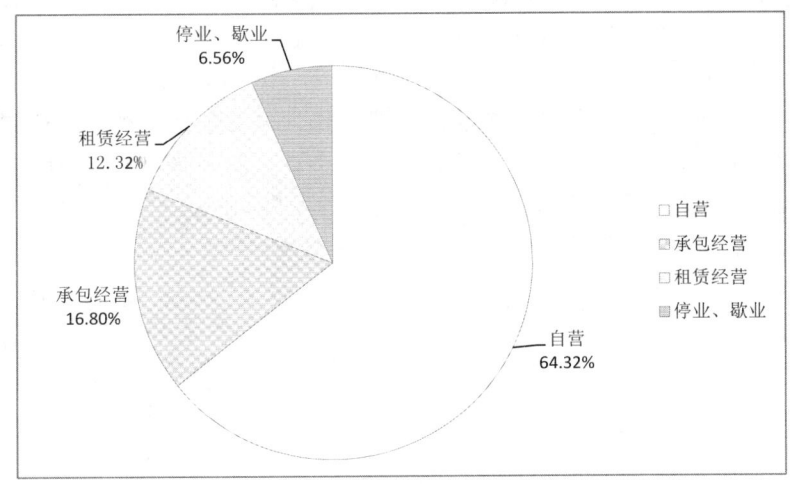

图1-13　2019年基层社各种经营方式占比

(4)各种类型网点数量有所减少

2019年,基层社经营网点32.8万个,其中,日用消费品网点16.4万个,农业生产资料网点11.3万个,农副产品收购网点2.5万个,再生资源回收网点1.8万个。与2018年相比,经营网点的数量增加了1万个,增加比例约为2018年的0.05%;日用消费品网点减少了0.6万个,减少比例约为2018年的3.53%;农业生产资料网点减少了0.4万个,减少比例约为2018年的3.42%,农副产品收购网点减少了0.1万个,减少比例约为2018年的3.85%,再生资源回收网点没有变化(见图1-14)。

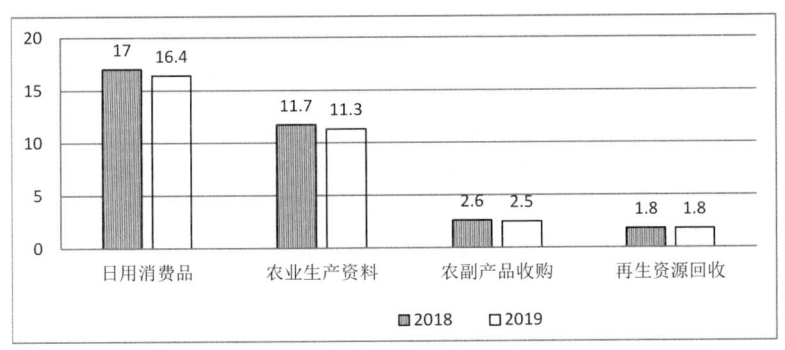

图1-14　2018年、2019年基层社经营网点变化情况(单位:万个)

总体看,日用消费品、农副产品和农业生产资料网点都有所减少,再生资源回收网点数量保持不变。全系统在推进"新网工程"的过程中,对原来规模较小的网点进行整合改善,数量明显增多,其规模和服务能力有所增加,更加便捷地为农民提供各种服务。

2.农民合作社规范化水平显著提高

(1)领办创办农民合作社数量回升,入社农户数再次增长

截至2020年年末,全系统组织农民兴办的各类专业合作社192460个,比上年增加12648个;入社农户1515.7万人。其中,农民专业合作社联合社9865个。农民专业合作社广泛分布在种植、畜牧、农机、渔业、林业、民间传统手工编织等各个产业,助农增收效果显著。从图1-15可以看出,2006—2018年,全国供销系统农民专业合作社的数量呈现指数增长的趋势,在2019年有所回落,2020年出现了一波反弹,增长了12648个。从图1-16中可以看出,14年来,农民专业合作在入社农户数方面一直处于较为平稳增长的发展状态。

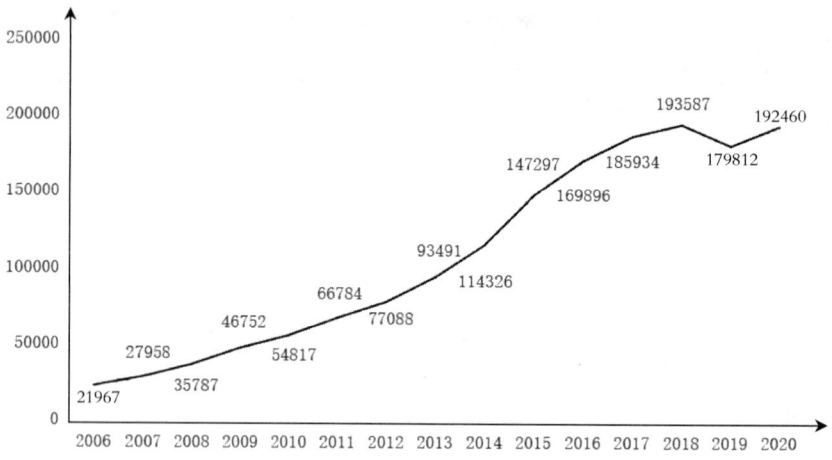

图1-15　2006—2020年全系统农民专业合作社数量(单位:个)

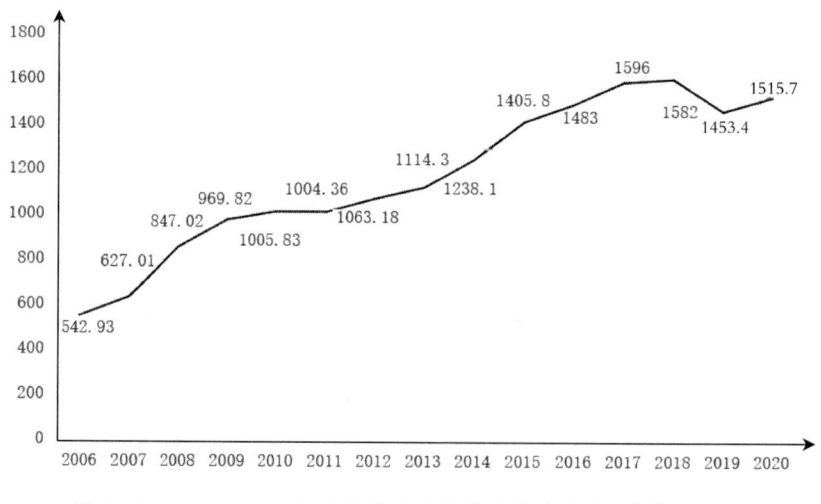

图1-16　2006—2020年农民专业合作社入社农户数(单位:万户)

(2)经营类型丰富,各类合作社动态调整

全系统在巩固提升传统业务的同时,不断拓展房地产、生物医药、装备制造、家居建材、家

政服务等新的经营服务领域。我国农民专业合作社从事种植业和养殖业最多。2020年,在全国供销合作系统的各类专业合作社中,农产品类165156个,比2019年增加了9417个,同比增长6.05%;农业生产资料类6327个,比2019年增加326个,同比增长5.43%;综合服务类6797个,比2019年增加了1187个,同比增长21.16%;其他类14180个,比2019年增加了1718个,同比增长13.79%。

在农产品类专业合作社中,棉花专业合作社1321个,干鲜果蔬专业合作社54123个,粮油作物专业合作社22888个,茶叶专业合作社5531个,中药材专业合作社8252个,水产专业合作社6034个,畜禽专业合作社38525个,其他28482个。从图1-17中可以看出,干鲜果蔬专业合作社的数量最多,占总体约32.77%,其次是畜禽专业合作社,占总体的23.33%。从图1-18中可以看出,2019年各种类型的合作社数量都有一定量的增加,各类合作社所占比例基本保持稳定。从图1-19中可以看出,近15年来,棉花专业合作社的数量在2010年左右降至最低之后,近几年又出现了波谷。

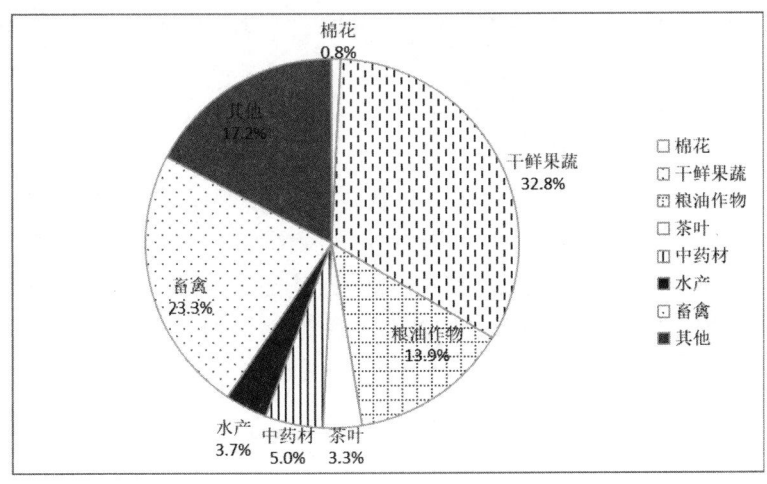

图1-17　2020年各种专业合作社占比

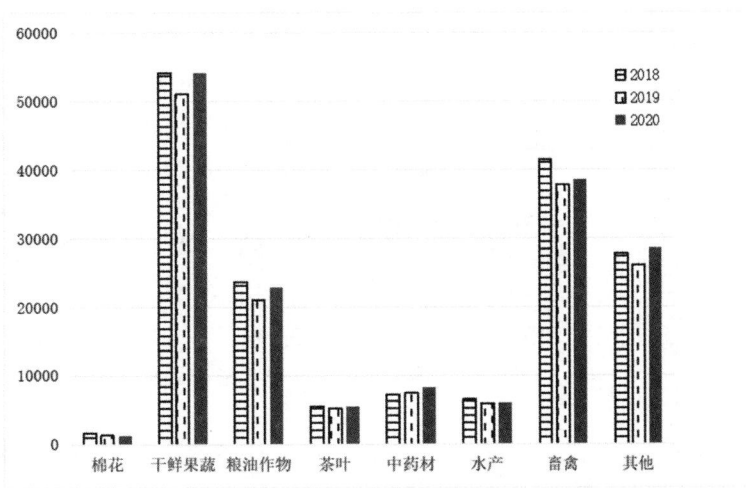

图1-18　2018年、2019年、2020年农产品类专业合作社数量(单位:个)

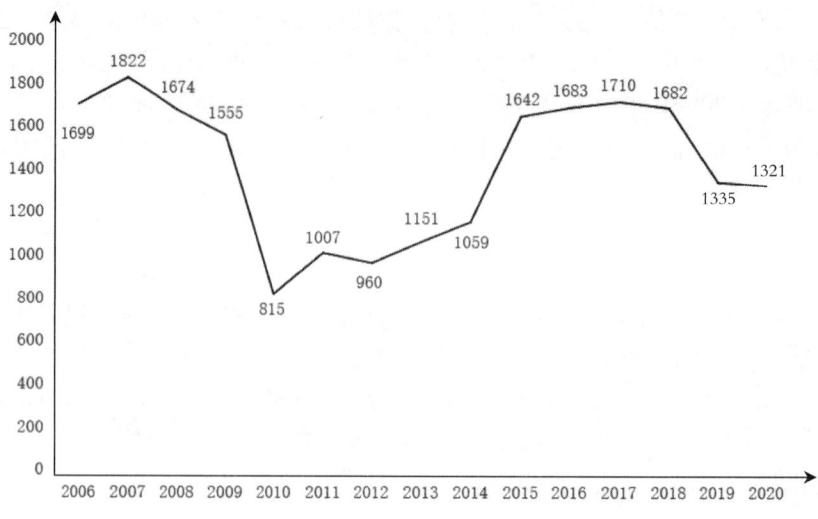

图 1-19 2006—2020 年棉花专业合作社数量(单位:个)

(3)合作社产品认证意识需要进一步增强

2020 年通过有机、绿色、无公害等认证的专业合作社 33344 个。其中,通过有机认证的有 4315 个;通过绿色认证的 8725 个,通过无公害认证的 20304 个。有产品注册商标的专业合作社 11777 个,经市、县级以上行政主管部门认定的品牌的专业合作社 3656 个。这反映出农民合作社在发展绿色农业的过程中,更加注重产品质量认证,这将有力地提升合作社产品的市场竞争力。2020 年有机、绿色、无公害合作社数量和注册商标的专业合作社数量再次出现小幅下降,在现在的市场环境下,需要加大对合作社产品质量认证和注册商标的规范的重视程度,它是树立产品品牌的基础性工作(见图 1-20)。

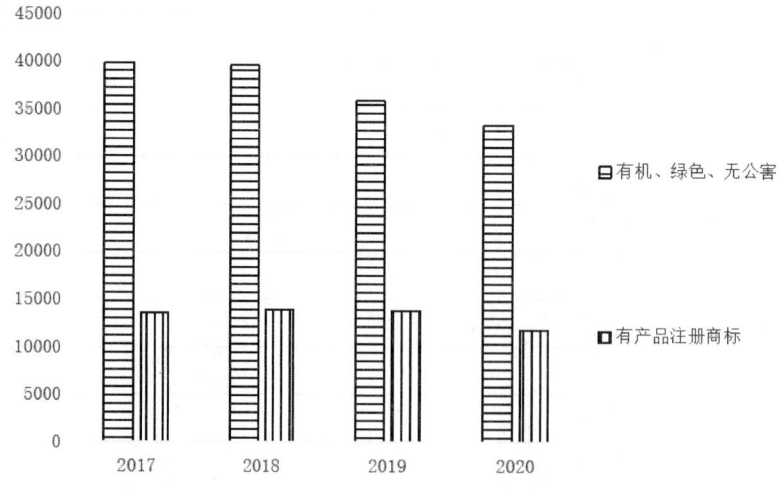

图 1-20 2017 年、2018 年、2019 年和 2020 年认证与注册商标专业合作社数量(单位:个)

3.社团组织作用充分发挥

(1)社团组织管理制度化,社会组织类型多样化

截至2020年年末,全系统主管、领办各类社会组织17998个,会员244.1万个(人)。其中,农村(民)经济组织联合会4356个。2019年年末,全系统主管、领办各类社会组织17790个,会员249万个(人)。其中,农村(民)经济组织联合会4141个。相比而言,社团组织的数量和会员总人数基本保持稳定。

从隶属关系角度看,2020年省社主管、领办229个,省辖市社主管、领办1111个,县社主管、领办10956个,基层社领办5685个。从图1-21中可以看出,县社主管、领办的社团数量最多,占总体的60.9%;基层社领办的居其次,占总体的31.6%。

从组织性质看,协会(商会)12823个,学会(研究会)173个,联合会4541个,民办非企业单位444个,基金会17个。

在行业协会中,农产品协会6112个,农产品流通经纪人协会1215个,农业生产资料协会1220个,再生资源协会712个,烟花爆竹协会695个,电子商务协会104个,其他协会2765个。从中可以发现,农产品协会是行业协会中最主要的力量(见图1-22)。其次是农业生产资料协会、农产品流通经纪人协会、再生资源协会和烟花爆竹协会。这种数量分布与我国农民合作社产业类型的企业数量分布情况是相适应的。

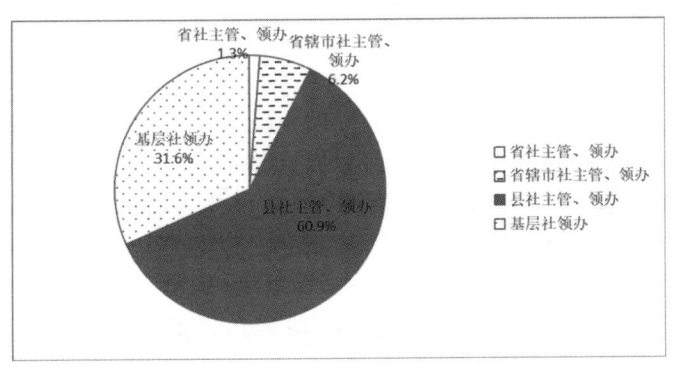

图1-21 2020年隶属关系角度的社团组织分类

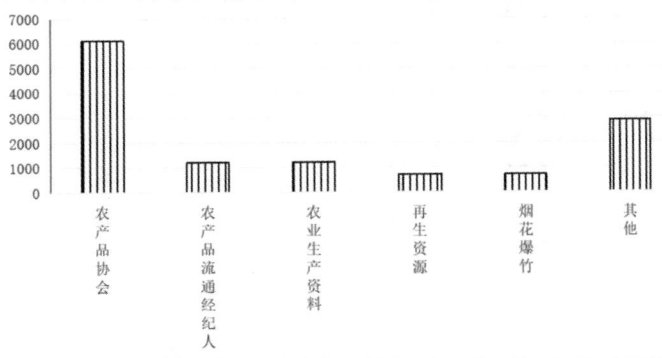

图1-22 2020年行业协会分类(单位:个)

(2)团体会员数量及个人会员数量都有所减少,团体会员比例上升

从会员情况看,2020年全部会员中,团体会员36.5万个,占14.9%;个人会员207.6万人,占85.1%。2019年的全部会员中,团体会员37万个,占14.8%,个人会员212.4万人,占85.2%。相比2019年而言,团体会员的数量及个人会员数量都有下降趋势,但团体会员数量变动并不明显(见图1-23),这反映出团体会员得到更多的认可,今后可以借助社团的渠道为农户传递更多有益的信息。

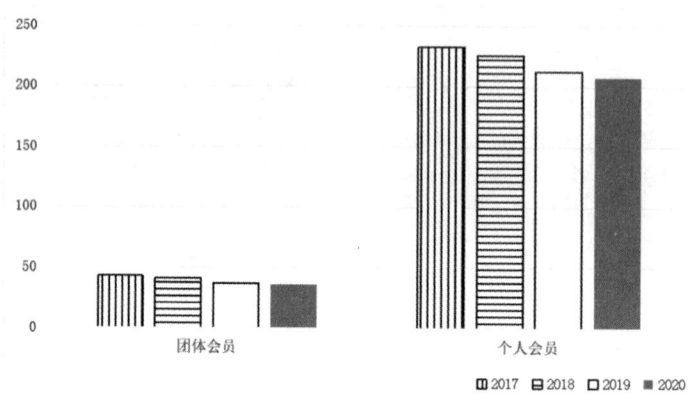

图1-23　2017年、2018年、2019年和2020年会员情况对比(单位:万人)

从图1-24中可以看出,2006—2009年,全系统社团数量经过一个上升阶段之后,2009年之后出现下降,2013—2020大致呈平稳趋势,未来,社团数量趋于平衡或许是种常态。从图1-25中可以看出,团体会员的数量和个人会员的数量都在减少,这种变化将对社团管理提出更高的要求。从图1-26和图1-27中可以看出,农产品协会的数量与社团数量的变化基本保持一致,且其数量最多,这表明社团数量变化主要是由于农产品协会数量变化而导致的。农产品经纪人协会的数量变化幅度不大,整体上保持一个平衡状态。从图1-28中可以看出,基层社领办的社团数量在2009年出现大幅度的下降,2010年以后出现小幅度回升,近年来处于持续下降的状态,应该引起高度关注。县社主管、领办的社团数量有非常明显的上升趋势,它是四种类型当中发展得最好的。

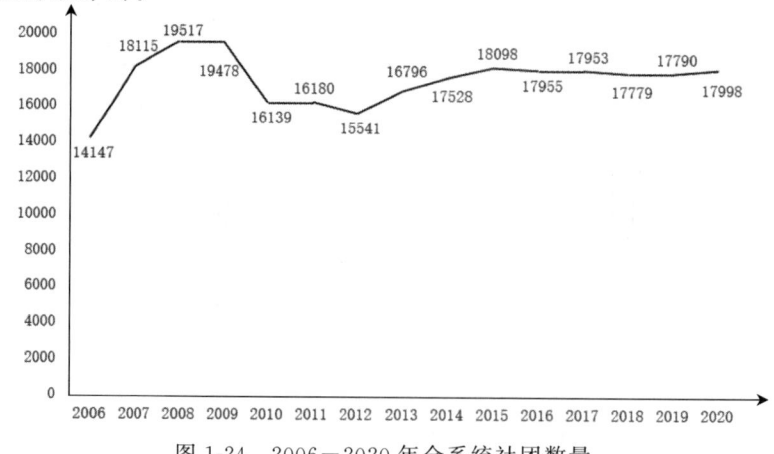

图1-24　2006—2020年全系统社团数量

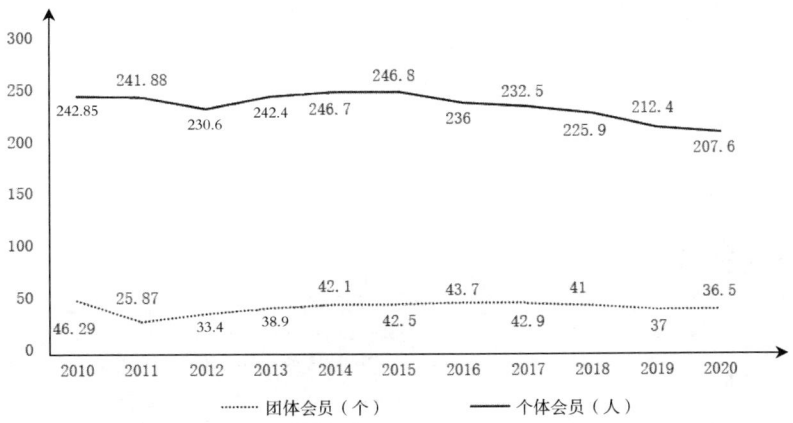

图 1-25　个人会员与团体会员数量情况

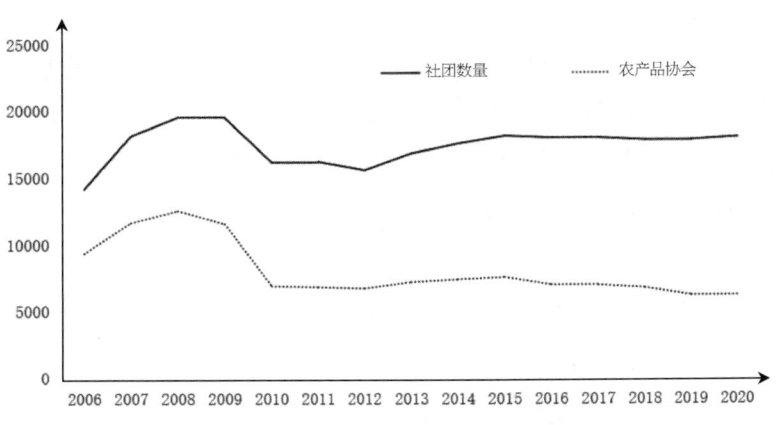

图 1-26　2006—2020 年各类社团数量（单位：个）

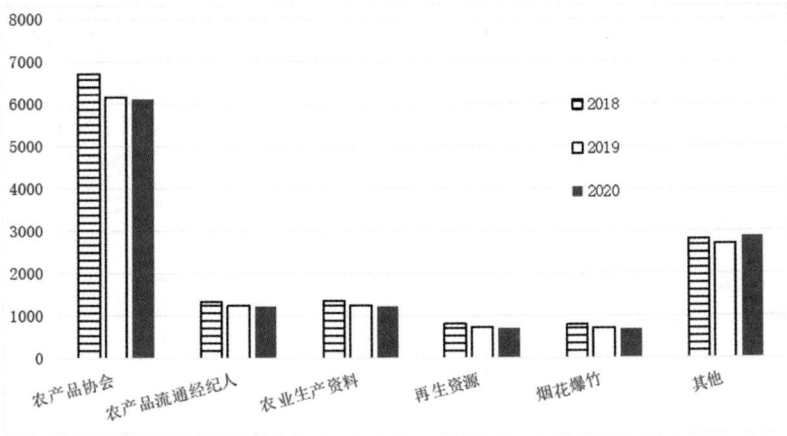

图 1-27　2018 年、2019 年和 2020 年协会所在领域数量情况（单位：个）

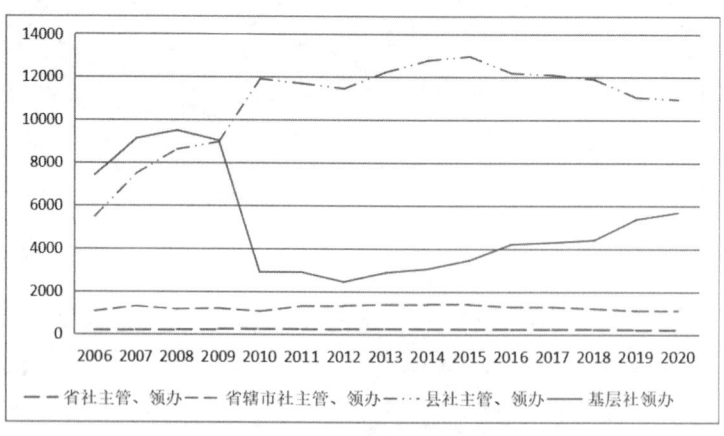

图 1-28　2006—2020 年各级部门管理社团数量（单位：个）

（3）社团组织服务多样化和精细化

2020 年，全系统的社团在内部治理、业务拓展和服务产品等市场化建设方面有新突破；各社团在推动服务功能多样化、精细化方面，进行了大胆实践；社团在行业内与全社会的社会影响力有新的提高；会员管理、组织资源和自身实力等方面的自身建设呈现出了新面貌。

三、社有企业发展稳中有进

1. 各类企业数量都有所减少，规模和效益有望提高

全系统把社有企业作为加快供销合作事业发展的重要支撑，加大改革力度，拓展业务领域，大力推动社有企业改革发展，企业规模和效益显著提高。截至 2020 年年末，全系统共有各类法人企业 22739 个（不含基层社）。其中，省社所属企业 1303 个，省辖市社所属企业 3041 个，县社所属企业 16485 个。与 2019 年相比，省社所属企业增加了 45 个，省辖市社所属企业增加了 152 个，县社所属企业增加了 832 个。从图 1-29 可以看出，全系统法人企业的数量呈现一个"V"字形的发展状态，这种变化是与全系统响应国家的结构改革，企业规模化发展等战略相适应的。全系统各类法人企业数量在连续 4 年缓慢上升之后，在 2012 年出现最低点，随后连续增长，目前总体保持在 22000 个左右。如图 1-30 所示，全系统共有各类法人企业整体呈现持续增长趋势。

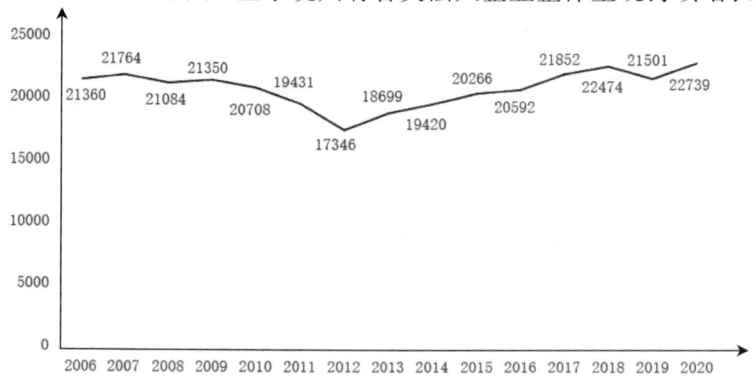

图 1-29　2006—2020 年全系统法人企业数量（不含基层社）（单位：个）

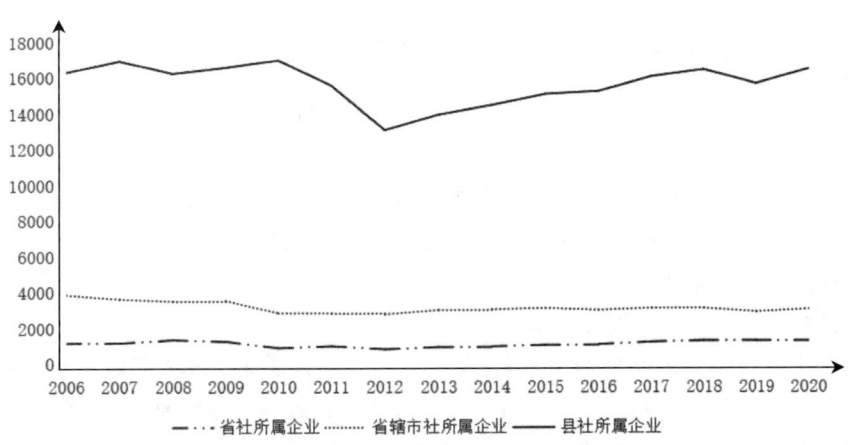

图 1-30　2006－2020 年全系统各类法人企业数量(单位:个)

2.全资企业、控股和参股企业全面减少,开放办社吸纳的企业缓慢增加

截至 2020 年年末,全资企业 8872 个,控股企业 3729 个,参股企业 4302 个,开放办社吸纳的有业务指导但无资产关系的企业 5836 个。2019 年年末,全资企业 8918 个,控股企业 3793 个,参股企业 4296 个,开放办社吸纳的有业务指导但无资产关系的企业 4494 个。对比这两年数据可以看出,各类股权企业的数量上均有所变化。具体来看,开放办社吸纳的有业务指导但无资产关系的企业数量大幅度增加;全资企业和控股企业的数量略微降低,参股企业有较小的增长。股权结构会影响到企业的运营,因此我们需要分析各类股权结构企业增加或减少的原因,以便针对性地采取措施。

从图 1-31 可以看出,全资企业的数量最多,而且整体呈现一个下降的趋势,企业数量的变化原因有很多,如果是由于企业规模化发展而引起的,那这种减少是有益的;如果是其他原因,就需要出台一些针对性的举措。

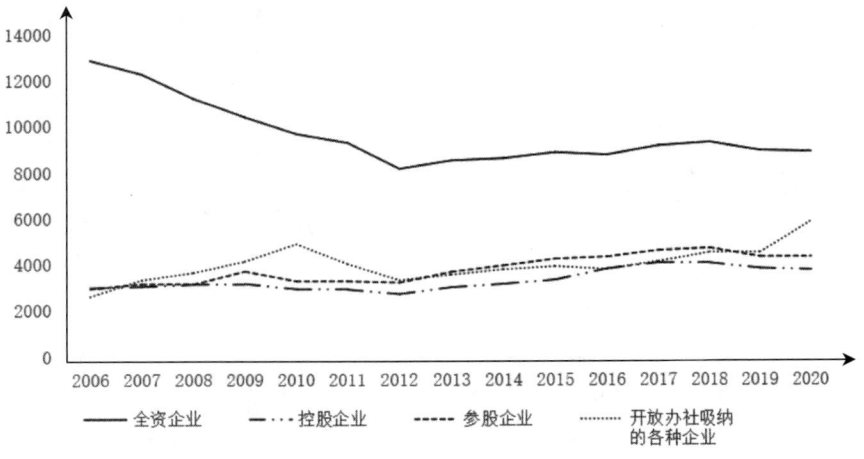

图 1-31　2006－2020 年全系统企业股权情况(单位:个)

3.巩固提升传统业务的同时,不断拓展新领域

在市场经济条件下,供销系统想要培育自己的实力,那就要寻求新的经济增长点,供销合作社只有自己先生存下来,才能更好地为农服务。所以,只要是国家法律允许的行业,供销合作社都可以介入,这样并不会影响供销合作社为农服务的本质。实践也证明,只有供销合作社自己的实力增强,才能引起政府的重视,争取更多的政策扶持,才能更好、更快地恢复供销合作社过去的辉煌。全系统在巩固提升传统业务的同时,不断拓展房地产、生物医药、装备制造、家居建材、家政服务等新的经营服务领域。

从产业类别看,2015 年及以前全系统的产业分为四种类型:批发零售贸易业法人企业、宾馆和饭店、工业生产加工企业和其他法人企业。2016 年全系统的产业则合并为批发零售贸易业法人企业、生产加工企业和其他服务业法人企业三种类型。从表 1-1 可以看出,与 2015 年相比,2016—2017 年期间,大多数企业数量表现出明显的递增趋势,2017 年与 2018 年相比,批发零售贸易业法人企业、各类加工企业和其他服务业法人企业都有明显的上升,2019 年,各类企业数量都有小幅度的减少,2020 年各企业又有一波回升。在全系统响应国家产业结构调整的过程中,应该关注这些产业领域相关企业的变化情况,尤其是再生资源加工企业等的变化应该引起一定的关注。

表 1-1 2015－2020 年各种企业类别及其数量情况

时间	企业类别	数量	企业类别	数量
2020 年	批发零售贸易业法人企业	16219	农业生产资料经营企业	3844
			农副产品经营企业	5132
			日用消费品经营企业	3508
			再生资源经营企业	1449
			其他类型经营企业	2286
	各类生产加工企业	2083	工业品生产加工企业	476
			农产品加工企业	1472
			再生资源生产加工企业	135
	其他服务业法人企业	4599	宾馆、饭店和餐饮业企业	281
			物流业企业	336
2019 年	批发零售贸易业法人企业	15497	农业生产资料经营企业	3711
			农副产品经营企业	4408
			日用消费品经营企业	3441
			再生资源经营企业	1465
			其他类型经营企业	2472
	各类生产加工企业	1909	工业品生产加工企业	503
			农产品加工企业	1280
			再生资源生产加工企业	126
	其他服务业法人企业	4095	宾馆、饭店和餐饮业企业	272
			物流业企业	292

续表

时间	企业类别	数量	企业类别	数量
2018年	批发零售贸易业法人企业	16249	农业生产资料经营企业	3896
			农副产品经营企业	4465
			日用消费品经营企业	3649
			再生资源经营企业	1507
			其他类型经营企业	2732
	各类生产加工企业	2039	工业品生产加工企业	625
			农产品生产加工企业	1276
			再生资源生产加工企业	138
	其他服务业法人企业	4186	宾馆、饭店和餐饮业企业	292
			物流业企业	286
2017年	批发零售贸易业法人企业	16041	农业生产资料经营企业	3873
			农副产品经营企业	4210
			日用消费品经营企业	3630
			再生资源经营企业	1538
	各类生产加工企业	1869	工业品生产加工企业	641
			农产品生产加工企业	1114
			再生资源生产加工企业	114
	其他服务业法人企业	3942	宾馆、饭店和餐饮业企业	292
			物流业企业	281
2016年	批发零售贸易业法人企业	15245	农业生产资料经营企业	3687
			农副产品经营企业	3720
			再生资源经营企业	1509
	生产加工企业	1804	工业品生产加工企业	650
			农产品生产加工企业	1043
			再生资源生产加工企业	111
	其他服务业法人企业	3543	宾馆、饭店和餐饮业	284
			物流业	257
2015年	批发零售贸易业法人企业	13813	农业生产资料经营企业	3775
			农副产品经营企业	3320
			再生资源经营企业	1709
	宾馆、饭店	301	星级宾馆	—
	工业生产加工企业	1481	农产品加工企业	1943
			再生资源加工企业	191
	其他法人企业	4671	仓储运输	250
			房地产开发企业	120
			金融担保企业	126

注:全国供销合作社系统基本情况统计公报中,因统计口径不同,本表只对近五年数据进行比较。

4.连锁配送企业数量增加,销售额恢复性增长

截至2020年年末,全系统连锁企业6697家,拥有配送中心10802个,发展连锁、配送网点83.2万个。其中,直营连锁、配送网点15.5万个,加盟连锁、配送网点67.7万个。县及县以下连锁、配送网点达78.1万个。从这些数据中可以发现,全系统的连锁配送企业和配送中心都有大幅度增加,而连锁、配送网点近两年出现了连续的下降。从各类企业的规模和数量看,农业生产资料连锁经营企业、日用消费品连锁经营企业、烟花爆竹连锁经营企业和医药连锁经营是主要力量。

而从表1-2的数据看,连锁、配送网点是全系统流通领域的重要力量,在配合和实施"新网工程"中,它们将扮演非常重要的角色。这些网点数量的降低,将对各类农产品流通的速度造成一定影响,提升供销系统为农民流通服务的能力是未来发展的重要路径。

表1-2 2015—2020年各类连锁配送企业及其数量情况

2020年	全系统连锁企业	6697家	配送中心	10802个	连锁、配送网点	83.2万个
2019年	全系统连锁企业	5997家	配送中心	9663个	连锁、配送网点	84.6万个
2018年	全系统连锁企业	6679家	配送中心	10722个	连锁、配送网点	94.6万个
2017年	全系统连锁企业	6781家	配送中心	1094个	连锁、配送网点	18.3万个
2016年	农业生产资料连锁经营企业	2354家	配送中心	5551个	连锁、配送网点	34.4万个
	日用消费品连锁经营企业	1531家		1960个		34.1万个
	再生资源连锁经营企业	508家		233个		4万个
	农副产品连锁经营企业	882家		1089个		5.9万个
	烟花爆竹连锁经营企业	912家		1543个		16.9万个
	医药连锁经营企业	91家		75个		6168个
2015年	农业生产资料连锁经营企业	2500家	配送中心	6427个	连锁、配送网点	37万个
	日用消费品连锁经营企业	1602家		2553个		35.7万个
	烟花爆竹连锁经营企业	977家		1720个		18.1万个
	医药连锁经营企业	98家		86个		7838个

2020年,全系统连锁经营销售额10346.1亿元,同比增长14%。从图1-32可以看出,2006年到2018年之间,连锁企业销售额一直处于线性增长的过程,且增长的速度处于较高水平,而2019年,连锁企业销售额出现一次大幅度下降,2020年有明显回升趋势。

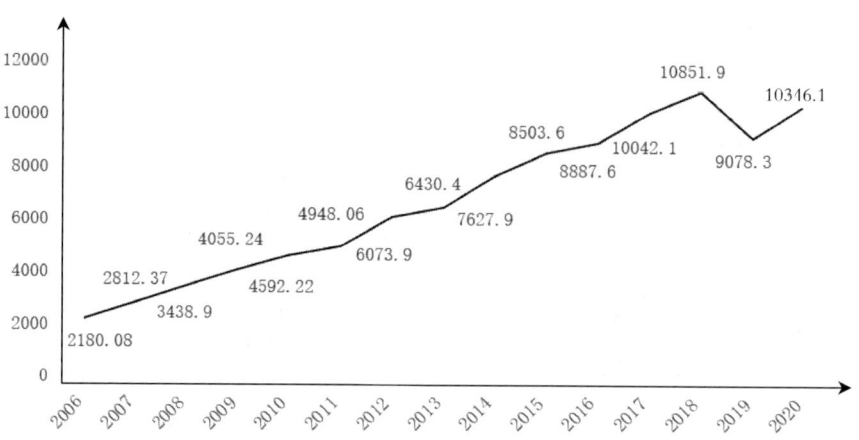

图1-32 2006—2020年连锁企业销售额(单位:亿元)

5.龙头企业数量趋于稳定

龙头企业是农业产业化过程中非常重要的力量。中国供销集团、北京粮食集团有限责任公司、江苏苏果、安徽辉隆、聚超网、黑龙江倍丰等一批社有企业迅速发展壮大,成为具有重要行业影响力的骨干龙头企业。截至 2019 年年末,全系统有各级政府和省以上有关部门认定的农业产业化龙头企业 2240 个。其中,省部级及以上认定的农业产业化龙头企业 811 个。截至 2020 年年末,全系统有各级政府和省以上有关部门认定的农业产业化龙头企业 2412 个。其中,省部级及以上认定的农业产业化龙头企业 952 个。从图 1-33 中可以看出,2006—2019 年期间,处于持续波动的状态,农业产业化龙头企业的数量在 2009 年达到高峰,经历 2010 年的下降之后,2013 年、2014 年和 2015 年开始反弹,2015 年到 2020 年之间,龙头企业数量处于持续波动状态,龙头企业的数量或将趋于稳定。

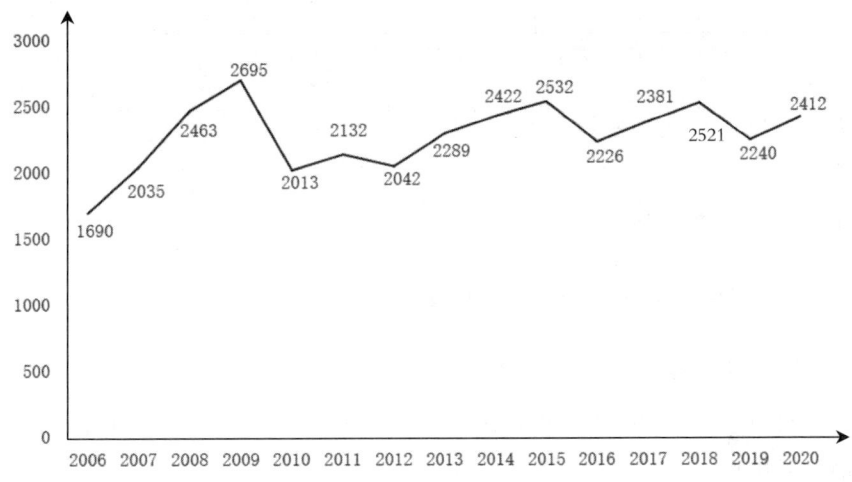

图 1-33　2006—2020 年农业产业化龙头企业数量(单位:个)

四、为农服务能力明显提升

1.农业社会化服务类型多样,服务效果显著

截至 2020 年年末,全系统土地全托管面积 3701.3 万亩,土地流转面积 3923.2 万亩,配方施肥服务 12350.4 万亩次,统防统治服务 11448.9 万亩次,农机作业服务 8454.3 万亩次。全系统共培训农村实用人才 182.4 万人次,发放科技资料 775.1 万份。

2.综合服务社数量上升,为各种服务提供平台

截至 2020 年年末,全系统共建立农村综合服务社 44.8 万个,比上年增加 22478 个,其中,与村委会共建 59628 个,农村综合服务中心 73766 个。生产性为农服务中心 18041 个。庄稼医院 74733 个,增加 3966 个。从图 1-34 可见,全系统在为农户提供综合服务的能力不断提升,有利于拓展系统为农服务领域。从图 1-34 中可以看出,2006—2020 年的村级综合服务站数量呈现线型增长的趋势,体现出越来越多的农民群众享受到供销合作社带来的便利实惠、安

全优质服务。

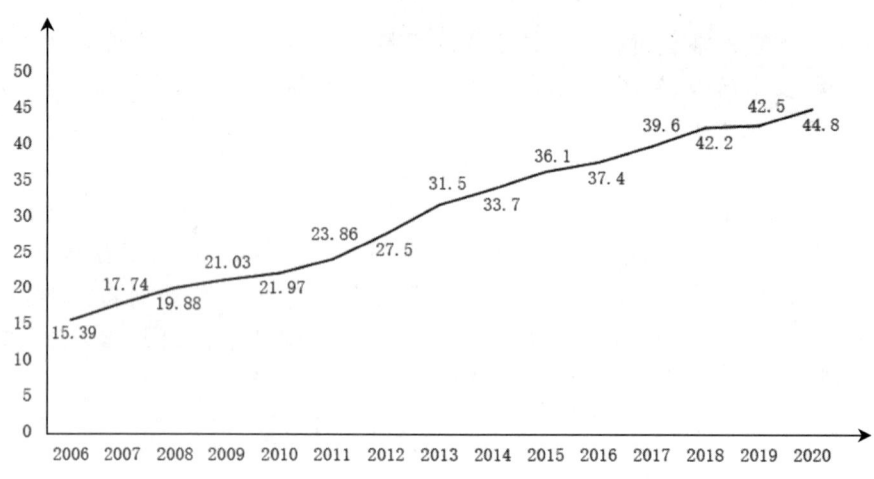

图 1-34　2006—2020 年村级综合服务站数量

五、人员结构日趋合理

1.全国供销合作社机关与人员数量基本稳定

（1）供销合作社机关数量较为稳定

全国供销合作社系统由中华全国供销合作总社、省级供销合作社、地级供销合作社、县级供销合作社、基层供销合作社五级组织机构组成。截至2020年年末，全系统有县及县以上供销合作社机关2789个，其中，省（区、市）及新疆生产建设兵团供销合作社（以下简称省社）32个，省辖市（地、盟、州）供销合作社（以下简称省辖市社）344个，县（区、市、旗）供销合作社（以下简称县社）2412个。全系统有基层社37652个，比上年增加5187个。2019年年末，全系统有县及县以上供销合作社机关2762个，其中，省（区、市）供销合作社（以下简称省社）32个，省辖市（地、盟、州）供销合作社（以下简称省辖市社）340个，县（区、市、旗）供销合作社（以下简称县社）2389个。从数量上看，全国供销系统合作社机关的数量基本稳定、变化不大。

（2）事业单位数量小幅下降，企业化管理单位数量明显下降

截至2020年年末，各级供销合作社所属事业单位217个。其中，省社所属事业单位61个；省辖市社所属事业单位57个；县社所属事业单位82个。从经费来源看，全额拨款的85个，差额拨款的28个，定额补助的6个，自收自支的98个。截至2019年年末，各级供销合作社所属事业单位258个。其中，省社所属事业单位61个；省辖市社所属事业单位67个；县社所属事业单位114个。从经费来源看，全额拨款的108个，差额拨款的29个，定额补助的6个，自收自支的115个。从两年的数据看，各级供销合作社所属事业单位的数量有所下降，但下降幅度并不大，反映出我国供销合作事业仍然处于较为稳定的状态。

（3）财政全额拨款机构增加较快，定额补贴和自收自支机构减少

2020年，全国供销系统各级合作社机关的经费来源分为财政全额拨款、差额拨款、财政定

额补贴和自收自支四种类型。财政全额拨款的2517个,占90.2%。其中,省社机关30个,省辖市社机关327个,县社机关2159个。差额拨款的93个,占3.3%,均为县社机关。财政定额补贴的44个,占1.6%,均为县社机关。实行自收自支的135个,占4.8%,其中,省社机关2个,省辖市社机关17个,县社机关116个。

总体看,全国供销系统合作社机关的经费来源方面,财政拨款的各级机关数量有一定增加,其他来源的机关数量减少。这反映了国家对供销系统在财政方面加大了支持力量,将更加有利于合作社机关完成其行政管理和公益性服务的功能。

(4)机关人员编制稍有减少,总体保持稳定

截至2020年年末,全系统县及县以上供销合作社机关人员编制4.9万个。其中,参照公务员法管理的人员编制3.4万个,占总人员编制数的70.1%。而2019年年末,全系统县及县以上供销合作社机关人员编制5万个。其中,参照公务员法管理的人员编制3.5万个,占总人员编制数的69%。可以看出合作社机关人员的数量变化并不大。

2.人员结构更趋合理,受教育程度稳步提高

(1)全系统职工总人数稳步减少

截至2020年年末,全系统共有职工326万人,比2019年增加了4.8万人。其中,实际从业人员208.1万人,比2019年增加了8.3万人;离开本单位仍保留劳动关系的人员25.2万人,比2019年减少了1.7万人;离退休人员92.7万人,比2019年减少了1.8万人。离退休人员中,已参加社会统筹养老保险的人员90.5万人,占97.7%。

从图1-35可以看出,2020年全系统职工总人数虽然有小幅度增长,但整体呈现下降的趋势。对比图1-36可以发现,总体人数上升的主要原因是实际从业人员数量有较大幅度的上升,而离退休人员和离开本单位仍保留劳动关系的人员数量则一直处于缓慢下降的趋势。这种人员数量的变化会引起人员结构的变化,这种变化会更有利于全系统的健康发展。

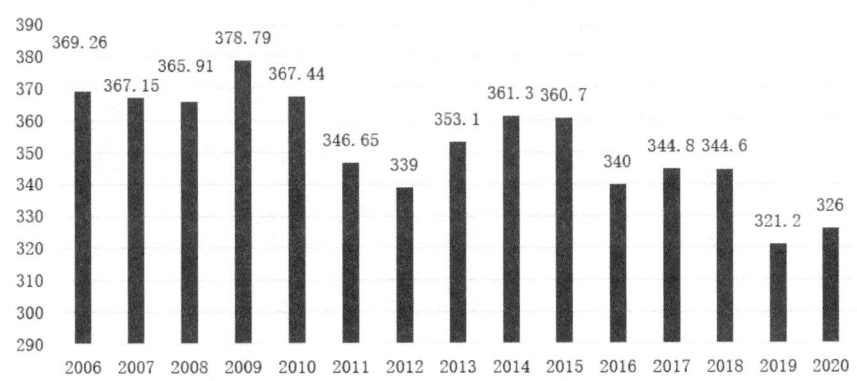

图1-35　2006—2020年全系统职工总人数(单位:万人)

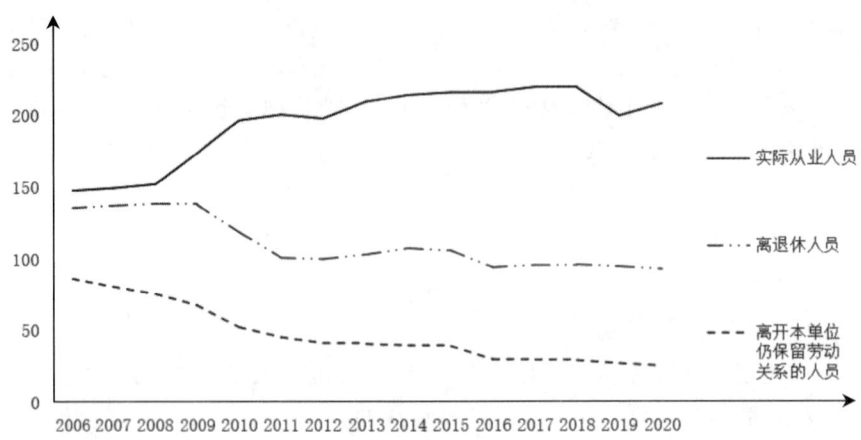

图1-36　2006—2020年全系统职工分类统计(单位:万人)

(2)从业人员中45岁以下占到69.2%,年龄结构更趋合理

从图1-37可以看出,2020年实际从业人员中,35岁及以下63.5万人,占30.5%;36~45岁75.2万人,占36.2%;46~55岁53.8万人,占25.8%;55岁以上15.6万人,占7.5%。全系统实际从业人员的年龄结构保持相对稳定,而且比较合理。

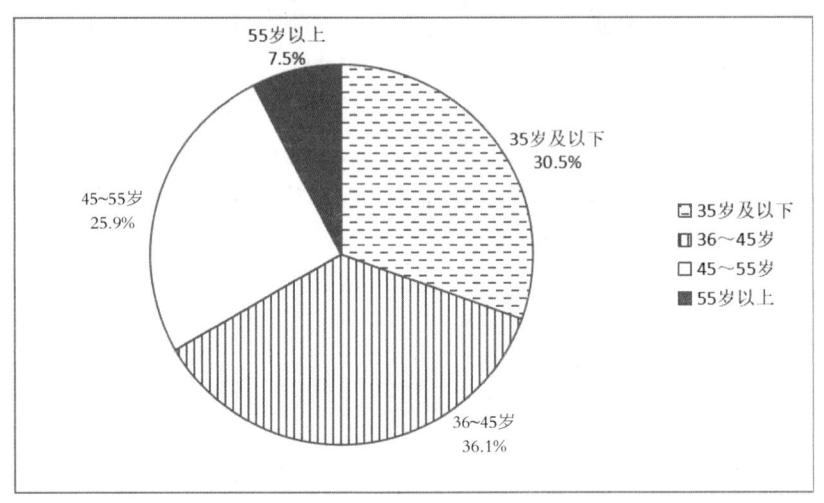

图1-37　2020年实际从业人员年龄结构

(3)从业人员受教育水平降低,高学历人员大幅度减少

2020年从业人员中,具有高中专以上学历的49.4万人,占实际从业人员总数的23.7%,其中,大专学历34.2万人,本科学历14万人,研究生学历1.2万人。总量上看,具有高中专以上学历的人数和所占比例大幅降低,这种变化与全系统从业人员数量变化有一定关系。从图1-38和图1-39可以看出,2010—2019年间,高层次学历的从业人员数量迅速提高,而2020年,该数量出现了下降。

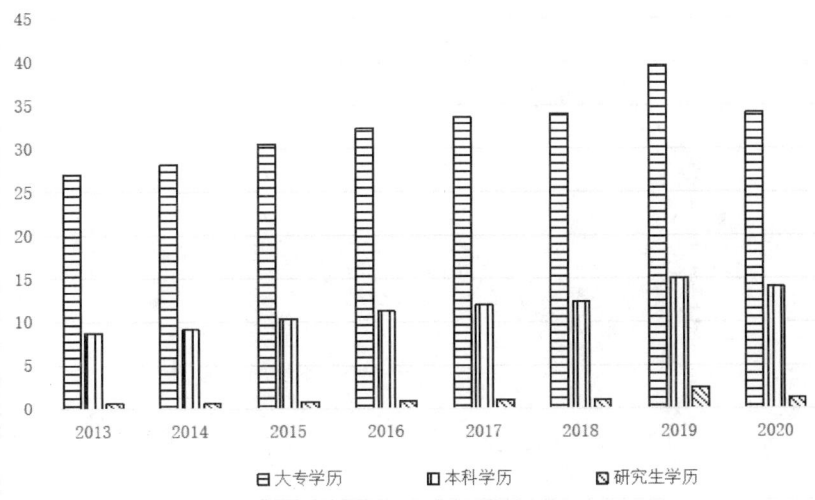

图 1-38 2013—2020 年大专及以上学历人数

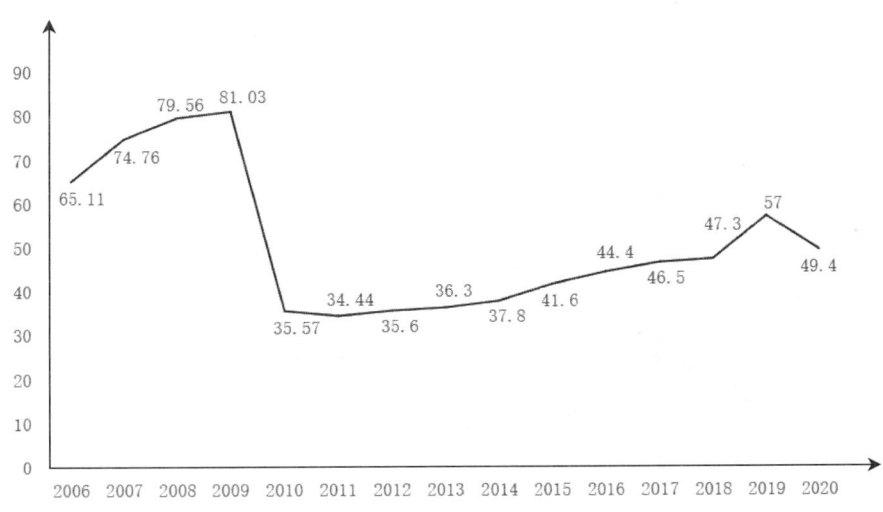

图 1-39 2006—2020 年高中专以上学历人数(单位:万人)

(4)各类组织的从业人员普遍减少

2020 年实际从业人员中,各级联合社机关 4.8 万人,较 2019 年减少了 0.1 万人;企业 114.1 万人,较 2019 年减少了 0.2 万人;事业单位 1.4 万人,较 2019 年没发生变化;基层社 69.4 万人,较 2019 年增加了 8.6 万人;社团组织 18.5 万人,较 2019 年增加了 0.1 万人。从人数来看,联合社机关和企业都有所降低,尽管降低的幅度不大,基层社和社团组织有少量的增长。

从图 1-40 来看,从业人员分布在企业中的人数最多,占总体的 54.8%,其次主要分布在基层社、社团组织,联合社机关和事业单位人员较少,只占总体的 2.3% 和 0.7%。从图 1-41 来看,四个领域的人员分布,各领域的人数和所占比例都基本保持稳定的状态。

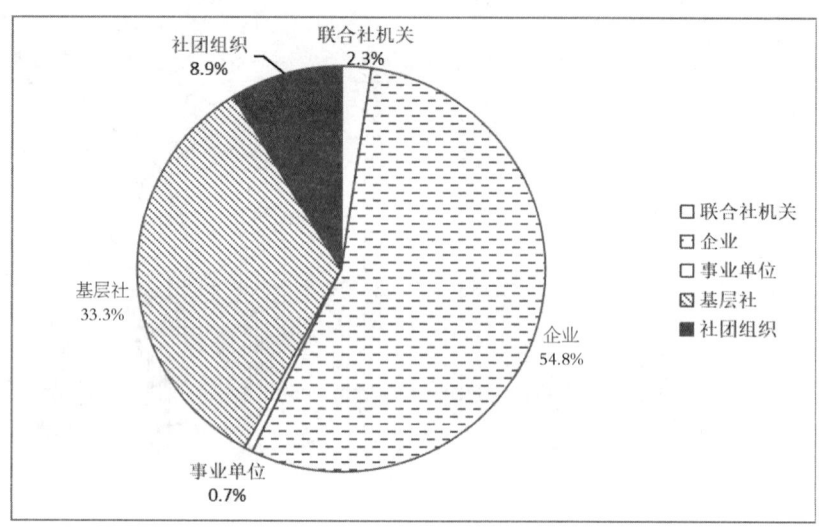

图 1-40　2020 年从业人员分布状况

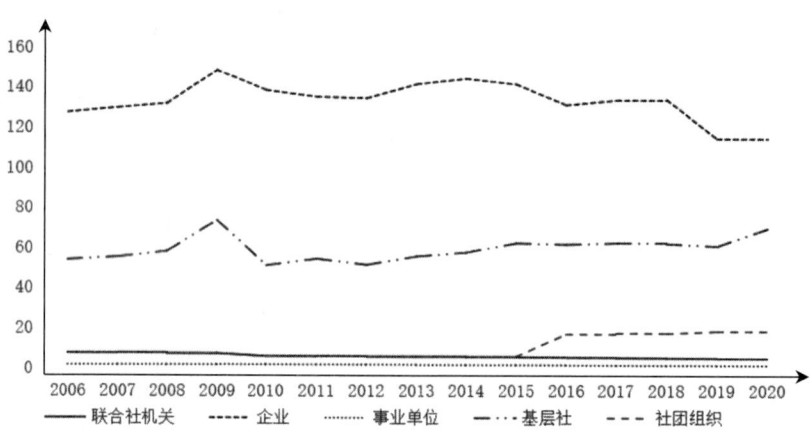

图 1-41　2006—2020 年从业人员分布状况

第二部分　全国供销合作社改革发展中存在的主要问题

作为党领导下的为农服务的综合性合作经济组织,供销合作社是推动我国农业农村发展的一支重要力量,也是党和政府做好"三农"工作的重要载体,是促进农村经济社会发展的重要力量。近年来,供销合作社全面深化综合改革,持续提升服务能力,在促进现代农业建设、农民增收致富、城乡融合发展等方面作出了积极贡献。然而多年的改革发展,供销社面临的不足与问题也逐步凸显,制约了供销社整体作用和优势的发挥。

一、体制机制方面的改革成效有待进一步显现

供销合作社长期扎根农村、点多面广,服务主体多元、服务内容多样,在构建服务农民生产生活的综合平台方面,具有得天独厚的基础条件。首先,供销社系统拥有遍布城乡、星罗棋布的经营网络,这是发展现代流通方式最丰富的组织资源和渠道资源。其次,供销社系统初步形成了比较完整的综合服务体系。再次,供销社系统拥有一支熟悉"三农"的人员队伍和适应农村的专门人才队伍。但随着经济社会快速发展,供销社的管理体制和机制已经受到挑战,供销社组织体系尚未形成上下贯通、运行高效的运行体制机制也导致其服务网络的规模优势尚未有效发挥,综合改革的效应有待进一步体现。

1.供销系统内部联合与合作的体制和机制尚未建立

各级供销社内部组织化程度低导致实现同类联合的难度加大。各级供销社网点遍布城乡各个角落,具有"点多、面广、腿长"的特点,但是普遍规模小、组织化程度低,大多数单体企业实力较弱,再加上行政区划等原因条块分割,同类型企业多,同业竞争严重,在资源整合的基础上实现同类联合的难度加大。在经营网点的选择上,不能摆脱急功近利、嫌贫爱富的阴影。城镇规模较大,经济发展状况良好的村镇往往具备良好的经营环境和发展空间,但不能不正视在这样的地区竞争也更加激烈的现实。而在偏远的欠发达地区,却具有前者所没有的市场潜力和消费需求。

2.体制机制改革尚未取得实质性进展

(1)各级供销社尚未形成统一的网络规模。供销社构建现代流通网络、参与农业产业化经营的切入点在于流通,但是流通仅有个别网点或是龙头企业远远不够,因为单个企业或基层供销社,尽管可能发挥一定的流通作用,但要真正承担起组织农民进市场、延伸农业产业链的重任,还是显得无能为力的。在许多地方,农民卖不出去的东西,供销社同样卖不出去,其原因就是单个供销社企业并不见得比农民高明。因此,供销社在流通之外还需要强大的网络连接,形成统一的网络规模。只有在网络的基础上,将供销社分散的经营网点通过适当方式联结起来,把点连成线,把线结成网,有了一个信息通畅、流转顺畅的大流通网络,供销社的优势才能充分地发挥出来。

(2)松散的运行机制使得经营模式单一趋同。供销合作社基层经营网络大多是在集贸市场基础上发展起来的,实行家庭联产承包责任制以后,基层经营网络在解决农民"买难""卖难"问题上发挥了重要作用。但长期以来单打独斗加之粗放型经营,所经营商品也仅停留在农民的生产资料和必需的生活资料上,既不能组织收购大批量的农副产品,又无力经营大宗商品(如彩电、冰箱、空调、洗衣机等),加上基层经营网络难以延伸到交通不够便利、消费群体分散的区域,因而不能满足广大农民日益增长的物质文化生活需要。

二、基层社基础尚不稳固

目前,各地供销社发展不平衡不充分的问题比较突出,部分县级社、基层社经济实力还不够强,为农服务的能力无法满足农民生产生活需要。农业社会化服务范围广、内容多、要求高,供销社要通过深化改革解决好服务能力不强、规模不大等问题。建设农业社会化服务体系,关键在基层,难点也在基层。可以说,我国基层社是整个供销合作社组织体系中最薄弱的环节,总体存在着经营服务能力不强,规模不大的问题。具体表现在以下方面:

1.与农民利益联结不够紧密

供销社的发展根基在农村、在农民。几十年曲折发展的历程证明,供销社只要扎根农村、服务农民,就会有作为、有价值、有力量,事业发展就呈现出广阔前景;一旦远离了农村、脱离了农民,改革就会步入歧途,发展就会陷入困境。供销合作社既然称为"合作社",就必须遵循其原理,服从其原则。联合是供销社的组织特征,也是供销社的优势所在。所以必须争取最广泛的与农合作和联合。供销社自改革以来,方向性定位是准确的,即为农服务的合作经济组织,但在体现"合作经济"的原始属性——"合作制"上,已经发生了较大偏移。这虽然未对供销社经济发展产生大的影响,但对供销社秉承为农服务宗旨,密切与农民利益联系,成为真正的农民合作经济组织是十分不利的。

2.基层供销社为农服务能力还不适应农业农村发展的需要

一是传统主营业务萎缩,为农业农村发展提供的服务供给有限。如在农副产品收购和生活资料供应方面,市场需求大,但基层社所占市场份额小,能提供的服务有限,市场多由个体经营者抢占;在农技咨询、信息服务、文化娱乐等方面基层社参与更少。这与城乡经济协调发展的需要、农业产业化的需要、农民生活的需要相比还有很大距离。二是供销社服务对象是农民。目前多种流通力量打破了这种垄断局面,出现了交叉经营。为寻求市场,供销社经营范围已从农民扩大到全社会。同时,农民不仅仅是从事种植业的农民,也包括从事商业、工业、运输、信息等行业的农民。这就要求供销社的职能必须从计划指定的农产品和工业品流通,扩大到任何商品的流通;从产品流通的单一职能扩大到产品生产(如农产品加工、轻工生产、直接的农产品生产)和非产品经营(如技术、信息服务等)的多元化经济职能。只有这样,才能适应社会经济的多元要求,求得生存与发展。

3.参与农业产业化的能力严重不足

一是从资金方面看,目前基层供销社普遍缺乏初始投入能力,资金紧缺,与银行基本不发生业务关系,客观上导致了基层供销社的商业取向,要么把自己视为一般的商业经营组织,要么将自己当作坐地收金的"业主",缺乏明确的发展目标;二是经营方式落后,缺乏将基层组织建设与联合社建设、经营网络建设、社有企业发展有机结合起来,而是习惯于化整为零和"一买一卖"的经营模式,难以适应日益变化的市场需要;三是参与农业产业化经营的组织优势受到削弱。从体制上看,基层供销社经过几年的减债减人,转换机制,有的全面实行抽资承包后,多数职工已成为独立开展经营的自营商,有的改成了股份制或股份合作制,已难以发挥系统组织优势。同时,整体工作机制也不完善,一管就死,一放就乱,在强化供销合作社的控制力与调动经营管理者积极性的结合上缺乏有效的办法。

三、社有企业的规模实力和发展活力有待提升

社有企业改革滞后,规模实力和发展活力还不强,总体发展水平与构建经营服务体系的要求还不适应,市场竞争力弱,引领行业发展的龙头企业相对较少,社有资产管理体制机制有待健全。一是经济实力不强,抗风险能力差。经过几十年的发展,社有企业大多积累了一定的社有资产,大多数社有企业依靠这些资产的租赁收入作为主要经济来源。然而这些资产几乎都有数量多、个头小,优良资产少,抗风险能力差等特点,由此导致自身积累不足,发展缓慢,缺乏竞争能力。同时社有企业整体实力较弱,形式上完成了改制,实际上受到老体制机制的制约影响,企业活力没有得到增强,经济总量偏小;社有企业之间相对封闭,资源共享不充分,整合意识不强。二是规范的现代企业制度尚未完全建立,企业法人治理结构尚不完善。现代企业制度的基本特征是"产权明晰,责权明确,政企分开,管理科学"。长期以来,供销社实行社企合一的资产管理制度,仍未完全按照现代企业制度要求建立社有资产管理体制,所有权和企业的法人财产权没有完全分离,出资人与企业之间权利义务与职责界限仍不明确。供销社企业的法人治理结构不完善,有效制衡的股东会、董事会、监事会和经理层"三会一层"制度尚未建立;社企不分、多头管理没有得到根本改变。供销社职能定位不清晰,不能摆脱社企不分,多头管理的困境。供销社社有企业既承担部分公益性服务"三农"的职责,又作为自负盈亏、追求利润最大化的经营实体,以效益最大化和为"三农"服务等多重目标对社有企业进行监督管理,造成社企不分。若干内设机构仍是以行政化的手段管理企业,未能站在出资人的角度以价值化、市场化操作方式管理企业,难以对社有资产进行全面、协调的管理,难以有效行使出资人的职责。三是出资人缺位、有效监管制度不完善,缺乏有效的经营者激励与约束机制。县级以上供销社作为参照公务员管理的事业单位,理事会在履行出资人职责时往往出现缺位或错位的现象。虽然各级供销合作社理事会是本级社集体资产所有权的代表和资产的管理者,但资产控制权往往掌握在供销社的少数中高级管理人员(内部人)手中。这些中高级管理人员拥有资产的控制权,但缺乏收益权。剩余控制权和剩余索取权的不对称导致他们缺乏有效的激励去实现资产价值的最大化。同时,由于对其行为和绩效没有来自最终所有者的监督和评估,也常常会出现控制权的滥用。由此,"内部人控制"问题也就在所难免。

四、人才队伍建设亟待加强

供销社深化综合改革,积累经验,锤炼队伍,供销社干部队伍状况总体上是好的,基本上适应了企业发展的需要,但是我们也应看到,当前也有一部分干部的素质还不能完全适应。主要表现在:一是基层社的人才短缺问题尤其突出。由于基层供销合作社行业的人均收入水平相对较低,对中、高端人才缺乏吸引力,目前供销系统网络经营、管理人员,多数是原企业改制时

留下来的,理念和知识陈旧,无法适应传统业务转型与新兴业务发展的现实需要。二是干部职工理论素养和知识水平不适应,业务能力、工作水平有待提高。工作岗位固定,培训交流少,外出学习少,思想封闭僵化,凭经验、凭惯性去工作,存在能力危机问题。在创新创业上,过分强调客观因素影响,缺乏创新能力、开拓能力,创业意识淡薄,出现严重本领恐慌。三是干部职工队伍年龄结构不合理,人才匮乏。人员老龄化现象突出,尤其是干部队伍年龄都偏大。目前,各基层社和流通企业主要负责人、市联社机关中层干部平均年龄都较大,市联社领导干部平均年龄更大。干部人才出现断层,真正了解供销社、热爱供销社、懂经营、善管理的专业人才储备不足,合理的人才梯队建设进展缓慢。人才匮乏成为制约发展的最大短板。四是干事创业的积极性不高。受基础条件、体制机制等客观因素和人的主观能动性等因素的影响,部分干部创业激情有所退化,习惯于按部就班,四平八稳过日子,看摊守业思想严重,工作业绩与兄弟单位形成较大差距,导致全系统发展不平衡。

五、中国特色供销合作社发展之路的理论研究有待深入

怎样走中国特色供销合作社发展之路?合作社是什么?为什么发展合作社?诸如此类合作经济理论问题、合作社文化,我国理论界尚缺乏深入系统的研究。实际工作部门从布置工作的需要出发,所做出的有限探索又往往停留在表面,很多提法还停留于一般理论水平,没有体现出供销社的行业特点,没有深入围绕供销社理念打造供销社文化,没有深入研究合作社的本质规定性与供销社文化的内在规律性。在合作社文化推广方面,有四个问题:一是缺乏对传统供销社文化的归纳和整理,特别是理论上的进一步提升,如对传统的供销社精神没有很好地提炼;二是未能结合社会主义市场经济体制的要求,以及供销社自身的发展变化,对供销社文化的内容进行及时的创新;三是作为供销社文化建设主体的干部职工的素质不能适应时代发展的要求,文化建设方面的认识还有待进一步明确,文化的引导带动作用还需进一步发挥,同时供销社由于自身人员包袱重,经济效益差,对优秀人才缺乏吸引力,引进的人才很少,这种状况导致供销社人员对供销社文化的理解成了严重问题;四是从事供销社文化研究的队伍急剧萎缩。

第三部分　加快全国供销合作社改革发展的对策建议

党的十八大以来,习近平总书记对做好供销合作社工作多次作出重要指示批示,特别是2020年供销合作社七代会前作出的重要指示,深刻阐述了事关供销合作事业长远发展的重大理论和实践问题,明确了供销合作社的性质定位,肯定了供销合作社的地位作用,指明了供销合作社的发展方向,提出了继续办好供销合作社的使命要求,为做好新时代供销合作社工作提供了根本遵循。全国供销社系统要紧紧围绕完善体制机制、优化职能、发挥生产、供销、信用"三位一体"综合合作的重大牵引作用,持续深化综合改革,加快成为服务农民生产生活的综合平台,成为党和政府密切联系农民群众的桥梁纽带,更好为"三农"服务,为全面推进乡村振兴和加快农业农村现代化作出新贡献。

一、探索多种形式的"三位一体"综合合作,持续深化综合改革

"三位一体"综合合作,是适应我国农村经济社会发展而探索形成的有效实践形式,是供销合作社持续深化改革的方向。实践证明,"三位一体"综合合作,有利于完善农村生产关系和农业经营体制,有利于推动现代生产要素与传统农业对接,是推进中国特色农业现代化建设的重大探索。要鼓励各地因地制宜、大胆创新,积极探索"三位一体"综合合作的实现方式和有效路径,不断丰富创新"三位一体"综合合作实现途径,加快扩大"三位一体"综合合作覆盖面。积极拓展综合合作功能,密切与农民和各类新型农业经营主体的合作联合,提高综合服务效能。着力提升综合合作水平,形成以流通为主导、生产为基础、金融为支撑的综合协同服务新机制。依据中华全国供销合作总社、中央农办、中国人民银行、银保监会四部门联合出台的《关于开展生产、供销、信用"三位一体"综合合作试点的指导意见》,打造若干具有示范引领作用的"三位一体"试点单位,使试点地区农业生产组织化、规模化、集约化水平进一步提升,现代化农村流通网络进一步健全,农村信用体系进一步完善,初步构建起区域性生产、供销、信用"三位一体"综合合作服务平台,为推进乡村振兴和农业农村现代化作出积极贡献。一是选择若干个省(自治区、直辖市)作为省级试点单位开展试点。力争通过两年试点工作,在试点领域和区域实现率先突破,探索更加成熟完善的"三位一体"综合合作模式,形成一批可复制、易推广的先进经验和典型成果,完善相关政策规划、标准规范、体制机制,为全面推进"三位一体"综合合作开好局、探好路、打好样。同时要加强组织领导,及时研究解决改革中出现的新情况新问题,强化指导,完善政策,因地制宜推进"三位一体"综合合作。二是供销社基层组织是"三位一体"综合合作的组织基础,各基层社要将推进"三位一体"综合合作试点作为加快供销社发展的重大机遇,加快农业社会化服务体系建设,不断提升供销合作社在生产、流通、信用等环节的综合服务能力,助力乡村振兴,统筹整合生产、供销、信用服务资源,构建服务小农户和新型农业经营主体的覆盖全程、综合配套、便捷高效的农业社会化服务综合平台,更好地发挥服务"三农"作用。

二、加快完善基层经营服务功能,打造乡镇为农服务综合体

要坚持大抓基层的鲜明导向,着力增强县级社综合实力,持续推进基层社提质扩面,完善基层经营服务功能,全面巩固为农服务前沿阵地。2021年,要把1000家基层社打造成为农服务综合体,成为承接乡镇区域服务中心建设的主体。一是着力加强县级社建设。提高县级社统筹服务能力,加快推进县基服务一体化。加强县级社对基层社资产的监督管理,提升统一运营的水平。推进县级社民主办社、开放办社。加强对县级社的指导和扶持,逐步消灭县级供销合作社建设"空白点"。二是全面提升基层社发展质量。分类改造薄弱基层社,每年按照基层社总量的一定比例改造提升薄弱社和相对薄弱社。逐步消除"三无"基层社,努力实现全国所有乡镇基层社全覆盖。强化基层社合作经济组织属性,切实做到农民出资、农民参与、农民受益。可以因地制宜地发展村供销合作社。继续做实供销合作社合作发展基金,统筹用于基层社建设和为农服务。三是做好做强领办的农民合作社,强化对农民合作社的指导、扶持和服务,培育一批管理民主、制度健全、与供销合作社联结紧密的农民合作社,引导农民合作社规范健康发展,充实农村综合服务社功能,引领推动农民合作社之间的联合与合作。联合村"两委"发展农村股份经济合作组织,培育壮大新型农村集体经济。推动基层社经营服务往村覆盖、往户延伸,打通乡村产业对接市场的通道。四是加强合作经济联合会和各类专业行业协会的创建,通过联合会和协会建设,吸收各类社会经济组织、个体私营生产经营者加入供销社。鼓励发展基础好、社会影响力强的行业协会承接政府委托服务,争取在制定产业政策、行业规划等方面发挥积极作用。五是加大扶持力度。总社要做大基层组织发展专项资金规模,省、市、县供销合作社都要逐步建立基层组织发展专项资金,完善扶持资金稳定增长机制,确保投入力度不断增强、总量持续增加。强化对资金使用的监管,确保合规使用、用出效益。完善面向基层组织发展的业绩考核机制,加大考核权重,优化考核指标,切实树立起基层优先发展的鲜明导向。六是深入实施"农业社会化服务惠农工程",不断拓展、完善基层经营服务功能,健全专业化社会化服务体系。加快建设以县级社为主导、以基层社为依托的县域农业社会化服务网络。除了土地托管、配方施肥、统防统治、农机作业等农业社会化服务功能,还要拓展服务功能,着力做好农产品收储、烘干、加工、销售等"后半程"服务,形成具有鲜明特色和比较优势的服务新模式。运用物联网、互联网、大数据等技术,推行智慧农化服务,将现代生产要素导入供销合作社服务体系,提高为农服务科技含量。

三、大力推进社有企业高质量发展,提升为农服务产业支撑能力

社有企业是供销合作社经济属性的重要体现,是为农服务体系的重要支撑。坚持市场化改革方向,持续推进社有企业深化改革、转型升级,加强社有资本整合重组和优化布局,提升为农服务产业支撑能力。供销合作社能否实现系统经济高质量发展,关键在社有企业,要对社有企业改革发展作出专门部署,集中全系统的力量和资源,做强做优做大社有企业。一是围绕供销合作社核心主业,强化高质量发展的工作导向,调整优化社有资本布局,分行业推进社有企业战略性重组和专业化整合,打造一批具有较强市场竞争力和行业影响力的骨干龙头企业。加快提高社有企业综合实力,培育壮大龙头企业,分行业推进社有企业战略性重组和专业化整合,培育一批示范带动作用强的行业龙头企业。加快实施"社有企业上市倍增计划",打造资本市场的供销合作社概念股。积极培育新增长点,主动对接区域发展战略,加大投资力度,发

互助合作保险,加强产业链上下游协同,持续增强产业支撑能力。创新发展联合合作,加快打造一批具有较强影响力的大棉商、大茶商、大粮商。推动形成大中小企业各有侧重、各层级供销合作社分工协调、各类经营主体利益共享的合作经营格局。总社"新网工程"专项资金继续加大对联合合作项目支持。二是推进联合合作。要用好"新网工程"专项资金这个重要抓手,在推进系统企业联合合作上有新的重大突破。要着力推进同一行业、不同层级社有企业的纵向整合,促进上下贯通、利益共享、共同发展。要发挥供销合作社品牌、信誉、资源、业务等协同效应,有效放大社有资本功能。对为农服务的骨干龙头企业,要全力支持、全程监控。要鼓励系统内龙头骨干企业打破层级界限,通过产权、项目、网络、品牌等途径,加强联合合作,建立新型企业联合体;鼓励系统龙头骨干企业与社会资本融合,积极与科技含量高、市场前景好的企业开展合作;鼓励社有企业与高等院校、科研院所开展产学研联合,组成战略联盟,实现优化发展。要加快系统信息化建设,推动全系统互联互通互融和数据资源共建共享。三是不断推进社有企业市场化改革。加快建立健全现代企业制度。进一步完善法人治理结构,规范董事会组成结构和议事规则,建立健全权责对等、运转协调、有效制衡的决策执行监督机制。不断优化社有企业总部机构设置,压缩管理层级,提高管理效率。对不同类型的社有企业实行差异化考核,加快建立有效管用的激励约束机制,激发企业内生动力和活力。要强化企业内部管理,完善"三重一大"、投资项目、财务资金、风险防控等管理制度和内控体系,强化制度执行刚性约束。扎实推进降杠杆、减负债,多措并举降本增效,提高资产质量,切实防范各类风险。要理顺联合社和社有企业关系,科学设置社有资产管理委员会工作职责、议事规则,建立社有资产管理委员会年度工作和重大事项向理事会报告制度,建立社有资产保值增值指标体系,完善对社有企业考核激励、监督问责等制度,加强风险防控。四是壮大县域社有企业综合实力,推进优势产业整合。加快组建县域供销集团或资产运营平台,在重要涉农领域,保持对社有企业的控制力和经营主导权,积极发展混合所有制经济,推动各层级社有企业相互参股和社有企业跨区域横向合作;完善中国供销集团等社有龙头企业股权投资机制,对县域内发展前景好、产业关联度高、带动农民多、有利于推动乡村振兴的优质项目,给予优先安排和政策倾斜。

四、创新人才发展体制机制,着力加强人才队伍建设

以创新人才发展体制机制为核心,构建科学规范、开放包容、运行高效的具有合作经济组织特色的干部人事制度,逐步打造高素质的合作社领军人才、企业经营管理人才、为农服务科技人才、社会工作人才和联合社机关干部人才队伍,为供销合作社改革发展提供有力的人才保障。一是充分挖掘现有干部人才资源潜力。供销合作社在长期服务"三农"工作中逐步形成了一支独具特色的干部人才队伍,是供销合作事业改革发展的重要依靠力量。要充分重视调动这支队伍的积极性,立足自身队伍素质的提升和潜力的挖掘,积极谋划,形成鼓励和支持人人都作贡献、人人都能成才,人尽其才、才尽其用的良好局面。二是加强基层人才队伍建设,充实优化基层人才队伍。创新基层用人机制和薪酬机制。实施"供销合作社教育培训工程",为供销合作社改革发展提供人才支撑。开展省、市、县三级联合社主任轮训。三是加强教育培训,提高广大供销系统干部职工和农民社员素质。深入实施人才兴社战略,加强机关干部、社有企业和高管人才队伍建设,强化教育培训,建设好教育培训基地,加大人才培训力度,开展多种形式的供销合作社干部职工、企业经营管理人才、农民专业合作社带头人和农村实用技能培训,实现培训工作常态化。着力培养一支出色的管理队伍。四是大力选拔和引进事业发展急需的

高端人才。采取灵活多样的引进方式,通过招录、调任、专家及团队引进等方式着力引进一批事业发展急需的企业管理、现代物流、电子商务、合作金融等方面的专业人才。对特殊人才,开辟专门渠道,通过设立人才发展基金或引才项目,实行特殊政策,实现精准引进。发挥行业协会联系市场和行业紧密的优势,加强与社会人才的合作力度。探索采取特聘专家、聘用兼职顾问、独立董事或开展项目合作等方式,加大柔性引进人才力度,实现人才"不求所有、但求所用"。充分利用国际合作社联盟的资源,鼓励支持各方面人才更广泛地参加国际交流。五是强化激励,探索建立科学的干部人才考核评价机制。注重发挥市场、专业组织、用人单位等多元评价主体作用,建立以岗位职责为基础,以品德、能力和业绩为导向的干部人才考评机制。充分发挥考核评价的"指挥棒"和"风向标"作用。强化激励,形成考核结果与薪酬待遇、培养使用挂钩的联动机制。在现有干部人事制度框架内,探索机关、企业、事业、主管社团业务有效对接融合、人才合理使用流动的机制。

五、扎实推进农产品冷链物流和市场建设工程,提升流通网络现代化水平

发展农村现代流通是促进农业发展、农民增收的有效途径,是乡村振兴的重要内容。推进农业农村现代化和乡村振兴,供销合作社必须充分发挥流通主业优势,畅通农产品进城、工业品下乡双向通道,加快形成城乡网点广泛覆盖、线上线下融合发展的流通新格局。而发展冷链物流,加强农产品市场建设,是建设现代流通体系、畅通国民经济循环、推动经济高质量发展的内在要求。党中央、国务院高度重视发展冷链物流建设工作,把它作为重要补短板工程进行部署推进。全系统必须紧紧抓住政策支持带来的机遇,攻坚克难,大力提升农产品冷链物流和市场体系的规模化、集约化、现代化水平,努力开创冷链物流和农产品市场建设工作新局面。一是健全农产品现代流通体系,要统筹谋划,突出重点,加强流通网络顶层设计和整体规划,优化农产品市场的网络布局,扎实推进"供销合作社农产品冷链物流和市场建设工程"。加快冷链物流基础设施建设,培育一批骨干冷链物流企业,建设产地预冷、仓储保鲜、冷藏运输等设施,建设一批冷链物流中心和示范基地。二是健全农产品滞销信息快速响应机制,探索建立滞销农产品集中采购仓储、网点错峰销售机制,创新流通方式。顺应流通变革新趋势和大众消费新变化,大力发展中央厨房、直采直供、农产品电商等流通新业态新模式,推进供销合作社流通网络数字化、现代化转型,加快打造"数字供销"。三是在全力打通为农服务"最后一公里"方面,加快改造升级基层社的传统经营网络。针对经营服务设施陈旧、服务手段落后、服务水平不高等问题,基层社积极引进电子商务新兴业态,对原有经营服务设施进行改造升级,打通农村与城市的物流和信息通道,通过电子商务实现"消费品下乡"和"农产品进城",有效解决农民"买难"和"卖难"问题。加快建成覆盖主要乡村的县乡村三级电子商务经营服务网络。四是借力电子商务,拓展为农业社会化服务功能。基层社在发展电子商务之初,明确"经营+服务"的思路,电子商务不仅能让农民买到商品,还能为农民提供以下特色服务:网上代售服务。农民生产的农产品、土特产、手工艺品等,供销社通过信息采集汇总,统一贴牌包装,再通过电子商务平台销售出去。除在自有电子商务平台销售外,还与"供销e家"、淘宝、京东等平台对接,将地方特色农产品销往全省全国。突出科技助农。在搭建的县级电子商务平台上,普遍设置惠农政策、土地托管、测土配方、施肥用药、病虫害防治、科技信息查询等服务内容,农民通过供销社电子商务平台,即可获得与农业生产相关的服务和信息。五是继续发挥"扶贫832"平台作用,缓解农产品滞销。"扶贫832"平台由全国供销合作总社与财政部、国务院扶贫办共同建立,自

上线运行以来,已实现832个国家级贫困县全覆盖,注册采购预算单位近40万家,上线农产品超过6.8万个,交易额突破31亿元。接下来,继续做好"扶贫832"平台的宣传和推广工作,开展入驻平台相关培训,组织引导更多的优秀供应商入驻,在供给、需求、平台三方发力,消除瓶颈制约,建立稳定销售机制,拓展产业服务功能,巩固提升脱贫成果助力乡村振兴。

六、加强理论研究,培育中国特色供销社合作社文化体系

进入新发展阶段,供销合作社要实现新跨越必须坚持正确方向,必须彰显政治优势,必须明确历史使命,必须勇担职责任务,必须加强自身建设,努力走出一条中国特色供销合作社发展之路。不断加强合作经济理论研究,培育弘扬独具特色、内涵丰富的中国特色合作社文化精神,是推动供销合作事业持续发展的不竭动力。一是加强合作经济理论研究,为持续深化供销改革提供理论支持。对于合作社的本质规定性、如何发展合作社等合作经济基本理论问题展开深入系统的研究,深化供销社综合改革也必须对供销社的合作经济属性、现代流通职能、组织化特征等予以客观的再认识,从而为我国合作社实践提供理论基础与支持。二是各级供销合作社应结合自身的发展特点,将新的时代背景融入供销合作社文化的建设中,弘扬"为农、务农、姓农"的新时期供销合作社核心价值理念,更好地把握供销合作社文化发展规律,充分发挥文化优势,掌握竞争中的主动权,从而提升供销合作社文化的生命力、凝聚力、创造力,为供销合作事业的振兴发展提供助力。三是加大宣传工作力度,进一步提升供销合作社影响力。不断优化合作社的发展环境,广泛宣传供销合作社为农服务和改革发展的新作用、新成就,大力弘扬供销合作社精神。积极开展供销合作系统法制建设和文明行业创建活动,继续加大供销合作社标识推广力度,树立供销社的良好社会形象。四是加强国际合作交流,学习借鉴一切有利于加强供销合作社文化建设的有益经验,丰富供销合作社文化的内容,提升供销合作社的国际竞争力与文化影响力。深化与"一带一路"国家合作社务实合作,积极支持和参与推动国际合作社联盟工作。大力支持社团发展,进一步发挥社团在服务宏观调控、助力产业发展、巩固脱贫成果等方面的积极作用。深化科研院所改革,加强规范管理,提高科研成果质量,增强为农服务的科技支撑。加强宣传工作,构建大宣传格局,营造供销合作事业发展的良好舆论环境。

参考文献

[1]中华供销合作网,http://www.chinacoop.gov.cn/.
[2]中华合作时报,http://www.zh-hz.com/.
[3]邵峰.浙江省开展"三位一体"改革的实践探索[J].中国合作经济,2021,Z1:10-13.
[4]中国社会科学院农村发展研究所课题组,张晓山."三位一体"综合合作的"龙岩模式"探索[J].中国合作经济,2021,Z1:22-24.

第四部分　全国供销合作社综合改革与服务乡村振兴专题研究

一、供销合作社综合改革的主要目标、指导思想和重点任务

1. 供销合作社综合改革的指导思想

以习近平新时代中国特色社会主义思想为指导，全面贯彻党的十九大和十九届二中、三中、四中、五中全会精神，认真落实中央经济工作会议和中央农村工作会议精神，以推动高质量发展为主题，准确把握新发展阶段、深入贯彻新发展理念、加快构建新发展格局，践行为农服务宗旨。以完善体制、优化职能、转变作风为重点，坚持目标引领和问题导向，加强改革系统集成，激发基层创新活力，推动改革与发展深度融合，加快将供销合作社打造成为服务农民生产生活的综合平台，成为党和政府密切联系农民群众的桥梁纽带，为全面推进乡村振兴、加快农业农村现代化贡献更大力量。

2. 供销合作社综合改革的主要目标

2021年，农业供给侧结构性改革深入推进，粮食播种面积保持稳定，产量达到1.3万亿斤以上，生猪产业平稳发展，农产品质量和食品安全水平进一步提高，农民收入增长继续快于城镇居民，脱贫攻坚成果持续巩固。农业农村现代化规划启动实施，脱贫攻坚政策体系和工作机制同乡村振兴有效衔接、平稳过渡，乡村建设行动全面启动，农村人居环境整治提升，农村改革重点任务深入推进，农村社会保持和谐稳定。

到2025年，农业农村现代化取得重要进展，农业基础设施现代化迈上新台阶，农村生活设施便利化初步实现，城乡基本公共服务均等化水平明显提高。农业基础更加稳固，粮食和重要农产品供应保障更加有力，农业生产结构和区域布局明显优化，农业质量效益和竞争力明显提升，现代乡村产业体系基本形成，有条件的地区率先基本实现农业现代化。脱贫攻坚成果巩固拓展，城乡居民收入差距持续缩小。农村生产生活方式绿色转型取得积极进展，化肥农药使用量持续减少，农村生态环境得到明显改善。乡村建设行动取得明显成效，乡村面貌发生显著变化，乡村发展活力充分激发，乡村文明程度得到新提升，农村发展安全保障更加有力，农民获得感、幸福感、安全感明显提高。

3. 供销合作社综合改革的重点任务

(1) 开展"三位一体"综合合作试点。以服务"三农"为出发点和落脚点，以联合合作为重点，以产业链条为纽带，以要素融合为核心，以共建平台为载体，稳步开展生产、供销、信用"三位一体"综合合作试点工作。总社与中央农办、人民银行、银保监会共同出台开展"三位一体"综合合作试点的指导意见，选择部分省份开展试点工作。

(2) 实施县域城乡融合综合服务平台建设工程。发挥社有企业带动作用，依托县级社整合

各类主体资源,建设县有运营中心、乡镇有为农服务综合体、村有服务站点的县域综合服务网络。选择一批县开展县域城乡融合综合服务平台建设,依托基层社打造1000个功能完备、设施齐全、机制健全、运行高效的乡镇为农服务综合体。

(3) 强化基层社合作经济组织属性。按照合作制原则加快完善基层社治理结构,广泛吸纳农民和各类新型农业经营主体入社,规范与农民社员的利益分配关系,基层社社员数达到1200万人。总社制定出台基层社示范章程,在一批基层社落实示范章程,建立健全"三会"制度、按交易额返利和按股分红相结合的分配制度。

(4) 推进薄弱基层社改造。总社制定出台基层社建设指南,指导各地综合考虑人口规模、产业发展、经济体量等因素,按照经济区域推进基层社建设,全年改造薄弱基层社1900个,提升基层社整体发展质量和为农服务能力。

(5) 加强基层社集体资产管理。推动县级社建立健全基层社资产监管制度,创新监管手段,严格人员管理,完善对基层社集体资产的监管机制。指导县级社加强对基层社集体资产的统筹管理运营,盘活基层社存量资产,通过功能提升、原地改建、异地新建等形式整合资源推进乡镇为农服务综合体建设。

(6) 完善联合社治理结构。总社制定出台进一步规范和加强联合社"三会"制度建设的指导意见,省级社全部落实按期召开社员代表大会的要求,市级社、县级社建立理事会和监事会的比例分别达到90%、85%,推动联合社创新治理机制、优化职能。

(7) 理顺联合社与社有企业的关系。推动各级联合社建立出资人监管事项清单,建立社有资产管理委员会并规范运行机制,加强对社有企业的监督管理。总社推动落实《供销合作社社有资产监督管理办法》;所有省级社设立社有资产管理委员会,建立社有资本投资运营平台并明确授权内容及管理机制,市级社、县级社相应加快推进。

(8) 密切联合社层级联系。总社和省级社建立成员社对联合社的工作评价机制,完善对成员社的综合业绩考核办法。总社和省级社落实当年社有资产收益按不低于20%的比例注入本级供销合作社合作发展基金的要求,50%的市级社和有条件的县级社建立合作发展基金,联合社服务成员社的工作导向进一步强化。

(9) 深化社有企业改革。总社制定出台深化社有企业改革的指导意见,市级及以上社有企业公司制改革基本完成,社有企业为农服务主责主业进一步聚焦,核心竞争力有效提升。省级社出资企业采取股权合作、资本联合、业务对接等方式带动市、县级社出资企业的数量达到1000个,跨区域跨层级联合合作取得明显成效。加大历史遗留问题处置力度,优化资本结构,全系统社有企业资产负债率控制在70%左右,抗风险能力明显提升。

(10) 加快发展农业社会化服务。深入实施农业社会化服务惠农工程,创新发展专业化社会化服务组织,建设区域性农业全产业链综合服务中心。针对各地不同地理条件、农作物种植结构、经济发展水平,因地制宜推广土地托管模式,扩大配方施肥、统防统治、农机作业等农业社会化服务面积。总社推动有条件的系统骨干社有企业和农业社会化服务主体组建农业社会化服务联盟,全系统土地全托管面积达到4100万亩,农业社会化服务面积达到3.5亿次。

(11) 强化综合服务功能。总社编制完成"新网工程"规划,指导各地供销合作社进一步推动渠道下沉,创新流通模式,开拓农村市场。深入实施"绿色农资"行动,推动系统企业做好化肥、农药等储备工作,推广农药集中统一配供,保障市场农资供应。着力打造一批冷链物流龙头企业,增强流通主渠道冷链服务能力,提高"最后一公里"冷配水平。加快发展农产品收储、烘干、加工、销售等"后半程"服务,采取多种方式促进产销对接,全系统农产品销售额达到2.4万亿元。积极参与农村人居环境整治,服务美丽乡村建设。

(12)推动《供销合作社条例》制定出台。配合司法部做好立法审查工作,协助开展调研,召开相关座谈会、论证会,加强协调沟通,争取尽快出台《供销合作社条例》。

二、供销合作社综合改革发展概况

党的十八大以来,全国供销合作社系统以习近平新时代中国特色社会主义思想为指导,深入贯彻习近平总书记对供销合作社工作的重要指示批示和中共中央、国务院《关于深化供销合作社综合改革的决定》精神,始终把综合改革作为中心工作,持续大力推进,层层贯彻落实,取得重大理论创新、重要制度成果和实践成果。习近平总书记站在战略和全局的高度,对供销合作社工作提出的一系列具有原创性、战略性、指导性的重要思想,实现了我国供销合作事业的重大理论创新。全系统因地制宜推进体制改革和机制创新,在综合改革中形成了一系列重要制度成果;在发挥党和政府密切联系农民群众的桥梁纽带作用、成为为农服务的综合性合作经济组织方面取得重要进展,形成了一批实践成果。

党的十九大后,我们党推动全面深化改革向纵深发展,系统集成党的十八届三中全会后全面深化改革的理论成果、制度成果、实践成果,对新时代全面深化改革勾勒出更加清晰的顶层设计,由前期重点是夯基垒台、立柱架梁,中期重点在全面推进、积厚成势,发展到着力点放到加强系统集成、系统高效上来。2018年是我国改革开放40周年。同年12月,党中央隆重举行庆祝改革开放40周年大会。习近平总书记在会上回顾改革开放40年的光辉历程,总结改革开放的伟大成就和宝贵经验,宣示了在新时代将改革开放进行到底的信心和决心。

到2020年年底,各领域基础性制度框架基本确立,许多领域实现历史性变革、系统性重塑、整体性重构,为推动形成系统完备、科学规范、运行有效的制度体系,使各方面制度更加成熟更加定型奠定了坚实基础。2020年9月1日召开的中央全面深化改革委员会第十五次会议要求,做好党的十八届三中全会以来改革任务落实情况的总结评估,把总结评估同谋划"十四五"时期改革思路结合起来,同汇聚深化改革的强大力量结合起来,全面展示改革取得的重大成就和宝贵经验,坚定各方面深化改革的决心和信心,为开启全面建设社会主义现代化国家新征程积势蓄力。2020年12月,中央全面深化改革委员会第十七次会议审议了党的十八届三中全会以来全面深化改革总结评估报告,回顾了几年来气势如虹、波澜壮阔的改革进程,指出这是一场思想理论、改革组织方式、国家制度和治理体系、人民广泛参与的深刻变革。

党的十八大以来,全国供销合作社系统以习近平新时代中国特色社会主义思想为指导,深入贯彻习近平总书记对供销合作社工作的重要指示批示和中共中央、国务院《关于深化供销合作社综合改革的决定》精神,始终把综合改革作为中心工作,持续大力推进,层层贯彻落实,取得重大理论创新、重要制度成果和实践成果。根据中央全面深化改革委员会第十五次会议精神和中央全面深化改革委员会办公室有关总结评估工作的通知要求,2020年年底前,中华全国供销合作总社对全国供销合作社系统深化综合改革工作进行了全面总结评估。

1.供销合作社改革发展取得重大理论成果

党的十八大以来,以习近平同志为核心的党中央对做好供销合作社工作、发挥供销合作社在"三农"工作中的重要作用高度重视,习近平总书记亲自谋划、亲自部署、亲自推动供销合作社综合改革工作,并多次作出重要指示批示,系统回答了新时期供销合作社改革为什么改、改什么、怎么改等重大理论和实践问题,为深化供销合作社综合改革指明了前进方向。中共中央、国务院研究出台《关于深化供销合作社综合改革的决定》,作出一系列重大战略部署,开启了新时代供销合作社改革发展的新篇章。

习近平总书记站在战略和全局的高度,对供销合作社工作提出的一系列具有原创性、战略性、指导性的重要思想,明确了供销合作社在党和国家工作全局中的地位作用,确立了新时代供销合作社工作的战略格局,科学回答了新的历史条件下继续办好供销合作社的一系列重大问题,实现了我国供销合作事业的重大理论创新,为新时代供销合作社改革发展提供了全方位的思想指引和行动指南。

2. 体制机制不断创新形成重要制度成果

根据党中央、国务院《关于深化供销合作社综合改革的决定》的部署要求,全系统以密切与农民利益联结为核心,以提升为农服务能力为根本,以强化基层社和创新联合社治理机制为重点,按照政事分开、社企分开的方向,因地制宜推进体制改革和机制创新,在综合改革中形成了一系列重要制度成果。

社企分开、上下贯通、整体协调运转的双线运行机制初步建立。联合社"三会"制度加快完善,层级间的差别化职能定位更趋合理,联合社主导的行业指导体系不断健全。省级联合社普遍做实合作发展基金,联合社层级间联合合作的制度保障不断加强。联合社理事会落实社有资产出资人代表职责,社有资产运营平台经营管理出资企业的制度普遍建立,社企分开有效落实。基层社与农民的利益联结机制日趋完善。基层社章程更加完善,规范了农民和各类新型农业经营主体加入基层社的程序,允许多种方式出资与合作的制度安排普遍推行,农民入社的渠道全面打通。基层社治理结构逐步完善,合作制分配制度日益完善,惠农带农机制不断增强。

社有资产保值增值的管理机制逐步优化。社有资产监管体制不断完善,总社和26个省级社、部分市、县级社成立社有资产管理委员会,按照理事会授权,履行社有资产监管职责。以管资本为主的社有资产监管机制逐步健全,企业内部管理和风险防控机制不断强化,社有资产质量明显提高。为农服务的协同机制明显强化。供销合作社与涉农部门的业务合作机制不断健全,围绕培育新型农业经营主体、开展农业社会化服务、搞活农村商品流通、发展壮大农村集体经济、加强和改进乡村治理、改善农村人居环境等工作共享资源,共建网络。与村集体的共建机制不断深化,广泛开展"党建引领、村社共建"。与农民专业合作社融合的发展机制持续完善,从严治社的工作机制不断健全。全面从严治党的主体责任有效落实,总社发挥表率作用,带领各级联合社推进建立内容科学、程序严密、配套完备、有效管用的全面从严治社制度体系和管理机制。

3. 事业发展不断推进取得重要实践成果

供销合作社系统坚持从"三农"工作大局出发,紧紧围绕农民服务需求,统筹实施供销合作社培育壮大工程、基层组织建设工程、新农村现代流通服务网络工程和农业社会化服务惠农工程,以抓工程、抓项目的方法持续深化综合改革,推动供销合作社在发挥党和政府密切联系农民群众的桥梁纽带作用、成为为农服务的综合性合作经济组织方面取得重要进展。

夯实了基层基础，与农民群众利益联结得更紧密。基层社覆盖面明显扩大，在没有基层社的地区，采取县级社投资、社有企业或实力较强的基层社带动、依托农民专业合作社和各类经营服务网点改建、结对帮扶援建等多种方式恢复重建，彻底扭转基层社数量多年下滑的局面。基层社由1.91万个增加到3.35万个，基本实现涉农乡镇全覆盖。标杆基层社示范效应明显，带动全系统基层社拓展服务领域，创新服务方式，提高服务水平，逐步成为以农民为主体的综合性合作社。

拓展了经营服务领域，为农服务功能更完备。全系统积极拓展服务领域，完善服务功能，实现了由单一商贸流通服务向农民生产生活综合服务拓展的重大转变，成为为农服务的综合性合作经济组织。农业生产服务方式加快创新，土地托管从山东推广到30个省份；农产品流通服务水平明显提升，市场布局不断优化，网络改造持续推进，电子商务加速发展，连锁化、规模化、品牌化和线上线下融合发展的经营服务格局基本形成。农村合作金融稳步发展，总社成立金融服务部，指导推动各地规范发展农村资金互助，加强与金融机构合作疏通资金下沉渠道。

提升了综合实力，市场化运行更高效。社有企业并购重组稳步推进，集团化发展明显加快，各地围绕农资、棉花、粮油、鲜活农产品等重要涉农领域和再生资源行业，培育出一批大型企业集团。重点项目建设成效显著，一大批综合服务平台投入使用，服务支撑作用明显增强。全系统累计建成商品配送中心9663个，农业生产服务中心1.48万个，发展连锁配送网点84.6万个，冷库总库容达1410万立方米。联合社与行业协会融合互补、协同发展持续推进，在农资、棉花、茶叶、果品、再生资源等行业的影响力不断增强。

强化了政治担当，服务大局的作用更突出。积极保障农村重要商品供给，维持农村正常生产秩序，发挥了主渠道作用。全系统肥料、农药、农膜供应量分别满足社会需求的70%、40%、25%，棉花销售量占全国比重超过50%。大力参与脱贫攻坚，深入推进产业扶贫、消费扶贫、电商扶贫、定点扶贫，为全面建成小康社会贡献力量。主动参与农村人居环境整治，优化再生资源回收利用网络，加快推广绿色农资产品，服务乡村生态振兴。

形成了社会共识，改革发展环境更优化。省、市、县各级党委、政府认真贯彻落实党中央、国务院《关于深化供销合作社综合改革的决定》精神，及时出台实施意见。各省级党委、政府落实领导责任，成立供销合作社综合改革领导机构。中央有关部门和地方各级政府加大政策支持力度，中央财政累计支持资金148亿元。不少地方党委、政府赋予供销合作社更多职责任务，有效地拓宽了供销合作社改革发展的空间。此外，全系统围绕制约发展的重点领域和关键环节开展体制机制创新，在试点探索和改革积累中形成了一些思想性认识、创新性经验和行之有效的具体做法。例如，各地供销合作社探索发展的"三位一体"综合合作实践；因地制宜开展多种形式的土地托管服务；推进农村一、二、三产业融合发展的各种模式；发展电子商务，建设线上线下融合的现代流通网络的探索；以"党建引领、村社共建"，促进强村固基、富民兴社的经验等。

实践证明，供销合作社只有坚持党的领导，坚决体现党和政府政策导向，自觉成为党和政府以合作经济组织形式推动"三农"工作的阵地，才能充分发挥组织和服务体系优势，在服务农民生产生活中发挥作用，有所作为；只有党委、政府落实领导责任，切实站在推进农业农村现代化、巩固党在农村执政基础的高度，重视和加强供销合作事业，才能给供销合作社综合改革提供有力保障，把供销合作社打造成为党和政府密切联系农民群众的桥梁纽带。

三、全面推进乡村振兴加快农业农村现代化的重点任务

1.实现巩固拓展脱贫攻坚成果同乡村振兴有效衔接

（1）设立衔接过渡期。脱贫攻坚目标任务完成后，对摆脱贫困的县，从脱贫之日起设立5年过渡期，做到扶上马送一程。过渡期内保持现有主要帮扶政策总体稳定，并逐项分类优化调整，合理把握节奏、力度和时限，逐步实现由集中资源支持脱贫攻坚向全面推进乡村振兴平稳过渡，推动"三农"工作重心历史性转移。抓紧出台各项政策完善优化的具体实施办法，确保工作不留空当、政策不留空白。

（2）持续巩固拓展脱贫攻坚成果。健全防止返贫动态监测和帮扶机制，对易返贫致贫人口及时发现、及时帮扶，守住防止规模性返贫底线。以大中型集中安置区为重点，扎实做好易地搬迁后续帮扶工作，持续加大就业和产业扶持力度，继续完善安置区配套基础设施、产业园区配套设施、公共服务设施，切实提升社区治理能力。加强扶贫项目资产管理和监督。

（3）接续推进脱贫地区乡村振兴。实施脱贫地区特色种养业提升行动，广泛开展农产品产销对接活动，深化拓展消费帮扶。持续做好有组织劳务输出工作。统筹用好公益岗位，对符合条件的就业困难人员进行就业援助。在农业农村基础设施建设领域推广以工代赈方式，吸纳更多脱贫人口和低收入人口就地就近就业。在脱贫地区重点建设一批区域性和跨区域重大基础设施工程。加大对脱贫县乡村振兴的支持力度。在西部地区脱贫县中确定一批国家乡村振兴重点帮扶县集中支持。支持各地自主选择部分脱贫县作为乡村振兴重点帮扶县。坚持和完善东西部协作和对口支援、社会力量参与帮扶等机制。

（4）加强农村低收入人口常态化帮扶。开展农村低收入人口动态监测，实行分层分类帮扶。对有劳动能力的农村低收入人口，坚持开发式帮扶，帮助其提高内生发展能力，发展产业、参与就业，依靠双手勤劳致富。对脱贫人口中丧失劳动能力且无法通过产业就业获得稳定收入的人口，以现有社会保障体系为基础，按规定纳入农村低保或特困人员救助供养范围，并按困难类型及时给予专项救助、临时救助。

2.加快推进农业现代化

（1）提升粮食和重要农产品供给保障能力。地方各级党委和政府要切实扛起粮食安全政治责任，实行粮食安全党政同责。深入实施重要农产品保障战略，完善粮食安全省长责任制和"菜篮子"市长负责制，确保粮、棉、油、糖、肉等供给安全。"十四五"时期各省（自治区、直辖市）要稳定粮食播种面积、提高单产水平。加强粮食生产功能区和重要农产品生产保护区建设。建设国家粮食安全产业带。稳定种粮农民补贴，让种粮有合理收益。坚持并完善稻谷、小麦最低收购价政策，完善玉米、大豆生产者补贴政策。深入推进农业结构调整，推动品种培优、品质提升、品牌打造和标准化生产。鼓励发展青贮玉米等优质饲草饲料，稳定大豆生产，多措并举发展油菜、花生等油料作物。健全产粮大县支持政策体系。扩大稻谷、小麦、玉米三大粮食作物完全成本保险和收入保险试点范围，支持有条件的省份降低产粮大县三大粮食作物农业保险保费县级补贴比例。深入推进优质粮食工程。加快构建现代养殖体系，保护生猪基础产能，健全生猪产业平稳有序发展长效机制，积极发展牛羊产业，继续实施奶业振兴行动，推进水产绿色健康养殖。推进渔港建设和管理改革。促进木本粮油和林下经济发展。优化农产品贸易

布局,实施农产品进口多元化战略,支持企业融入全球农产品供应链。保持打击重点农产品走私高压态势。加强口岸检疫和外来入侵物种防控。开展粮食节约行动,减少生产、流通、加工、存储、消费环节粮食损耗浪费。

(2)打好种业翻身仗。农业现代化,种子是基础。加强农业种质资源保护开发利用,加快第三次农作物种质资源、畜禽种质资源调查收集,加强国家作物、畜禽和海洋渔业生物种质资源库建设。对育种基础性研究以及重点育种项目给予长期稳定支持。加快实施农业生物育种重大科技项目。深入实施农作物和畜禽良种联合攻关。实施新一轮畜禽遗传改良计划和现代种业提升工程。尊重科学、严格监管,有序推进生物育种产业化应用。加强育种领域知识产权保护。支持种业龙头企业建立健全商业化育种体系,加快建设南繁硅谷,加强制种基地和良种繁育体系建设,研究重大品种研发与推广后补助政策,促进育繁推一体化发展。

(3)坚决守住18亿亩耕地红线。统筹布局生态、农业、城镇等功能空间,科学划定各类空间管控边界,严格实行土地用途管制。采取"长牙齿"的措施,落实最严格的耕地保护制度。严禁违规占用耕地和违背自然规律绿化造林、挖湖造景,严格控制非农建设占用耕地,深入推进农村乱占耕地建房专项整治行动,坚决遏制耕地"非农化"、防止"非粮化"。明确耕地利用优先序,永久基本农田重点用于粮食特别是口粮生产,一般耕地主要用于粮食和棉、油、糖、蔬菜等农产品及饲草饲料生产。明确耕地和永久基本农田不同的管制目标和管制强度,严格控制耕地转为林地、园地等其他类型农用地,强化土地流转用途监管,确保耕地数量不减少、质量有提高。实施新一轮高标准农田建设规划,提高建设标准和质量,健全管护机制,多渠道筹集建设资金,中央和地方共同加大粮食主产区高标准农田建设投入,2021年建设1亿亩旱涝保收、高产稳产高标准农田。在高标准农田建设中增加的耕地作为占补平衡补充耕地指标在省域内调剂,所得收益用于高标准农田建设。加强和改进建设占用耕地占补平衡管理,严格新增耕地核实认定和监管。健全耕地数量和质量监测监管机制,加强耕地保护督察和执法监督,开展"十三五"时期省级政府耕地保护责任目标考核。

(4)强化现代农业科技和物质装备支撑。实施大中型灌区续建配套和现代化改造。到2025年全部完成现有病险水库除险加固。坚持农业科技自立自强,完善农业科技领域基础研究稳定支持机制,深化体制改革,布局建设一批创新基地平台。深入开展乡村振兴科技支撑行动。支持高校为乡村振兴提供智力服务。加强农业科技社会化服务体系建设,深入推行科技特派员制度。打造国家热带农业科学中心。提高农机装备自主研制能力,支持高端智能、丘陵山区农机装备研发制造,加大购置补贴力度,开展农机作业补贴。强化动物防疫和农作物病虫害防治体系建设,提升防控能力。

(5)构建现代乡村产业体系。依托乡村特色优势资源,打造农业全产业链,把产业链主体留在县城,让农民更多地分享产业增值收益。加快健全现代农业全产业链标准体系,推动新型农业经营主体按标生产,培育农业龙头企业标准"领跑者"。立足县域布局特色农产品产地初加工和精深加工,建设现代农业产业园、农业产业强镇、优势特色产业集群。推进公益性农产品市场和农产品流通骨干网络建设。开发休闲农业和乡村旅游精品线路,完善配套设施。推进农村一、二、三产业融合发展示范园和科技示范园区建设。把农业现代化示范区作为推进农业现代化的重要抓手,围绕提高农业产业体系、生产体系、经营体系现代化水平,建立指标体系,加强资源整合、政策集成,以县(市、区)为单位开展创建,到2025年创建500个左右示范区,形成梯次推进农业现代化的格局。创建现代林业产业示范区。组织开展"万企兴万村"行动。稳步推进反映全产业链价值的农业及相关产业统计核算。

(6)推进农业绿色发展。实施国家黑土地保护工程,推广保护性耕作模式。健全耕地休耕轮作制度。持续推进化肥农药减量增效,推广农作物病虫害绿色防控产品和技术。加强畜禽粪污资源化利用。全面实施秸秆综合利用和农膜、农药包装物回收行动,加强可降解农膜研发推广。在长江经济带、黄河流域建设一批农业面源污染综合治理示范县。支持国家农业绿色发展先行区建设。加强农产品质量和食品安全监管,发展绿色农产品、有机农产品和地理标志农产品,试行食用农产品达标合格证制度,推进国家农产品质量安全县创建。加强水生生物资源养护,推进以长江为重点的渔政执法能力建设,确保十年禁渔令有效落实,做好退捕渔民安置保障工作。发展节水农业和旱作农业。推进荒漠化、石漠化、坡耕地水土流失综合治理和土壤污染防治、重点区域地下水保护与超采治理。实施水系连通及农村水系综合整治,强化河湖长制。巩固退耕还林还草成果,完善政策、有序推进。实行林长制。科学开展大规模国土绿化行动。完善草原生态保护补助奖励政策,全面推进草原禁牧轮牧休牧,加强草原鼠害防治,稳步恢复草原生态环境。

(7)推进现代农业经营体系建设。突出抓好家庭农场和农民合作社两类经营主体,鼓励发展多种形式适度规模经营。实施家庭农场培育计划,把农业规模经营户培育成有活力的家庭农场。推进农民合作社质量提升,加大对运行规范的农民合作社的扶持力度。发展壮大农业专业化社会化服务组织,将先进适用的品种、投入品、技术、装备导入小农户。支持市场主体建设区域性农业全产业链综合服务中心。支持农业产业化龙头企业创新发展、做大做强。深化供销合作社综合改革,开展生产、供销、信用"三位一体"综合合作试点,健全服务农民生产生活综合平台。培育高素质农民,组织参加技能评价、学历教育,设立专门面向农民的技能大赛。吸引城市各方面人才到农村创业创新,参与乡村振兴和现代农业建设。

3.大力实施乡村建设行动

(1)加快推进村庄规划工作。2021年基本完成县级国土空间规划编制,明确村庄布局分类。积极有序推进"多规合一"实用性村庄规划编制,对有条件、有需求的村庄尽快实现村庄规划全覆盖。对暂时没有编制规划的村庄,严格按照县乡两级国土空间规划中确定的用途管制和建设管理要求进行建设。编制村庄规划要立足现有基础,保留乡村特色风貌,不搞大拆大建。按照规划有序开展各项建设,严肃查处违规乱建行为。健全农房建设质量安全法律法规和监管体制,3年内完成安全隐患排查整治。完善建设标准和规范,提高农房设计水平和建设质量。继续实施农村危房改造和地震高烈度设防地区农房抗震改造。加强村庄风貌引导,保护传统村落、传统民居和历史文化名村名镇。加大农村地区文化遗产遗迹保护力度。乡村建设是为农民而建,要因地制宜、稳扎稳打,不刮风搞运动。严格规范村庄撤并,不得违背农民意愿、强迫农民上楼,把好事办好、把实事办实。

(2)加强乡村公共基础设施建设。继续把公共基础设施建设的重点放在农村,着力推进往村覆盖、往户延伸。实施农村道路畅通工程。有序实施较大人口规模自然村(组)通硬化路。加强农村资源路、产业路、旅游路和村内主干道建设。推进农村公路建设项目更多向进村入户倾斜。继续通过中央车购税补助地方资金、成品油税费改革转移支付、地方政府债券等渠道,按规定支持农村道路发展。继续开展"四好农村路"示范创建。全面实施路长制。开展城乡交通一体化示范创建工作。加强农村道路桥梁安全隐患排查,落实管养主体责任。强化农村道路交通安全监管。实施农村供水保障工程。加强中小型水库等稳定水源工程建设和水源保护,实施规模化供水工程建设和小型工程标准化改造,有条件的地区推进城乡供水一体化,到2025年农村自来水普及率达到88%。完善农村水价水费形成机制和工程长效运营机制。实施乡村清洁能源建设工程。加大农村电网建设力度,全面巩固并提升农村电力保障水平。推进燃气下乡,支持建设安全可靠的乡村储气罐站和微管网供气系统。发展农村生物质能源。加强煤炭清洁化利用。实施数字乡村建设发展工程。推动农村千兆光网、第五代移动通信(5G)、移动物联网与城市同步规划建设。完善电信普遍服务补偿机制,支持农村及偏远地区信息通信基础设施建设。加快建设农业农村遥感卫星等天基设施。发展智慧农业,建立农业农村大数据体系,推动新一代信息技术与农业生产经营深度融合。完善农业气象综合监测网络,提升农业气象灾害防范能力。加强乡村公共服务、社会治理等数字化智能化建设。实施村级综合服务设施提升工程。加强村级客运站点、文化体育、公共照明等服务设施建设。

(3)实施农村人居环境整治提升五年行动。分类有序推进农村厕所革命,加快研发干旱、寒冷地区卫生厕所适用技术和产品,加强中西部地区农村户用厕所改造。统筹农村改厕和污水、黑臭水体治理,因地制宜建设污水处理设施。健全农村生活垃圾收运处置体系,推进源头分类减量、资源化处理利用,建设一批有机废弃物综合处置利用设施。健全农村人居环境设施管护机制。有条件的地区推广城乡环卫一体化第三方治理。深入推进村庄清洁和绿化行动。开展美丽宜居村庄和美丽庭院示范创建活动。

(4)提升农村基本公共服务水平。建立城乡公共资源均衡配置机制,强化农村基本公共服务供给县乡村统筹,逐步实现标准统一、制度并轨。提高农村教育质量,多渠道增加农村普惠性学前教育资源供给,继续改善乡镇寄宿制学校办学条件,保留并办好必要的乡村小规模学校,在县城和中心镇新建改扩建一批高中和中等职业学校。完善农村特殊教育保障机制。推进县域内义务教育学校校长教师交流轮岗,支持建设城乡学校共同体。面向农民就业创业需求,发展职业技术教育与技能培训,建设一批产教融合基地。开展耕读教育。加快发展面向乡村的网络教育。加大涉农高校、涉农职业院校、涉农学科专业建设力度。全面推进健康乡村建设,提升村卫生室标准化建设和健康管理水平,推动乡村医生向执业(助理)医师转变,采取派驻、巡诊等方式提高基层卫生服务水平。提升乡镇卫生院医疗服务能力,选建一批中心卫生院。加强县级医院建设,持续提升县级疾控机构应对重大疫情及突发公共卫生事件能力。加强县域紧密型医共体建设,实行医保总额预算管理。加强妇幼、老年人、残疾人等重点人群健康服务。健全统筹城乡的就业政策和服务体系,推动公共就业服务机构向乡村延伸。深入实施新生代农民工职业技能提升计划。完善统一的城乡居民基本医疗保险制度,合理提高政府补助标准和个人缴费标准,健全重大疾病医疗保险和救助制度。落实城乡居民基本养老保险待遇确定和正常调整机制。推进城乡低保制度统筹发展,逐步提高特困人员供养服务质量。加强对农村留守儿童和妇女、老年人以及困境儿童的关爱服务。健全县乡村衔接的三级养老服务网络,推动村级幸福院、日间照料中心等养老服务设施建设,发展农村普惠型养老服务和互助性养老。推进农村公益性殡葬设施建设。推进城乡公共文化服务体系一体建设,创新实施文化惠民工程。

(5)全面促进农村消费。加快完善县乡村三级农村物流体系,改造提升农村寄递物流基础设施,深入推进电子商务进农村和农产品出村进城,推动城乡生产与消费有效对接。促进农村居民耐用消费品更新换代。加快实施农产品仓储保鲜冷链物流设施建设工程,推进田头小型仓储保鲜冷链设施、产地低温直销配送中心、国家骨干冷链物流基地建设。完善农村生活性服务业支持政策,发展线上线下相结合的服务网点,推动便利化、精细化、品质化发展,满足农村居民消费升级需要,吸引城市居民下乡消费。

(6) 加快县域内城乡融合发展。推进以人为核心的新型城镇化,促进大中小城市和小城镇协调发展。把县域作为城乡融合发展的重要切入点,强化统筹谋划和顶层设计,破除城乡分割的体制弊端,加快打通城乡要素平等交换、双向流动的制度性通道。统筹县域产业、基础设施、公共服务、基本农田、生态保护、城镇开发、村落分布等空间布局,强化县城综合服务能力,把乡镇建设成为服务农民的区域中心,实现县乡村功能衔接互补。壮大县域经济,承接适宜产业转移,培育支柱产业。加快小城镇发展,完善基础设施和公共服务,发挥小城镇连接城市、服务乡村的作用。推进以县城为重要载体的城镇化建设,有条件的地区按照小城市标准建设县城。积极推进扩权强镇,规划建设一批重点镇。开展乡村全域土地综合整治试点。推动在县域就业的农民工就地市民化,增加适应进城农民刚性需求的住房供给。鼓励地方建设返乡入乡创业园和孵化实训基地。

(7) 强化农业农村优先发展投入保障。继续把农业农村作为一般公共预算优先保障领域。中央预算内投资进一步向农业农村倾斜。制定落实提高土地出让收益用于农业农村比例考核办法,确保按规定提高用于农业农村的比例。各地区各部门要进一步完善涉农资金统筹整合长效机制。支持地方政府发行一般债券和专项债券用于现代农业设施建设和乡村建设行动,制定出台操作指引,做好高质量项目储备工作。发挥财政投入引领作用,支持以市场化方式设立乡村振兴基金,撬动金融资本、社会力量参与,重点支持乡村产业发展。坚持为农服务宗旨,持续深化农村金融改革。运用支农支小再贷款、再贴现等政策工具,实施最优惠的存款准备金率,加大对机构法人在县域、业务在县域的金融机构的支持力度,推动农村金融机构回归本源。鼓励银行业金融机构建立服务乡村振兴的内设机构。明确地方政府监管和风险处置责任,稳妥规范开展农民合作社内部信用合作试点。保持农村信用合作社等县域农村金融机构法人地位和数量总体稳定,做好监督管理、风险化解、深化改革工作。完善涉农金融机构治理结构和内控机制,强化金融监管部门的监管责任。支持市县构建域内共享的涉农信用信息数据库,用 3 年时间基本建成比较完善的新型农业经营主体信用体系。发展农村数字普惠金融。大力开展农户小额信用贷款、保单质押贷款、农机具和大棚设施抵押贷款业务。鼓励开发专属金融产品支持新型农业经营主体和农村新产业新业态,增加首贷、信用贷。加大对农业农村基础设施投融资的中长期信贷支持。加强对农业信贷担保放大倍数的量化考核,提高农业信贷担保规模。将地方优势特色农产品保险以奖代补做法逐步扩大到全国。健全农业再保险制度。发挥"保险+期货"在服务乡村产业发展中的作用。

(8) 深入推进农村改革。完善农村产权制度和要素市场化配置机制,充分激发农村发展内生动力。坚持农村土地农民集体所有制不动摇,坚持家庭承包经营基础性地位不动摇,有序开展第二轮土地承包到期后再延长 30 年试点,保持农村土地承包关系稳定并长久不变,健全土地经营权流转服务体系。积极探索实施农村集体经营性建设用地入市制度。完善盘活农村存量建设用地政策,实行负面清单管理,优先保障乡村产业发展、乡村建设用地。根据乡村休闲观光等产业分散布局的实际需要,探索灵活多样的供地新方式。加强宅基地管理,稳慎推进农村宅基地制度改革试点,探索宅基地所有权、资格权、使用权分置有效实现形式。规范开展房地一体宅基地日常登记颁证工作。规范开展城乡建设用地增减挂钩,完善审批实施程序、节余指标调剂及收益分配机制。2021年基本完成农村集体产权制度改革阶段性任务,发展壮大新型农村集体经济。保障进城落户农民土地承包权、宅基地使用权、集体收益分配权,研究制定依法自愿有偿转让的具体办法。加强农村产权流转交易和管理信息网络平台建设,提供综合性交易服务。加快农业综合行政执法信息化建设。深入推进农业水价综合改革。继续深化农村集体林权制度改革。

4.加强党对"三农"工作的全面领导

(1)强化五级书记抓乡村振兴的工作机制。全面推进乡村振兴的深度、广度、难度都不亚于脱贫攻坚,必须采取更有力的举措,汇聚更强大的力量。要深入贯彻落实《中国共产党农村工作条例》,健全中央统筹、省负总责、市县乡抓落实的农村工作领导体制,将脱贫攻坚工作中形成的组织推动、要素保障、政策支持、协作帮扶、考核督导等工作机制,根据实际需要运用到推进乡村振兴,建立健全上下贯通、精准施策、一抓到底的乡村振兴工作体系。省、市、县级党委要定期研究乡村振兴工作。县委书记应当把主要精力放在"三农"工作上。建立乡村振兴联系点制度,省、市、县级党委和政府负责同志都要确定联系点。开展县乡村三级党组织书记乡村振兴轮训。加强党对乡村人才工作的领导,将乡村人才振兴纳入党委人才工作总体部署,健全适合乡村特点的人才培养机制,强化人才服务乡村激励约束。加快建设政治过硬、本领过硬、作风过硬的乡村振兴干部队伍,选派优秀干部到乡村振兴一线岗位,把乡村振兴作为培养锻炼干部的广阔舞台,对在艰苦地区、关键岗位工作表现突出的干部优先重用。

(2)加强党委农村工作领导小组和工作机构建设。充分发挥各级党委农村工作领导小组牵头抓总、统筹协调作用,成员单位出台重要涉农政策要征求党委农村工作领导小组意见并进行备案。各地要围绕"五大振兴"目标任务,设立由党委和政府负责同志领导的专项小组或工作专班,建立落实台账,压实工作责任。强化党委农村工作领导小组办公室决策参谋、统筹协调、政策指导、推动落实、督促检查等职能,每年分解"三农"工作重点任务,落实到各责任部门,定期调度工作进展。加强党委农村工作领导小组办公室机构设置和人员配置。

(3)加强党的农村基层组织建设和乡村治理。充分发挥农村基层党组织领导作用,持续抓党建促乡村振兴。有序开展乡镇、村集中换届,选优配强乡镇领导班子、村"两委"成员特别是村党组织书记。在有条件的地方积极推行村党组织书记通过法定程序担任村民委员会主任,因地制宜、不搞"一刀切"。与换届同步选优配强村务监督委员会成员,基层纪检监察组织加强与村务监督委员会的沟通协作、有效衔接。坚决惩治侵害农民利益的腐败行为。坚持和完善向重点乡村选派驻村第一书记和工作队制度。加大在优秀农村青年中发展党员力度,加强对农村基层干部激励关怀,提高工资补助待遇,改善工作生活条件,切实帮助解决实际困难。推进村委员会规范化建设和村务公开"阳光工程"。开展乡村治理试点示范创建工作。创建民主法治示范村,培育农村学法用法示范户。加强乡村人民调解组织队伍建设,推动就地化解矛盾纠纷。深入推进平安乡村建设。建立健全农村地区扫黑除恶常态化机制。加强县乡村应急管理和消防安全体系建设,做好对自然灾害、公共卫生、安全隐患等重大事件的风险评估、监测预警、应急处置。

(4)加强新时代农村精神文明建设。弘扬和践行社会主义核心价值观,以农民群众喜闻乐见的方式,深入开展习近平新时代中国特色社会主义思想学习教育。拓展新时代文明实践中心建设,深化群众性精神文明创建活动。建强用好县级融媒体中心。在乡村深入开展"听党话、感党恩、跟党走"宣讲活动。深入挖掘、继承创新优秀传统乡土文化,把保护传承和开发利用结合起来,赋予中华农耕文明新的时代内涵。持续推进农村移风易俗,推广积分制、道德评议会、红白理事会等做法,加大高价彩礼、人情攀比、厚葬薄养、铺张浪费、封建迷信等不良风气治理,推动形成文明乡风、良好家风、淳朴民风。加大对农村非法宗教活动和境外渗透活动的打击力度,依法制止利用宗教干预农村公共事务。办好中国农民丰收节。

(5)健全乡村振兴考核落实机制。各省(自治区、直辖市)党委和政府每年向党中央、国务院报告实施乡村振兴战略进展情况。对市县党政领导班子和领导干部开展乡村振兴实绩考核,纳入党政领导班子和领导干部综合考核评价内容,加强考核结果应用,注重提拔使用乡村振兴实绩突出的市县党政领导干部。对考核排名落后、履职不力的市县党委和政府主要负责同志进行约谈,建立常态化约谈机制。将巩固拓展脱贫攻坚成果纳入乡村振兴考核。强化乡村振兴督查,创新完善督查方式,及时发现和解决存在的问题,推动政策举措落实落地。持续纠治形式主义、官僚主义,将减轻村级组织不合理负担纳入中央基层减负督查重点内容。坚持实事求是、依法行政,把握好农村各项工作的时度效。加强乡村振兴宣传工作,在全社会营造共同推进乡村振兴的浓厚氛围。

四、供销合作社在实施乡村振兴战略中的作用

实施乡村振兴战略,是以习近平同志为核心的党中央着眼党和国家事业全局,立足现阶段我国国情、农情作出的战略部署。供销合作社是党领导下的为农服务的综合性合作经济组织,长期扎根农村、贴近农民,形成了比较完整的组织体系、比较健全的经营网络、比较完备的服务功能,培养造就了一支懂农业、爱农村、爱农民的"三农"工作队伍,是推动我国农业农村发展的重要力量,在参与和服务乡村振兴中具有独特优势。

1.供销社参与和服务乡村振兴是必然选择

一是参与和服务乡村振兴是党中央对供销合作社的要求。习近平总书记对供销合作社工作作出重要指示,要求供销合作社努力为推进乡村振兴贡献力量。这为供销合作社参与和服务乡村振兴提出了明确的要求,发出了动员令。供销合作社要切实增强"四个意识"、坚定"四个自信"、做到"两个维护",以习近平总书记的重要指示为根本遵循,主动融入乡村振兴战略大局,努力在乡村振兴中有所作为。

二是参与和服务乡村振兴是供销合作社的法定权利和义务。2021年4月颁布的《中华人民共和国乡村振兴促进法》第二十三条规定:各级人民政府应当深化供销合作社综合改革,鼓励供销合作社加强与农民利益联结,完善市场运作机制,强化为农服务功能,发挥其为农服务综合性合作经济组织的作用。《中华人民共和国乡村振兴促进法》的出台,为供销合作社参与和服务乡村振兴赋予了特定的法律地位。参与和服务乡村振兴,既是供销合作社的法定权利,也是法定义务。

三是参与和服务乡村振兴是供销合作社的基本职责。供销合作社是为农服务的合作经济组织,乡村振兴战略是新时代"三农"工作的总抓手。供销合作社必须着眼于加快推进农业农村现代化这个"总目标",牢固树立"总抓手"意识,积极投身新时代乡村振兴的伟大实践,切实履行好参与和服务乡村振兴中的工作职责。

四是参与和服务乡村振兴是供销合作社改革发展的迫切要求。供销合作社要认真践行为

农服务的根本宗旨,牢牢把握乡村振兴战略机遇,主动在参与和服务乡村振兴中找准定位,积极寻求供销合作社工作与乡村振兴的最佳契合点,主动担当作为,在参与和服务乡村振兴中求生存、谋发展。

2.供销社在参与和服务乡村振兴中具有独特优势

第一,政治优势。重视和加强供销合作事业,始终是党做好"三农"工作的传统和优势。供销合作社坚持党的领导,认真履行为农服务职责,持续深化综合改革,在促进农业农村发展、保障商品供给、服务城乡群众方面作出了重要贡献。实践证明,坚持党的领导,能够确保供销合作社在参与和服务乡村振兴中始终沿着正确的方向顺利前进,这是供销合作社最大的政治优势。

第二,组织优势。供销合作社在多年来的发展中,形成了由全国总社、32个省级社、342个市级社、2408个县级社组成的各层级比较完善的行业指导体系和37726个基层社、166758个城乡社区综合服务社组成的遍布城乡的为农服务网络,其服务覆盖75%以上的行政村,贯穿于农业生产的各个环节,涉及农民生活的方方面面,完全有能力担当乡村振兴重任。

第三,经营优势。供销合作社的经营服务领域广泛,涉及农业社会化服务的全过程,形成了完整的经营服务体系和产业链条,在服务"三农"领域作用独特。供销合作社的合作经济组织属性,决定了其与党政部门有着本质的区别,通过经济的手段开展经营性和公益性的服务,在密切与农民利益联结方面有着独特优势。供销合作社领办创办了数量庞大的农民专业合作社,在培育产业发展方面作用独特。随着综合改革的深入推进,电子商务等信息化服务方式在供销合作社系统广泛应用,形成了线上线下融合发展的优势。

第四,政策优势。《中共中央 国务院关于深化供销合作社综合改革的决定》(中发〔2015〕11号)文件的出台,为供销合作社参与和服务乡村振兴提供了最大的政策机遇。特别是经营服务领域的拓宽,如发展合作金融、开展土地托管服务、电子商务等服务方式的拓展,为供销合作社在参与和服务乡村振兴中开拓了广阔的天地。供销合作社承担着农资、棉花等国家储备任务,可以有效发挥宏观调控作用,在保障农资、农产品安全,降低农业生产成本方面作用独特。

3.供销合作社参与和服务乡村振兴的实现路径

(1)以经营服务带动农村集体经济发展

供销合作社在与农村集体经济组织协同推进集体经济发展中,双方签订合同,然后供销合作社按照合同规定为农村集体经济组织提供所需的商品或服务。早在1953年,浙江省新仓供销合作社与农业生产合作社签订购销结合合同,将供应生产资料和销售农副产品有机地结合起来,增加了农民的收入,该做法被毛主席批示成为"新仓经验"。供销合作社农资供应、农产品流通等企业提供的服务与农民的需求是耦合的,可以与农村集体经济组织建立起业务合作关系,从而将供销合作社的流通网络优势与农村集体经济组织的生产经营优势有机结合起来,帮助农村集体经济组织和农户解决销售不畅、资金短缺、技术缺乏等问题。农村集体经济组织则可以把确权后农村集体和农民手中的资源与资产从原来不充分利用转变为发展农业产业,并借助供销合作社提供的农业社会化服务或农产品销售渠道销售出去,让农民从生产、加工、流通各个环节中获得更多收益。而政府通过项目支持、用地用电、绩效考核以及其他奖励等,使供销合作社与农村集体经济组织能够以更低的成本达成契约,通过业务合作带动农村集体经济发展。如莒南县供销合作社联合筵宾镇13个村集体建设18处液体加肥站,不仅带动了周边农户使用液体肥,还给予每个村土地使用费0.2万元以及根据液体肥供应量给予农村集体经济组织一定的组织服务费,帮助村均增加集体收入近4万元。在帮助农户解决农产品销售方面,莒南县供销合作社组织直属日用品超市、电商企业以及农产品加工企业,与45个村集体、农民合作社和家庭农场等签订采购协议,有效解决了当地农产品能生产无销路、有市场无批量等产销问题,让农民生产的产品卖得出并卖上好价钱。

供销合作社还可以通过资源合作的方式与农村集体经济组织一起搭建为农综合服务平台,为农民提供多元化便捷服务。如莒南县郝家村社区服务中心是由石莲子镇供销合作社出资,村集体出地合作建设的集办公、农资超市、日用品超市于一体的综合服务平台,既盘活了农村集体低效闲置土地,解决了村集体办公场所不足的问题,还以较低的成本搭建起了供销合作社为农服务的前沿阵地,农民利用家门口的综合服务社获得了便捷的生产生活服务。

对于大部分农区而言,受限于地理区位、资源禀赋和资金积累,农村集体经济组织想发展产业壮大集体经济是十分困难的,通过与供销合作社建立业务合作关系,可以将有限的资源和要素投入农业生产环节,把自己不擅长的产前和产后环节剥离出去,交给供销合作社承担,从而农业产业链上不同环节的两类主体形成了纵向分工协作关系,共同分享农业价值链剩余。在供销合作社直接服务于农户的地方,可以与农村集体经济组织合作形成"供销合作社+农村集体经济组织+农户"的模式。农村集体经济组织负责协调农户,实现土地集中连片耕种或产品统一收集和销售,从而减少供销合作社的谈判成本和经济成本,农村集体经济组织和农户也能从中获得更多实惠。需要说明的是,供销合作社以经营服务的方式带动农村集体经济发展,可能并不是有意为之,而是供销合作社在服务小农户的过程中,为了发挥农村集体经济组织在组织农民和调动农村资源等方面的优势,降低与分散农户的交易成本,从而选择与农村集体经济组织合作,让渡一部分利益给农村集体经济组织。

(2)联合农村集体经济组织入股组建市场主体

《乡村振兴战略规划(2018—2022)》提出"引导农村集体经济组织挖掘集体土地、房屋、设施等资源和资产潜力,依法通过股份制、合作制、股份合作制、租赁等形式,积极参与产业融合发展"。农村集体经济组织最适合的发展模式是股份合作制,它突破传统的集体经济组织边界和所有权的限制,引入外部资本、技术、管理等资源实行多种形式的联合。供销合作社与农村集体经济组织合作,组建土地股份合作社、有限责任公司制的村级供销社等新型经营主体,借助供销合作社为农服务资源将农村集体拥有的各类资产和潜在优势转化为现实的增收能力,带动农村集体经济发展。

供销合作社与农村集体经济组织合作共同组建市场主体,核心是要建立产权清晰、权责明确、利益共享的机制。如莒南县供销合作社在坚持农村土地集体所有权、农户家庭承包权不变的前提下,与农村集体经济组织联合,按照《农民专业合作社法》的要求共同组建土地股份合作社。其中,在登记注册土地股份合作社时,参与各方通过量化出资额进而建立了明晰的产权关系。村集体以农田水利设施及土地连片后增溢的土地经营权入股,农田水利按照入股灌排渠系、车间库房等有形设施造价、完好情况、服务能力、经济效益等因素进行估价折算出资金额。农户按照入股土地的亩数、质量、期限等因素进行估价折算出资金额。供销合作社用资金或设施设备入股,其中入股的农业生产、农产品加工、仓储运输等机械设备根据规格、数量、生产能力、折旧等因素进行股价折算出资金额,货币则按照启动初期资金需求、总股本设定计划,对实际入股现金进行折股量化。各方按照核算出资金额确定持股比例,股权结构清晰。为了确保农民利益最大化,土地股份合作社明确土地经营权股权占比不得低于总股本的60%,设施设备和货币两种股权占股比例分别控制在20%以内。

土地股份组建起来后,莒南县供销合作社为土地股份合作社量身定制作业计划和标准、服务费用等方案,提供耕种、植保、收割、烘干、储存、销售等服务。为了确保农村集体经济组织收入稳定增加,供销合作社与农村集体经济组织构建了具有强约束特征的利益联结机制,即土地股份合作社实行"保底收益+盈余分红",其中保底收益只针对农户和农村集体经济组织以土地经营权入股部分,参照当地土地流转市场的价格和地力情况按照400~1200元/亩进行保底,最大限度地保障了农民的土地经营收益权。

(3)承接政府扶持集体经济发展资金,让农村集体经济组织获得分红收益

供销合作社可以作为政府扶持集体经济发展专项资金的承接方,由政府将扶持集体经济发展专项资金量化到农村集体经济组织后,入股供销合作社直属企业用于发展农特产业。农村集体经济组织通常不直接参与供销合作社企业经营管理,根据入股资金获得企业红利从而增加农村集体经济收入。如临沂市河东区财政局将用于发展村级集体经济的专项扶持资金股权平均量化给贫困户和村集体后注入供销合作社经济实体,用于建设肉鸭养殖基地、生态采摘园等扶贫事业,每年给村级集体经济专项资金不低于8%的分红,使当地11个薄弱村、贫困村有了收入来源。

从实践层面看,为了壮大农村集体经济,各地政府目前都有专项扶持资金支持农村集体经济组织发展种养加工等产业。通常的做法是政府将资金切块给各村集体经济组织,由农村集体经济组织选择合适的项目,或自建或入股当地新型农业经营主体,因此,项目主体的选择对于实现农村集体经济发展至关重要。供销合作社系统拥有各级政府和省以上有关部门认定的农业产业化龙头企业2412个,这些企业长期从事农业生产经营,能够产生稳定的经济效益并具有一定的风险防控能力。相比于其他新型农业经营主体,供销合作社承接政府扶持集体经济发展专项资金,一方面,可以提高财政资金使用效率,避免了"撒胡椒面"的方式分散到每个村,难以建设符合农民需要的项目或者建设的项目收益率很低的问题;另一方面,由于供销合作社的企业具有一定的经济实力,又有品牌优势且具有政府背景,避免了财政资金投入一些实力弱的小微企业,无法为农村集体经济组织提供持续分红的问题,降低了财政资金使用风险。

(4)捐赠资金帮助贫困村产业发展

供销合作社可以采取无偿捐赠的方式帮助农村集体经济组织建立产业基地,特别是在脱贫攻坚的主战场,供销合作社同样承担着扶贫任务,利用自身的资源帮助贫困村发展壮大农村集体经济。由于是无偿捐赠,所形成的固定资产通常被计入农村集体经济组织资产,而供销合作社向农村集体经济组织投入资金后,负责监督项目资金用途和项目进度,通常不参与分红,将全部收益留在农村集体经济组织内部或用于贫困户分红。全国供销合作总社是潜山定点帮扶单位,以直属企业捐赠的方式帮助潜山市坛畈村发展特色产业,自2016年开始累计投入资金455万元帮助坛畈村打造特色种养和休闲旅游产业。坛畈村集体经济组织利用全国供销合作总社帮扶资金以及自身闲置土地建成了165kW的光伏电站,占地近10亩的食用菌大棚和烘干仓储设施,兴建了900平方米百姓大食堂和300多平方米的茶叶加工厂,流转8个村民组抛荒地集中连片建起了600亩良种茶园,形成的资产全部都成了村集体的经营性资产。截至

2020年年底,光伏电站、食用菌基地和茶厂等已经开始产生效益,每年为村集体增加收入近20万元,短短几年间农村集体经济收入就实现了翻番。当地村民则通过流转土地到扶贫基地以及在扶贫基地务工等获得收入,带动了建档立卡贫困户脱贫增收,2018年年底实现整村出列。需要说明的是,以捐赠资金的方式发展贫困村集体经济,只能视各地供销合作社实际情况来确定捐赠额度,有的地方是利用供销合作社"新网工程"项目资金支持贫困村产业发展。

五、供销合作社综合改革与服务乡村振兴典型案例

浙江省通过供销社综合改革,充分发挥了供销社的原有优势,形成了服务功能和服务体系兼具、以为农服务为宗旨的农合联综合服务体系。一是构建以庄稼医院为基础的现代农业服务体系;二是建设"智慧农资"和"网上庄稼医院";三是构建特色产业服务体系;四是整合品牌资源,构建品牌体系,着力培育和打响一批以省农合联、省行业协会为载体的农产品区域公共品牌,形成了"区域公共品牌+县域品牌+企业品牌"的品牌体系。通过综合改革,浙江省供销社在乡村振兴战略的指导下,发挥了其在产业振兴、人才振兴、文化振兴、生态振兴等方面的作用。

1. 供销社改革与产业振兴

推进乡村振兴伟大战略,产业振兴是基础。党的十九大提出实现小农户与现代农业发展有机衔接。实现小农户与现代农业相衔接的途径主要有两种:一是通过土地流转的形式让"小农户"实现"大经营",二是通过引导农民加入农民合作组织,例如合作社、联合社等规模经营主体,实现为小规模农户提供统一的社会化服务。可见,合作社等规模经营主体在产业振兴中发挥着核心作用。供销社改革,有利于发挥规模经营主体在为农服务中促进现代产业发展的作用。浙江省引导农合联会员利用农合联组织网络优势,拓展产业发展范围,做大产业规模;促进产业融合发展,提升产业层次;推进同行一体经营,减少无序竞争。支持较大规模和较强实力的成员企业利用这一优势,充当行业龙头企业。

强化贸易龙头作用,带动精深加工制造业、高端服务业发展和特色种养业提升,推动"以贸为主"的供销社产业结构向"贸工农服一体"的农合联产业结构转变,形成龙形产业链。通过加快社有企业转型升级进行综合改革,主要内容有:(1)培育和壮大一批龙头企业,在农资和农产品流通领域确立主导地位,浙农集团已经成为全省农资领域的行业龙头;(2)培育发展新兴产业,形成为农服务导向明确、主业突出、有限多元的发展格局;(3)提升企业创新能力,推进管理体制、经营机制和商业模式创新。同时大力推进农村一、二、三产业融合发展,比如,瑞安市曹村镇与中青旅、浙江绿城两大集团签订战略合作框架协议,将投入50亿元以上,依托天井垟万亩良田,建设草花基地、彩色稻田,打造环境美、观赏性强、功能配套的田园综合体。同时,依托全镇18个村整体开发建设,打造集农旅、文旅、康养为一体的特色田园小城镇。又如,瑞安市南滨街道美丽田园综合体项目,已完成一期土地流转500亩,建设草花基地、彩色稻田,打造环境美、观赏性强、功能配套的城郊湿地型田园综合体。

2017年8月,嵊州市蔬菜专科医院在普惠蔬菜基地成立。嵊州市农合联立足蔬菜专科医院服务平台,以"一个产业农合联标配一个专科医院"的模式,在蔬菜产业率先试点,依托普惠蔬菜专业合作社联合社,引导嵊州蔬菜产业协会、专业合作社、家庭农场、农技服务站等共同参与组建蔬菜产业农合联,探索构建集聚技术推广、生产作业、产品加工等功能的专业性服务体系,形成"一业一团队"的专业化服务格局,推进蔬菜产业全程社会化服务,促进农业生产提质增效。

嵊州市蔬菜产业农合联由专业合作社及联合社、家庭农产农技服务站等新型农业经营主体和涉农企事业单位组成,现有会员98个,其中单位会员94个,个人会员5个,单位会员包含联合社1家,专业合作社63家,家庭农场23家,涉农企业7家,成员覆盖全市主要乡镇(街道)。蔬菜产业农合联依托蔬菜专科医院和蔬菜产业农合联办公室,开展蔬菜产业全程社会化服务。服务内容包括科学育苗、种植管理、产品加工、品牌营销、产业融资等,覆盖产前、产中、产后全过程。截至2018年4月,累计完成种子种苗服务850多万株,提供各类种子可播种面积12000亩左右;销售蔬菜1417万多斤,同比增长11.5%。蔬菜专科医院位于鹿山街道江夏村普惠蔬菜基地。为农服务设施齐全,建有蔬菜工厂化育苗中心、蔬菜产业农合联办公室、新型农民培训室、农资直供点、蔬菜销售服务部等全过程环节服务区块。蔬菜产业布局合理,核心区内有千亩菱园、小荷小池新碧溪湖、农夫雅园、童年小路等13个农旅景点,共同构成了蔬菜产业农合联的幸福地图和美丽田园综合体。

2.供销社改革与人才振兴

推进乡村振兴伟大战略,关键在人才。供销社通过发挥资源整合的引领作用,集聚人才、引进人才、培训人才,为乡村人才发挥作用提供了重要的平台。供销社为农服务的主要优势是能组织有强大经济实力的社有企业及与其保持合作关系的大企业为农业农村提供服务,这些企业与供销社领办的农民专业合作社为农村带来了管理、技术等先进要素,实现在农村范围内的人才溢出效应。同时,重视基层社带头人的引领作用,也使得农业产前、产中、产后各环节的技术带头人与农民实现充分交流。

浙江省杭州市萧山农业生产资料有限公司是萧山供销社下属的农资供应公司,通过创新人才培养机制,加强人才队伍建设,着力打造为农服务的专业团队,为开展农业社会化服务提供人才支撑。一是加强人才引进。按照"建好一支队伍,带动一个产业"的思路,萧山区供销社与浙江农林大学等多所高校合作共建"大学生社会实践基地",先后引进浙江农林大学、南京农业大学、江西农业大学的农学、植保、园艺专业研究生、本科生6名,分别组建了植保服务团队、种子种苗经营团队、农技推广服务团队,带动了相关产业发展。二是组建专家团队。通过与科研院所和高等院校的资智合作,聘请浙江大学、浙江农林大学和省、市、区农科院的30多名专家学者,成立萧山区农资商品科技应用专家顾问团,定期开展农技培训和下乡指导活动,提高了公司农业科技服务的专业化水平。三是提升技能素质。萧山区供销社早在2007年就创办了萧山区农资消费教育学校,积极开展农民素质提升工程,已累计举办各类农民素质培训班300余期,免费培训种植大户、农民社员和农资经营人员1.2万余人次,成为萧山培育现代新型农民的重要阵地。

浙江德清县供销社助推返乡创业,实现人才回归。一是通过现有合伙人的示范带动作用,吸引了更多本地青年回归农村,目前,合伙人的月均收入保持在5000元左右,比全省平均月收入高7%,其中最高月收入可达20000元。二是政府通过出台电商补贴、就业补贴等政策,优化青年创业环境,德清县每年按照《促进电子商务加快发展的若干扶持政策》对村淘项目制订专项激励方案,并依照《德清县一次性创业社保补贴实施办法》给予合伙人相应的创业社保补贴。三是以县职业中专为县电子商务教育培训基地,举办淘宝青年创业大赛,组织电商精英培训交流,邀请专业人士进行讲授,提升农村青年电商水平,累计培训2000人次以上。

杭州市西湖区转塘供销社则是组建人才团队,实现人才振兴。供销社要适应城市化转型发展,人才是最不可或缺的因素。5年前,转塘供销社有近百名股东和职工,大多是老供销人,平均年龄达到51岁,文化以中专、高中为主,在城市化、市场化面前存在身体、思想和能力的不适应,转型发展缺乏人力、智力的支撑。转塘供销社面对人员老化、能力不足等困境,实施育才计划,推动人才引进和团队培养,一方面,改革股份结构、逐步实行"人走股转",疏通人员进出通道;另一方面,加快人才引进和培养,5年内新招录大学生17名,职工平均年龄下降了10岁。通过一线锻炼、推进重点工作、管理岗位任用、推荐入党等途径进行培养,在股权分配、奖励激励等方面激发创业热情。有朝气、有干劲的新供销人团队逐步形成,为转型发展提供了有力的支撑。

3.供销社改革与文化振兴

(1)建立文化主题馆,聚力推动合作文化的繁荣

浙江省嵊州市供销社在其农民合作经济服务中心下设立供销文化主题馆,分为"一树繁花夺眼红"的辉煌荣耀、"栉风沐雨砥砺行"的艰难岁月、"勠力同心挥彩笔"的崭新实践三大板块。供销文化主题馆,让在岗的供销人,有榜样的激励、精神的感召;让退休回来的供销人,有"社不老"的欣慰、"情未了"的记忆。嵊州舜禹名茶专业合作社以"一种好芽·百家合作·千年文化"为脉络,建成"茶香十里"主题馆。三界社以"始宁旧址·供销情缘·农合新叶·粮油田园·村嫂服务"为主题、黄泽社以"老社稽古·农合长廊·基地览胜·供销歌拍·黄桃诗词"为内容,建成镇级社史馆。浙江省瑞安市陈岙村为活跃和丰富群众文化生活,近年来建成了包括科普展示馆在内的温州市级科普文化中心、村级农家书屋、多媒体文化活动室、电子阅览室及乡风文明馆和移风易俗走廊等文化设施。加强了书画、摄影、舞蹈、戏曲活动队伍建设,设置书画摄影沙龙工作室。成立村文明协会、业余太极拳剑和文艺体育爱好者队伍,并每逢节假日开展活动。

(2)创作诗歌书刊,举办各类文化节

浙江省嵊州市供销社提炼出"厚德诚信、合作惠农、务实创新、拼搏奋进"16字供销精神,创作供销之歌《一树繁花夺眼红》,拍摄改革专题片《而今迈步从头越》。农合联出版《合作天高》,供销社编辑《永恒记忆》。黄泽供销社利用黄桃产业,举办黄桃丰收节、黄桃诗词会等"黄桃文化"活动,举行香榧炒制等大型节会,助农促销。

浙江省瑞安市陈岙村供销社组织编写《陈岙村史》、陈岙村歌《富在青山绿水间》、越剧新唱《美丽村庄数陈岙》。为推进邻里和睦,制定陈岙《邻里公约》,连续举办"中秋邻里文化节",评出文明户、好人好事进行表彰。为杜绝不良旧风俗复现,陈岙村制定了《移风易俗村规民约》,建立村民议事会、道德评议会、禁赌禁毒会、红白喜事理事会组织,特别是由村集体出资300余万元,将原钱、陈、董、叶、戴姓氏5个宗祠和多个宗教活动场所全部集中到"畚斗肚"地块,建成"陈岙宗祠文化园",为宗族间和谐相处提供了阵地,消除了各宗祠祭祀祖先互相攀比、互不服气闹矛盾的现象。同时,开展文明创建工作,制定和落实"垃圾不落地、出门讲秩序、办酒不铺张、邻里讲和睦"的制度,倡导喜事新办、丧事简办,有效地解决了原来办酒席铺张浪费和送丧发放礼金乱象,深得全体村民的好评。举办"醉美陈岙生态旅游文化节"、连续两届的"陈岙九

龙杯"跨越大罗山徒步登山越野大赛,利用省级大罗山登山健身步道组织邀请国内外1600多名选手参赛;努力办好温州11个县(市区)代表参加的温州市第二届休闲"岙运会";连续三年协办以"同心·同行·同梦"为主题的海峡两岸瑞台青年交流活动。力求通过这些活动不断提升陈岙的知名度和影响力。

4.供销社改革与生态振兴

乡村生态振兴战略的实施主体是农民,受益者也是农民。推进生态振兴,关键是要通过实行标准化生产,使得农民进入农业绿色生产的轨道之中,让农民能切实参与到生态振兴的贡献与受益之中。在为农服务过程中,浙江省供销社为了提高农业生产综合效益,通过组建、领办现代农业示范园等方式,打造集生态、科技于一体的现代农业,既提高了农产品的科技含量、质量,提升农业生产价值,也培养了农民在农业经营过程中的环保行为。同时,浙江省供销社在供应有机肥、提供施肥用药配方和技术的指导过程中,也广泛地影响了农户的农业经营环保行为。

具体来看,浙江瑞安市陈岙村供销社通过宣传和加大对垃圾清扫、管理力度,全面实行垃圾分类和资源化处理,既扮靓了村庄,又进一步增强了全体村民的环保意识,爱惜环境成为广大村民的自觉行动,陈岙村由此又获得了"全国文明村"等荣誉;浙江省杭州市萧山区供销社通过"大田托管"来促进美丽田园的建设,开创了为农服务的生态新模式。

(1)新农村建设:瑞安市陈岙村的实践

浙江省瑞安市陈岙村在当地供销社的帮助支持下,通过新农村建设,由一个落后、闭塞的偏僻小村,蜕变成了新型农村社区、国家AAA级旅游景区以及全国文明村。从1999年开始,全村经济借助发展电镀、水暖等行业崛起,逐步调整了产业结构。2002年以来,村集体对陈岙溪小流域进行治理,建成自来水厂,有偿向外供水,并从"千百工程"入手,通过"三改一拆",建成村属标准厂房,用于租赁等,实现多元化创收,使村集体每年收入达500多万元。同时实施"青山白化"治理,迁移村域范围内2000余座坟墓,另外通过土地整理开发出75亩土地,经招拍挂得到2.43亿元集体资金。相继投入资金建成科普文化公园、文体活动中心、村民活动中心、图书阅览室和老人公寓等公共设施,免费开放并向全村老年人免费提供居家养老照料服务。多年来,陈岙村把生态文明建设作为抓手,率先实施农村生活垃圾分类处理,建成垃圾资源化利用中心,始终坚持"一张蓝图画到底"的原则,在美丽陈岙建设的同时,以根治劣V类水质为目的,率先在全省开展水环境综合治理,2011年以来,相继投入资金5000多万元,对陈岙溪流域4千米范围内的80多家企业进行搬迁,拆除违法建筑60000余平方米,对两岸的景观进行综合提升,达到了"五水共治"战略要求和效果。水质改善后,陈岙村还成功推出了游泳、漂流、皮划艇运动等水上项目,实现了可观的经济效益和解决富余劳动力出路的社会效益,为产业"退二进三"转型升级闯出了一条新路子。

在此基础上,该村于2008年着手旧村改造工作,现旧改一期"中溪花苑"安置房已建成。该小区建筑以庭院为基本单元。景观建设融入青山、绿水、古榕的江南民居风格,使小区的品位得到提升,成为浙南地区农房建设的示范窗口。陈岙村已经邀请全国最高端的专业团队为陈岙编制乡村旅游规划,打造一个功能设施全、生态环境好,集乡村民宿、水上娱乐、温泉养生、露营探险、休闲度假功能于一体的美丽旅游乡村。

(2) 大田托管美丽田园建设

浙江省杭州市萧山区供销社开创了独具特色的为农服务生态模式,通过"大田托管"促进了美丽田园的建设。一是搭建平台,组建团队。牵头组建了杭州广农粮油专业合作社联合社,吸收萧山农资公司等农业龙头企业和区内18个镇街的34家合作社、861户社员入社,把区内的专业合作社、种粮大户联结起来,有效构建起试验示范、病虫防治、栽培技术、农机服务等为农服务的综合平台。同时,出资组建了全资的杭州萧农农业科技有限公司,配备专业技术人员8人,作业施工队6支,作业人员400多人,主动承接美丽田园建设工作。二是创新模式,复绿造景。萧山区供销社以土地托管为切入点,对城区及周边收储地块创新托管模式,实施复绿造景。2016年7月,由萧山区政府牵头专门举办了萧山区大田托管美丽田园建设签约仪式,明确了由区供销社承接相关平台、镇街收储流转土地的美丽田园建设工作。目前,供销社大田托管面积近3万亩,其中钱江世纪城的65个区块近3000亩土地及湘湖三期都通过大田托管营造了城市景观亮点。

受钱江世纪城管委会委托,亚运林区块配套工程交由萧山供销社承接。作为亚运村首个项目,规划建设的"亚运林"是2022年亚运会喜迎中外嘉宾、展示杭州美丽形象的窗口,也是钱江世纪城沿铁路景观带的一部分。"亚运林"位于世纪城板块东北角,是亚运村与高铁线间狭长形绿地的起点,是与亚运村配套的示范林之一,也被选定为2018年植树节省市区党政军义务植树点。短短一个月的时间,就顺利完成了清地平整、堆坡造型、景观设计、树种采购种植、草坪铺设等全部工程。

5.供销社改革与组织振兴

浙江省供销社把组织振兴作为助力实现乡村振兴的重要任务,"三位一体"的为农服务发展道路促使了农合联组织体系的构建,浙江省供销社作为农合联执行委员会,为农合联服务平台的建设做了相当重要的工作。农合联是以生产供销信用服务功能为基础、具有对农民生产生活综合服务功能的非营利性的社会团体,实行农有、农治、农享,在民政部门注册登记,接受农村工作综合部门管理。农合联按行政层级设置,以县、乡两级为重点,逐步形成省、市、县、乡镇四级组织体系。各地农合联都建立了会员大会及理事会、监事会,县级农合联都组建了以供销合作社联合社为依托的农合联理事会执行委员会,选举政府分管领导为农合联理事长,聘任供销社联合社理事会主任为农合联理事会执委会主任。县乡两级农合联广泛吸纳区域内的农民合作社及联合社、行业协会、农业龙头企业、家庭农场和为农服务组织、涉农企事业单位等为会员,这使农合联不仅有自有集成、自育新生的服务功能,而且有外部转入、协作覆盖的服务功能。

瑞安市花椰菜产业农合联是在瑞安市蔬菜产业协会的基础上,吸纳瑞安市农民专业合作社、家庭农场、农业龙头企业、销售商、农资供应商、电子商务、金融机构、物流等组织组建起来,是一个实行自主经营、民主管理、统一服务的社会团体,属瑞安市农合联派生机构,也是农合联组织服务农民的重要载体。瑞安市花椰菜产业农合联按照"三位一体,服务三农"的要求,通过基地种植、技术指导、生产供应、产品加工、品牌销售、资金互助等规模化运作,为会员提供以下六方面的服务:一是及时提供信息;二是组织指导生产;三是积极开拓市场;四是发展农村互助金融;五是做好会员培训;六是加强典型宣传。该农合联初步形成了以合作与联合为纽带、强强联合的格局,成为浙南地区最有影响力的花椰菜基地之一。瑞安市花椰菜产业农合联现有会员43名,涉及上望、莘塍、汀田、塘下、飞云等乡镇,花椰菜生产基地5万多亩。2017年花椰菜总产值达3亿元,销往北京、山东、辽宁、重庆、上海等地。

6.政策建议

(1)认真总结供销合作社综合改革经验

浙江省综合改革的经验十分丰富,而最重要的一条,就是在村级层面领办农民专业合作社,在乡镇和县级层面组建农民专业合作社联合社。四级农合联把合作社、大型家庭农场、龙头企业都纳入其中,值得在全国范围内推广。按照现行的《农民专业合作社法》,联合社无法吸收除了合作社之外的经营主体,而农合联则可以将联合社、龙头企业、合作社、金融机构等都纳入统一的为农服务体系,以联合会这种形式,将农民合作经济组织和为农民合作经济组织提供服务的组织联合起来,为"三农"领域打造一个庞大的社会组织体系,使社会力量参与"三农"治理成为可能。这是在现有政策框架下所能够进行的最大限度的制度创新,充分发挥了农合联这一社会组织的协同治理作用,能够集中各种资源开展为农服务,而各类主体又都能从中获益,既能有效弥补市场失灵,又能弥补政府失灵,还能够使供销社在改革中密切与农民之间的利益关系,实现"民有、民管、民享"。

(2)完善相关法律,确立供销社的法人地位

供销合作社系统作为特殊类型的合作经济组织,在为农服务领域具有明显的独特优势,单位性质在政府部门中也具有排他性。应当努力使供销社这个为农服务的重要载体、重要力量,尽快成为各级党委政府的重要抓手。但在实践中,供销社的法人地位没有确立,影响了各级供销社为农服务作用的正常发挥。《中华人民共和国民法典》第九十六条规定:"本节规定的机关法人、农村集体经济组织法人、城镇农村的合作经济组织法人、基层群众性自治组织法人,为特别法人。"这就是说,作为合作经济组织的一种类型,供销合作社是一种特殊法人主体。第一百条规定:"城镇农村的合作经济组织依法取得法人资格。""法律、行政法规对城镇农村的合作经济组织有规定的,依照其规定。"也就是说,供销合作社究竟应该归属哪种具体的特殊法人类型,由具体的法律或者行政法规规定。这就在客观上要求尽快出台《供销合作社条例》,明确供销社的法人主体地位以及各级供销社的职能。这必将对供销社系统综合改革、密切与农民的利益联结具有重大推动作用。

(3)加快新时期供销系统人才队伍培育

进一步加大对供销社系统机关干部、基层社职工、社有企业职工等的培训力度,重点提高其市场化意识和为农服务自觉性,形成一支事业责任心强、改革落实效率高、创新能力突出的新型供销社系统干部职工队伍。针对改革后新拓展的大量为农服务领域,大力开展人才培育工程,重点在土地托管、农业生产、电子商务、机械作业、涉农金融、合作社经营管理等方面打造一支专业化农业服务人才队伍。

(4)继续深化综合改革,使供销社更加适应乡村振兴的需要

激发内生动力和发展活力,使供销社更加适应乡村振兴的需要。改革过程中必须把创办乡镇级和县级农民专业合作社联合社作为供销合作社改革的目标和任务。与此同时,还应与农村一、二、三产业实现融合发展,积极发挥供销社的辐射带动作用,尤其是农业产业化龙头企业的带头作用,根据自身独有特色的优势产业,对现有产业进行改造和提升,同时还应发展新型的农产品加工企业和农产品批发市场,促进农产品转化和增值。此外,推进社有企业、专业大户、家庭农场等新型经营主体有效对接,以相互参股、股份分红、利润返还等形式不断实现利益联结机制的完善。为更好地促进生态振兴,还应推动供销社发展生态农业、休闲农业、乡村旅游、健康养老等农业多种功能,拓展农村合作金融等经营服务领域。

(5) 切实发挥供销社为农服务功能,更加密切与农民群众的利益联结

作为"三农"服务的综合平台,供销社理应发挥生力军的作用。各地供销社要主动顺应农民群众日益增长的美好生活需要,对农民的利益和需求进一步深入了解。发挥基层组织的作用,对社有企业业务进行网络整合,在省、市、县三级开展经营,进而实现优势互补、共同发展。在基层组织改革的过程中,必须把领办或创办农民专业合作社作为基层供销合作社改革的基础性工作。在努力完善自身的同时,供销社还应借助社会力量,引进社会资本,学习管理、技术、品牌、渠道等先进生产理论及经验,为社有资本赋能。在高起点推进自身全面发展的基础上最大化发挥供销社服务"三农"的生力军和综合平台作用。

(6) 要因地制宜发挥供销社在乡村振兴中的作用

任何地区在改革和推出新模式时都不能忽视地域差异。由于各地区存在差异性,供销社在乡村振兴中发挥作用的时候,要充分尊重当地的群众和经济特色,不能盲目改革,破坏原有的经济命脉。在巩固和扩大改革成果的过程中,既要采取组织体系整合重组的方式,也要号召建立更多农民合作社及其联合社。切实增强风险防范意识,严格遵循监管制度,确保不发生系统性风险。

(7) 各级政府加大财政扶持力度,提高供销社在乡村振兴工作中的地位

各级党委政府更加重视发挥供销社的作用,在财政支持乡村振兴过程中,对供销社开展农业社会化服务、建设农产品市场等加大扶持力度,在制定乡村振兴规划时,将供销社纳入整体安排统筹部署,在实施乡村振兴有关工程时,将供销社作为承接载体,赋予更多工作任务。

第五部分　全国供销合作社"新网工程"建设专题研究

"新网工程"于2007年正式写入中央一号文件,着力打造跨行业、跨地区的全国性和区域性龙头企业,建设以信息技术为支撑、物流配送为基础、连锁经营为手段、标准化管理为特征的全国性农村现代流通服务网络,以及区域网络间的对接融合。自2006年5月经国务院批准设立以来,"新网工程"为我国农村商品流通体系建设,促进农业现代化发展起到了重大的推动作用,伴随着工业化、信息化、城镇化的快速发展,对同步推进农业现代化的要求更为迫切,加快"新网工程"建设已成为创新农村社会管理的重要抓手,是"四化同步"发展中不可或缺的内容。

2015年3月23日,中共中央、国务院发布了《关于深化供销合作社综合改革的决定》(以下简称《决定》),《决定》充分肯定了供销合作社在党和政府做好"三农"工作中的重要载体作用。在"新网工程"建设方面,《决定》提出要"加强供销合作社农产品流通网络建设,创新流通方式,推进多种形式的产销对接","……继续实施新农村现代流通服务网络工程建设,健全农资、农副产品、日用消费品、再生资源回收等网络,加快形成连锁化、规模化、品牌化经营服务新格局",为加快推进农业现代化,促进农民增收致富,推动农村全面小康社会建设,全国各级供销合作社依托"新网工程"项目,在电子商务发展、市场转型升级、流通体系建设等方面取得了较好的成绩,供销合作社"新网工程"建设迎来了历史性的发展机遇。

一、"新网工程"的产生及主要建设内容

1."新网工程"的产生

2002年1月,全国供销合作总社三届三次理事会会议召开,会议向全系统提出了"四项改造"任务,即"以参与农业产业化经营改造基层社;以实行产权多元化改造社有企业;以实行社企分开、开放办社改造联合社;以发展现代经营方式改造经营网络"。会议首次提出建设现代经营网络的概念,会议指出,广泛应用现代经营方式改造供销合作社的传统经营网络,就会形成大大小小的企业集团;传统经营网络不断得到整合和提升,就会形成具有市场竞争力的全新经营网络,有了这样的经营网络,在市场竞争中就会占有一席之地。"四项改造"为供销合作社再铸辉煌,奠定了坚实舞台。

2005年,党的十六届五中全会提出了建设社会主义新农村的目标。全国供销合作总社围绕为建设社会主义新农村作贡献这一主题,提出在"十一五"期间,供销合作社工作要在夯实基层基础的同时充分发挥自身优势,加快建设"新农村现代流通服务网络工程"(简称"新网工程")。

2006年,国务院印发了《听取供销总社关于建设农村现代流通服务网络等有关工作汇报的会议纪要》,对"新网工程"思路给予充分肯定。2007年的中央一号文件也指出,要加快建设新农村现代流通网络。"新网工程"由一个部门工程转变为政府工程。自2006年以来,"新网工程"建设取得显著进展,在农村现代流通中的主导作用日益凸显。

2."新网工程"建设的主要内容

从网络建设类型上来看,"新农村现代流通服务网络工程"包括两种网络类型的建设:一是流通组织网络;二是信息技术网络。两种网络互相融合、互相支持,协同发展,但从实际建设情况来看,信息技术网络建设明显滞后于流通组织网络的建设。

(1)"新网工程"的流通组织网络

"新网工程"之流通组织网络的建设,即从产业链发展的角度,建设遍及城乡的商品流通组织系统。例如,改扩建各类批发市场和中心市场,增加各类基层经营网点、建设配送中心,扶持龙头企业,发展农民专业合作社,建设综合服务社,等等。

从字面上来讲,"新网工程"是由全国供销合作社系统承担的,以改造、整合供销合作社系统的网络资源,建设农业生产资料现代经营服务网络、农副产品市场购销网络、日用消费品现代经营服务网络、再生资源回收利用网络四大网络为主要内容的重大工程。四大网络的具体建设内容如下:

农业生产资料现代经营服务网络:实行连锁经营,严把质量关,为农民提供质优价廉的农业生产资料,杜绝假冒伪劣农资,帮助农民测土配方施肥,完善农业社会化服务体系,为现代农业提供产前、产中、产后系列服务。

农副产品市场购销网络:以批发市场为龙头,基地建设为基础,现代物流配送为手段,构建从基地、加工到市场、配送和终端一条龙的农副产品市场购销网络。参与和推动农业产业化经营,帮助农民解决农产品卖难问题。

日用消费品现代经营服务网络:实施"小超市、大连锁"战略,集中采购,连锁配送,降低商品价格,以此改善农民消费结构,提高农民生活质量。

再生资源回收利用网络:抓住回收网点建设、市场集散交易和综合利用处理三个环节,形成以社区回收站点为基础,市场集散加工为核心,综合利用和无害化处理为目的的再生资源回收利用网络,以此改善村容村貌,促进人与自然和谐发展,推动资源节约型、环境友好型社会建设。

除了以上所述四大网络建设以外,"新网工程"还包括建设烟花爆竹流通网络,以及庄稼医院、村级综合服务站、试验示范田等综合服务设施的建设。"新网工程"的实施,是现代农业建设的大事,也是供销合作社系统适应现代流通的要求、强化自身功能、提高服务水平的一项重要工作。

(2)"新网工程"的信息技术网络

"新网工程"之信息技术网络,即将庞大的商业网络资源与先进的网络技术相结合,进一步提高商品流通的效率。总社以及各级省、市等地方供销社积极建设电子政务和电子商务,以更好地服务于新网工程的建设。但是总体来看,这些政府网站以发布涉农信息、为农服务政策、农业新闻和相关统计数据为主,极少涉及农业电子交易的相关业务,个别地方供销社网站有商品挂牌销售或称之为网络广告,这种挂牌销售只提供商家的信息,且信息大多没有及时更新,这些政府网站完全没有涉及配套的竞价交易、实物配送、资金结算等环节,只能称其为农产品电子商务的初级阶段,其为农服务的效率也较低,与农业交易和农业物流相关的信息技术网络尚未真正在"新网工程"中得到利用。

自2011年以来,随着科技的进步和财政资金支持陆续加大,农业信息技术的网络建设初步开展。"新农村现代流通服务网络"之信息技术网络建设逐步提上议事日程。2011年9月22日,中华全国供销合作总社与中国科学院签署《共同建设农资现代经营服务网络体系战略合作协议》,运用物联网技术,建立农资质量追溯网络体系,从源头上有效预防假冒伪劣农资流入市场,保证农资质量,维护农民利益。除了农资经营之外,随着新网工程的进一步推进,网络技术在日用消费品零售、农副产品流通、再生资源回收以及农业社会化服务等领域都将得到应用,有效提升流通组织效率。

2014年1月24日,中华全国供销合作总社与中国科学院在北京进行工作会商,双方就贯彻落实中央一号文件,发挥各自优势,利用物联网技术,在原有合作基础上,双方将在科研攻关、技术服务、成果转化、产业化等方面进一步深化战略合作关系,携手打造新农村流通网络。

2014年3月28日,在江苏省无锡市召开了中科院科技服务网络计划项目可行性论证会,会上提出了《现代农资经营大数据基础共性技术及数据中心建设》《棉花全产业链智能服务平台建设及规模应用》《网上供销社建设与示范推广》等三个项目的可行性研究报告,这意味着"新农村现代流通服务网络"之信息技术网络的建设正逐步深入展开。

二、"新网工程"在中国特色农业现代化中的作用与地位

1."新网工程"与中国特色农业现代化建设

(1)"新网工程"建设已经成为各地推动社会主义新农村现代流通体系建设的重要平台,是"四化同步"发展的重要抓手

"新网工程"一经提出就受到党中央、国务院和各级党委政府的高度重视。国务院有关部门从各自职能出发,对供销合作社开展"新网工程"建设给予大力支持。财政部设立专项,通过以奖代补、财政贴息等方式给予资金支持。各级党委政府把"新网工程"建设纳入社会主义新农村建设总体规划,统一部署,与新农村各项建设协同推进。

(2)"新网工程"是发展现代农业、便利农民消费的战略举措,是建设社会主义新农村的题中应有之义

随着"新网工程"建设的稳步推进,沟通城乡、便民利民的日用消费品连锁经营网络初具规模;技物结合、综合服务的农资现代营销网络初步形成;产销衔接、与农业产业化经营协调推进的农副产品购销网络具备雏形;循环利用、绿色环保的再生资源回收利用网络正在兴起;烟花爆竹、食盐、医药等大宗商品的购销网络也不同程度地有所发展。

(3)"新网工程"建设密切了农产品产销衔接,是推动现代农业发展、促进农民增收的重要途径

建设社会主义新农村,关键是发展现代农业;发展现代农业,必须发展现代流通。作为由生产到消费的桥梁,没有现代流通就没有农产品的顺畅销售,也就没有现代农业。供销合作社的新农村现代流通网络是"双向流通"的网络,是与农业产业化经营密切对接的网络。通过农产品进超市、进网络,不仅推动了农产品的标准化生产、品牌化经营,也带动了专业合作社等农业产业化经营组织的广泛发展。

(4)"新网工程"建设之所以受到广大农民群众的普遍欢迎，其根本原因是适应了广大农民生产生活的需要

中国城乡二元结构表现在各个方面，在流通领域尤为突出。由于农村商品流通体系建设滞后，农民消费不便利、不安全、不实惠的状况长期存在，既制约农民消费，也使农民备受"假冒伪劣"之苦。广大农民群众迫切需要现代化的农村商品流通服务，享受与城市居民同等的商业文明。推进"新网工程"建设，把超市办到村，把现代流通服务延伸到户，把供销合作社传统经营网络与现代经营理念、经营方式结合起来，有力地改变了农村商品流通的落后面貌，改善了农村消费环境，便利了农民消费。

2."新网工程"与供销合作社

"新网工程"建设促进了供销合作社改革，是实现供销合作社又好又快发展的必由之路。传统的供销合作社经营业态与计划经济体制相适应，"三尺柜台一杆秤"，管理粗放，经营落后，在激烈的市场竞争中日益萎缩，不少基层社只剩下"土台子、黑屋子、破院子"。大力实施"新网工程"建设，把现代流通方式和现代流通生产力引入供销合作社，通过改造、整合、优化、提升，从根本上改变了供销合作社传统落后的面貌，形成了以现代经营方式和现代商业文化为主体的核心竞争力，供销合作社正以一个崭新的面貌呈现在广大农民群众面前。

网络是供销渠道，而网络的两端以及运输、储存、装卸、搬运、包装、流通加工等环节和方面，可以广泛采取合作制的形式，使之成为"新网工程"的组织基础；而网络就成为众多合作社统一目标的载体。这种基于多种合作社基础上的"新网工程"和"新网工程"基础上的众多合作社，将不仅是流通领域的奇观，也将是合作社领域的创举。

在"利润决定空间"的网络竞争中，"新网工程"与作为组织基础的合作社之间的利益机制应该是：以网络的整体效益补助合作社的比较收益，以合作社的比较收益支撑网络的运作发展。这样，以扶助社会弱势群体为己任的合作制所具有的广泛的地域性、适应性和利益分配机制，就可成为网络有效延伸的社会基础、经营扩张的利益动力和平稳运行的机制架构。将合作制的优势与网络物流的集成效益融为一体，这是供销合作社构建"新网工程"的独特优势和核心竞争力，是供销合作社制胜农村市场的法宝和利器，这是目前其他社会经济系统难以做到的。

合作制能够使"新网工程"真正成为便民、惠农工程，成为农民自己的经营网络，供销合作社的发展和壮大，自然就寓于"新网工程"发展的过程之中了。

3."新网工程"与物流

在"新网工程"中，是用建设流通网络的方法和手段，达到承载、运行物流的效果和目的的。网络是手段和形式，物流是目的和内容。就是说，"新网工程"根据物流发展的要求去规划网络，而不是以构筑网络的形式谋求物流的发展。

农资、农副产品、日用消费品和再生资源四大网络的共同点是承载物流，用现代物流科学的要求来统筹规划、设计、整合和优化上述四大流通网络。"新网工程"的统筹规划，就是在对四大网络功能和要素进行集成和优化的前提下，对网络相关建筑、设施、设备等内容的空间布置和安排，以取得四大网络的物流单独运作所无法取得的综合效益。

网络是物流系统的重要组成部分,规划网络的目的和要求,是实现物流系统的反应快速化和物流总成本的最优化。物流要素集成化是物流系统化最为重要的要求之一。所谓物流要素集成化,是指通过一定的制度安排,对物流系统功能、资源、信息、网络要素及流动要素等进行统一规划、管理和评价,通过要素之间的协调和配合使所有要素能够像一个整体在运作,从而实现物流系统要素之间的联系,达到物流系统最优化的目的的过程。

"新网工程"要建设的四大网络,其共同点和本质是物流以及由此而产生的运输、储存、装卸、搬运、包装、流通加工、配送、信息处理等功能和要素。

三、"新网工程"建设的特点

1."新网工程"要建设"四网合一"的双向流通网络工程

"新网工程"的目标就是要实现"两下两上"四大功能,即农资、日用消费品下乡、农副产品进城、再生资源回收利用。这四种功能在网络上都表现为搭载和输送物流的运行特性,所不同的是物流的来源地和目的地不同,只要实现四种物流的输出端口与物流目的地的市场化对接,就能在同一网络实现四大功能。而"两下"物流的目的地,恰是"两上"物流的来源地,这就使四种物流之间具有天然的互补功能。如果四大网络分开建设,不仅会形成重复建设,大大增加网络建设成本,降低网络的使用效益,也会阻碍终端网点的规范化、标准化管理,限制网络的功能扩展,降低网络的综合竞争力。

"双向流通"是新农村现代流通网络的特色,也是供销合作社为农服务宗旨的重要体现,必须坚定不移地予以推进。要坚持把农产品进超市、进网络作为"新网工程"建设的基本方针,有条件的农村超市要开辟农产品销售专柜;要继续把"新网工程"建设与推进农村合作经济组织发展统一起来,开辟专业合作社产品、农产品行业协会推荐产品进入"新网工程"的绿色通道;把农业生产资料供应、测土施肥、科学用药同农副产品品牌化经营结合起来,提高农产品质量安全水平和市场竞争力;把日用消费品供应同农产品进超市、进网络结合起来,积极探索生产与销售各环节的各种便民服务方式,适应农民既作为生产者又作为消费者这一双重身份的需要,最大限度地满足农民生产生活需求。

2."新网工程"应自下而上组织建设

"新网工程"的根是网络的终端,是直接面向农村最基层农民群众的服务网点。"新网工程"的全部价值,最终要靠网络终端所开展的服务来实现,"新网工程"向上延伸的配送中心、信息中心、交易市场等网络组织,都是为了响应终端的发展需求、扩充终端的服务功能、提高终端的经济效益而存在的。只有通过网络终端的需求带动整个网络的建设,才能保证网络是在需求的基础上建立起来的,才能使网络具有较强的生命力,并最大限度地节约网络建设成本。如果自上而下进行建设,花费巨资建设的配送中心、信息中心,却没有服务对象,形成本末倒置,那么这种计划经济模式,不仅会造成巨大的浪费,也难以在市场经济条件下生存。

3."新网工程"建设应遵循市场经济规律

检验"新网工程"建设成败的唯一标准,就是看网络是否能在农村市场中生存发展。这就决定了"新网工程"建设不能走那种单纯依靠政府投资、靠行政体系和行政指令维持网络运转的"计划经济模式",必须赋予"新网"自身较强的造血机能,能够在获得必要的初始推动力之后,依靠自身的力量滚动发展。这就要求"新网工程"建设从一开始就必须完全按照市场经济规律办事,充分利用市场这只无形之手的巨大调节力量,搭建能够集聚各方资源的发展平台,依托农村市场发展壮大。

4. 要紧密依靠各地各级供销社开展"新网工程"建设

对于"新网工程"这样浩大的工程,必须争取多方支持。而其中最为重要的就是要紧密依靠和充分调动各地各级供销社的积极性。如果撇开各地供销社单独建网,不仅力量无法达到,更会造成"新网工程"与各地供销社形成竞争关系,成为"新网工程"的阻碍力量。要通过宣传,把总社的号召变成各级供销社实实在在的行动;通过利益分配调节,调动各级供销社的参与热情;通过建立有效的激励机制,鼓励探索者和先行者;通过各级供销社,争取各级地方党委、政府的支持和帮助,真正实现"新网工程"建设全国一盘棋。

5."新网工程"需发展四大网络基础上的综合物流

现代企业具有内部分工专业化、功能市场化的发展趋势,第一方物流、第二方物流都有可能发展为第三方物流,即由企业物流发展为物流企业。从农资、日用消费品经营网络本身而言,物流外包化的趋势也是显而易见的,在企业表现为物流专业化部门发展为专业物流企业。再从农副产品购销经营、再生资源的回收利用(所谓"上行网络")的流通过程看,虽然有"分购联销"的初始阶段可以由农民和个体运输专业户完成,但是,由批发市场集中后特别是加工后的农副产品、经过集散交易市场分类和加工环节的再生资源,其运输和储存环节,就需要专业化、规模化的物流企业完成。更为重要的是,当农资网络、日用消费品网络的下行物流与农副产品网络、再生资源网络的上行物流,二者相向流通,形成最为经济的"钟摆式物流环"时,这时,只有具备一定规模、有较强运作能力的物流企业才能承担此任。四大网络的信息沟通,物流功能科学配置和机动协调,这对物流企业是相当高的要求,也是一个较高的"物流门槛",在农村,供销合作社系统不应当企图依赖社会物流完成四大网络的经营任务,供销合作社必须下最大决心担当起发展农村第三方物流的责任,争当农村第三方物流的主导力量。这不仅是发展农村流通业的重要内容,也关系到"新网工程"四大网络的兴衰成败。

6. 打造"新网工程"建设的网络格局

众所周知,"新网工程"是以农业生产资料现代经营服务网络、农副产品市场购销网络、日用消费品现代经营服务网络、再生资源回收利用网络四大网络为主要内容的重大工程。这四大网络的运行环境基于两种网络类型,即流通组织网络与信息技术网络,同时也要求流通组织网络与信息技术网络互相融合、共同发展,信息技术网络的建立以流通组织网络为基础。同时,信息技术网络也是流通组织网络高效发展的重要支撑。

"新网工程"的建设就是要将农资、日用消费品下乡与农副产品进城、再生资源回收利用等四种商品的输出与输入实现市场化对接,而这四种商品的流通具有天然的互补功能,农资与日用消费品的消费市场正是农副产品与再生资源的生产市场,因此,"新网工程"中的四大网络在概念上分开,并以技术网络为支撑,建成全国统一的新农村流通服务网络,形成了"4—2—1"的网络建设基本特点,即四大网络流通主体、两大网络建设类型和全国统一的流通体系。

四、2020年"新网工程"建设基本情况

1.财政部设立中央财政专项资金

中央财政从2007年起设立了"新网工程"中央财政专项资金,从2007年至今,中央财政对"新网工程"的专项资金投入力度不断加大。在中央财政资金的带动下,各地政府对供销合作社的财政配套资金逐年增多,并带动更多社会投资,起到了公共财政资金"四两拨千斤"的效果。例如,上海市出台的《新农村现代流通服务网络工程专项资金管理办法》,该管理办法明确指出,拟按照每年度获得中央财政"新网工程"专项资金的数额,安排当年度配套资金预算,重点用于支持市供销合作社及其出资企业在农资、农副产品、日用消费品和再生资源回收利用等服务体系重点升级改造项目。

2."新网工程"中央及各级财政专项资金支持情况

根据财政部《关于印发〈新农村现代流通服务网络工程专项资金管理办法〉的通知》,中央"新网工程"项目采取专家评审、集体决策的方式进行,按照"扶强、扶大、扶优、扶特"的原则,重点支持农业生产资料现代经营服务网络、农副产品市场购销网络、日用消费品现代经营网络、再生资源回收利用网络和电子商务信息平台建设等五大网络建设的有关项目。各级供销社也纷纷出台本级"新网工程"专项资金管理办法及项目实施方案,组织本地区企业积极申报,并启动专项资金项目立项公示和绩效评估,进一步提高项目资金的使用效率。例如,安徽省供销合作社系统"新网工程"建设的专项资金实行"先建后补、竞争分配、择优扶持"的办法,实现经济效益和社会效益相结合,突出服务"三农"的根本宗旨,申报主体为经营农资、农产品、再生资源、日用消费品供销社企业控股及参股25%以上的农村现代流通体系的法人企业。

目前,"新网工程"已成为强农惠农富农的重要政策平台和完善农村现代流通体系建设,促进新农村建设带动就业的重要载体,各地党委和政府高度重视和大力支持"新网工程"建设。

3.建设总体情况

(1)营业收入与利润

2020年,全国供销合作社支柱行业经营稳健,全系统扎实推进"新网工程"建设,全年实现销售总额5.3万亿元,比2019年增长14.2%。其中,农业生产资料类销售额8667.1亿元,增长10.1%;农产品类销售额22205.3亿元,增长19.5%;消费品类零售额18234.5亿元,增长14.8%;再生资源类销售额2824亿元,增长21.8%。

2020年全系统商品交易(批发)市场交易额10459.9亿元,同比增长10.7%。其中,农副产品市场交易额9002.7亿元,增长15.9%;再生资源市场交易额768.5亿元,增长3.2%。

(2)企业建设

2020年年末,全系统共有各类法人企业22739个(不含基层社)。其中,省社所属企业1303个,省辖市社所属企业3041个,县社所属企业16485个。全系统有各级政府和省以上有关部门认定的农业产业化龙头企业2412个。其中,省部级及以上认定的农业产业化龙头企业952个。

2020年全系统连锁企业6697家,拥有配送中心10802个,发展连锁、配送网点83.2万个。其中,直营连锁、配送网点15.5万个,加盟连锁、配送网点67.7万个。县及县以下连锁、配送网点78.1万个。

2020年全系统开展电子商务活动的企业3977个。登记注册为电子商务的企业1814个,其中,自建电子商务平台的企业1461个,入驻商户15.4万户。

(3)综合服务

按照流通现代化的规范标准和现代物流业的发展要求,全系统以"新网工程"为抓手,积极运用现代信息技术和现代物流技术,不断创新经营业态,延伸服务网络,拓展服务领域,为农民提供生产、市场信息、产销对接等方面的服务。利用"新网工程"专项资金的示范带动作用,全系统已初步建成了覆盖县、乡、村三级的经营服务网络,供销合作社的整体服务功能显著提升。截至2020年年末,全系统组织农民兴办的各类专业合作社192460个,比上年增加12648个;入社农户1515.7万人。其中,农民专业合作社联合社9865个。全系统共建立农村综合服务社44.8万个,比上年增加22478个,其中,与村委会共建59628个,农村综合服务中心73766个。生产性为农服务中心18041个。庄稼医院74733个,增加3966个。

各类专业合作社中,农产品类165156个,农业生产资料类6327个,综合服务类6797个,其他类14180个。在农产品类专业合作社中,棉花专业合作社1321个;干鲜果蔬专业合作社54123个;粮油作物专业合作社22888个;茶叶专业合作社5531个;中药材专业合作社8252个;水产专业合作社6034个;畜禽专业合作社38525个;其他28482个。

4.四大网络建设

"新网工程"实施十五年来,在中央财政资金的大力支持下,按照"小超市、大连锁""一网多用、双向流通、综合服务"的发展战略,重点围绕农业生产资料、农副产品、日用消费品、再生资源回收利用四大网络建设,通过多元化投入、市场化运作、企业化管理、连锁化经营,网络建设成效显著。2020年"新网工程"四大网络综合经营情况如表5-1所示。

表5-1 2020年新网工程四大网络综合经营情况

	批发市场交易额(亿元)	同比增长	全年销售总额(亿元)	同比增长
全系统	10459.9	10.7%	5.3万	14.2%
农业生产资料	—	—	8667.1	10.1%
日用消费品	—	—	18234.5	14.8%
主要农副产品	9002.7	15.9%	22205.3	19.5%
再生资源	768.5	3.2%	2824	21.8%

从2006年实施"新网工程"以来,全国供销合作社系统农资经营服务网络得到了长足进展,2020年全年全系统连锁企业销售额10346.1亿元,同比增长14%。从农业生产者购进的农产品16133.2亿元,同比增长20.3%。网络覆盖面快速提升,农资流通效率极大提高,服务功能日益完善。

五、2020年"新网工程"的新发展

2020年4月,为深入贯彻习近平总书记对中华全国供销合作总社成立60周年的重要批

示,加快落实中共中央、国务院《关于深化供销合作社综合改革的决定》的部署要求,中华全国供销合作总社制定了《2020年深化供销合作社综合改革重点工作任务书》,进一步聚焦把供销合作社系统建成与农民联结更紧密、为农服务功能更完备、市场化运行更高效的合作经济组织体系,按照"改革强社、服务立社、夯基建社、以企兴社、从严治社"的要求,将综合改革与实施供销合作社培育壮大工程、推进供销合作社治理体系和治理能力现代化建设统筹推进,鼓励各地大胆实践探索,加快复制推广成熟经验做法,加快形成更多制度成果,更好地发挥服务农民生产生活的生力军和综合平台作用。具体体现在以下几项目标任务:

一是大力加强基层组织建设,进一步密切与农民利益联结。提高基层社发展质量,改造薄弱基层社,创建标杆基层社,打造面向农民的综合服务平台,增强农民群众的参与度和获得感。扩大基层社数量,创新发展村级基层社,积极吸纳农民入社,办成规范的、以农民社员为主体的综合性合作社。推进生产、供销、信用"三位一体"综合合作,加大领办创办农民合作社工作力度,推动农民合作社加快发展、加强规范、加大联合。

二是不断拓展为农服务功能,努力提升服务农民生产生活能力水平。创新农业生产服务方式和手段,大力开展土地托管、代耕代种、统防统治、测土配方施肥等经营服务项目。提升农产品流通服务水平,加快推进农批市场、分拣包装、冷链物流等设施建设,构建从产地到餐桌的农产品现代流通服务体系。推动农村综合服务社提档升级,开展日用消费品、电子商务、代理代办、养老幼教等多样化服务。

三是积极创新联合社治理机制,持续激发内生动力和发展活力。加快健全联合社"三会"制度,优化治理结构,提高治理能力,更多地用改革的思路和市场的办法开展经营服务。密切层级间联合合作,强化为成员社服务、为基层社服务的工作导向,构建联合社机关主导的行业指导体系。理顺社企关系,强化社有资产监管,发展壮大社有企业,规范推进开放办社,构建社有企业支撑的经营服务体系。

四是培育供销合作社服务品牌,努力营造改革发展良好氛围。创新宣传理念,加大宣传力度,让社会更多地了解供销合作社综合改革成果和为农服务成效。争取党委政府和社会各界支持,加强与有关部门共建共享,推动改革政策落地见效。加强"中国供销合作社"标识普及推广和使用管理,提高供销合作社品牌知名度和社会公信力,扩大供销合作事业社会影响。

2020年"新网工程"建设继续围绕农村电子商务和全国性流通网络平台建设展开,具体体现在以下几点。

1.持续发挥"扶贫832平台"对消费扶贫的推动作用

"扶贫832平台"是供销合作社系统贯彻落实党中央、国务院关于开展消费扶贫决策部署的重要举措,2020年,扶贫832平台积极联动各地政府、各供应商,利用本地线下的专柜、专馆和专区对本次活动进行展销,并组织优质供应商,开展进部委、进高校、进商超和进社区活动,集中推介、展示、销售贫困地区农副产品。同时,平台还联合各地财政、扶贫和供销部门,对接各地政府,做好活动供应商的组织和商品品控管理工作,确保各级预算单位和个人消费者权益与体验,促进消费扶贫采购工作开展。

为促进网络平衡发展,供销社正积极进行全国统一电子商务网络平台的总体规划,平台突出供、销一体,实现双向流通,建设全国一体、有机融合的现代流通网络,推进城市零售终端建设,逐步把供销合作社网点延伸到城市社区。由于各地区网点布局不均衡,一些重要的物流基地尚未建成,使得"新网工程"的社会化服务功能仍然处在较低水平,许多网点商品经营单一、服务面窄、实力不强,一定程度上影响了流通网络运行和流通现代化水平的提升,通过重要流通环节和物流节点的项目建设,各级供销社应积极参与公益性农产品批发市场建设和农产品现代流通综合示范区创建,以充分发挥示范引领作用,逐步推动全国性电子商务平台的建设,恢复和完善现代化经营服务网络,使供销合作社成为农村现代流通的主导力量。

2. 全国农产品市场发展规划初步展开

为加强供销合作社农产品流通网络建设,创新流通方式,推进多种形式的产销对接,供销合作社将农产品市场建设纳入全国农产品市场发展规划,在集散地建设大型农产品批发市场和现代物流中心,在产地建设农产品收集市场和仓储设施,在城市社区建设生鲜超市等零售终端,形成布局合理、联结产地到消费终端的农产品市场网络。鼓励各级供销社积极参与公益性农产品批发市场建设试点,有条件的地区,政府控股的农产品批发市场可交由供销合作社建设、运营、管护。同时加强供销合作社农产品流通电子商务平台建设,创新流通方式,提升农产品流通服务水平,推进多种形式的产销对接。

3. 逐步加大基层供销社网络建设配套资金及基础设施建设

中华全国供销合作总社第五届理事会第九次会议的报告中提出,要把网络建设与新型城镇化建设、基层社新建改造紧密结合起来,加快网络空白和薄弱地区的网点布局,提高网络覆盖面。由于自身实力有限,基层供销社参股比例偏低,控股项目较少,对农村流通网络控制力还不强,基础供销社条件较差,规模较小,发展资金不足,尤其是西部边疆地区供销社普遍存在经营规模小、赢利能力低的状况,在中央"新网工程"专项资金使用中,扶持资金落实较慢,且缺少当地政府配套资金支持,资金支持力度仍显不足。

各地基层供销社抓住有利时机进行基础设施建设,利用现有土地、网点等资源,采取项目引领、招商引资、社会融资、资产合股等办法加快实施农产品市场改造升级,改变基础流通设施薄弱的现状。以基层供销合作社为依托,积极培育和发展一批具备产后加工、分拣包装、冷藏、仓储功能的产地农产品收集市场、集配中心,扶持领办的农民合作社发展农产品加工流通。进一步加强"新网工程"等中央财政专项资金管理,明确责任主体,加强资金监管,强化责任追究,实施项目绩效评价管理,充分发挥项目资金的使用效益。

截至2020年年末,全系统有县及县以上供销合作社机关2789个,其中,省(区、市)及新疆生产建设兵团供销合作社(以下简称省社)32个,省辖市(地、盟、州)供销合作社(以下简称省辖市社)344个,县(区、市、旗)供销合作社(以下简称县社)2412个。全系统有基层社37652个,比上年增加5187个。

4. 加强农业信息化建设,提升流通现代化水平

在扩大经营网络覆盖面的同时,供销合作社把提升流通现代化水平摆在更加突出的位置。加快推进农村流通设施和农产品批发市场信息化提升工程,积极开展电子商务,将大宗商品远期现货和期货交易引入农资、农产品和再生资源行业,筹建电子商务平台,将现代信息技术应用于采购、仓储、配送、销售等各个环节,建立供应链管理系统和电子结算系统,不断提高网络的运营水平。

依托村级综合服务社,与有关部门联合建设农村信息化终端平台,加快实现信息进村入户。同时,要大力加强区域物流配送能力建设,加快发展统一配送、统一价格、统一标识、统一服务的连锁网点,构建网络化、标准化、品牌化的网络终端,形成县、乡、村三级连锁经营体系,引领和带动整个流通业的转型升级,最大限度地减少流通环节,提高流通组织化程度。例如山东兰陵县供销合作社将推进农村流通现代化作为深化供销合作社综合改革的重要环节,积极搭建为农服务的综合平台,深入推进"网上供销合作社"建设,促进了线上线下交易融合发展,方便了群众的生产生活。

5. 大力培训网络经营和管理人才

由于供销合作社的人均收入相对较低,对中、高端人才缺乏吸引力,目前的供销系统网络经营、管理人员,多数是原企业改制时留下来的,理念和知识陈旧,不适应现代流通网络的建设。现代农业也不再是传统的劳动密集型产业,而是一个知识、技术和劳动混合密集型的复合性产业。根据农业生产和管理的高素质人才和适用人才相对短缺的状况,发展农业现代化和"新网工程"建设特别需要强化人才队伍建设。"四化同步"发展,对专业性、复合性的人才的需求显得尤为突出,这些人既需要懂农业生产,又需要懂物流、仓储、市场、信息处理、价格信号等,培养和造就合格的人才队伍,尤其是网络经营和管理人才是"新网工程"建设的当务之急。

6. 加快发展供销合作社电子商务

为顺应商业模式和消费方式深刻变革的新趋势,供销合作社各级社开始加快发展电子商务,形成网上交易、仓储物流、终端配送一体化经营,实现线上线下融合发展。

具体来说,供销社总社正积极组建具有交易、金融、信息和技术服务多种功能的全国性电子商务平台,盘活供销合作社基层实体网点,推动线上线下融合发展,加快形成网上交易、仓储物流和终端配送一体化经营,破解农村流通"最后一公里"难题。开展电子商务示范县创建工作,发挥县级社的主体作用,培育和发展电子商务企业,加快基层经营网点的信息化改造,打造网上便民综合服务中心。例如,贵州龙里县自获批全国电子商务进农村综合示范县以来,紧紧围绕构建农村电子商务服务体系、改善农村电子商务发展环境、提高电子商务应用创新能力三个方面探索全县电子商务产业发展新路径。

同时,供销社积极发展依托移动互联的电商业务,抢占网络消费市场。随着全国性的电子商务平台正式上线运营,各级供销合作社正积极做好与全国性平台的对接,尽快形成全国性、一体化的电子商务网络,全力打造"网上供销合作社"。

7. 以企业为载体,以电子商务为平台,实现网络整体联动

围绕供销合作社传统优势行业,加强资源整合,大力推进流通企业跨地区兼并重组和投资合作,以龙头企业带动网络资源整合,以优化"新网工程"项目建设布局带动组织体系改造,积极培育具有国际竞争力的农资大型企业。

全国供销合作系统应加快改造传统网络,推动联合合作,大力推动网络的对接融合,以龙头企业为载体,以大型骨干批发市场为抓手,大力推进流通企业跨地区兼并重组和投资合作,推进系统内外网络资源的跨层级、跨区域整合,通过资源整合,实现网络整体联动。例如,为整合系统内各类商品资源、共同推进电子商务发展,上海市嘉定区社召开了电子商务推进会,会

议要求,药业公司、惠民超市公司进一步加大电子商务推进力度,其他各商品经营企业作为补充,整合各类资源,促进系统电子商务发展水平进一步提高。

通过采取多种形式,广泛吸纳各类新型农业经营主体参与"新网工程"建设。全系统正大力推进流通企业联合重组,推动优质资源进一步向骨干企业集中,加快培育一批主业突出、市场竞争力强、行业影响力大的大型流通企业集团,加强以大型农产品批发市场为骨干的市场流通网络建设。同时,支持电商、物流、商贸、金融等企业参与涉农电子商务平台建设,引导农村物流经营主体依托第三方电子商务服务平台开展业务,实现网络整体联动。

第六部分 "三位一体"综合合作改革专题研究

发展生产、供销、信用"三位一体"综合合作,是习近平总书记在浙江工作期间亲自部署和推动的重大改革举措。实践证明,"三位一体"综合合作是培育新型农业经营主体、健全农业社会化服务体系、实现小农户和现代农业发展有机衔接的有效途径。2017年中央一号文件首次提出加强农民合作社规范化建设,积极发展生产、供销、信用"三位一体"综合合作。2021年中央一号文件明确提出开展生产、供销、信用"三位一体"综合合作试点。供销合作社积极推进"三位一体"综合改革,将其作为深化供销合作社综合改革的重中之重,因地制宜发展生产、供销、信用"三位一体"综合合作,加快打造为农服务综合性组织平台,促进农业农村现代化建设。

一、"三位一体"战略构想的提出

"三位一体"综合合作的最初构想源于习近平同志在担任浙江省委书记时推动的新型农民合作组织建设。2006年年初中央一号文件提出"社会主义新农村建设",时任浙江省委书记的习近平同志就在当年1月8日全省农村工作会议上提出了农民专业合作、供销合作、信用合作"三位一体"的构想,具体表述为"积极探索建立农民专业合作、供销合作、信用合作'三位一体'的农村新型合作体系,努力服务于社会主义新农村建设"。在12月1日全省推进试点的现场会上"三位一体"被进一步表述为:"三位一体"是三类合作组织的一体化,也是三重合作功能的一体化,又是三级合作体系的一体化。"三位一体"综合合作的思想立意深远,浙江瑞安积极实践该思想,形成初步经验后,在邻省一些地方得到推广。习近平当选党的总书记后,在实地考察农业和农村工作时,继续不断思索农民合作的方向和路径。

2013年3月,在全国两会期间,习近平同志回顾新中国成立60多年来农村先由分到合,再由合到分的过程,指出:当时中央文件提出要建立"统分结合"的家庭承包责任制,但实践的结果是,"分"的积极性充分体现了,但"统"怎么适应市场经济、规模经济,始终没有得到很好的解决。新世纪以来,沿海地区以及农业条件比较好的地方,在此方面都做了积极的探索,进行了有意义的实践,积累了一定的经验。

习近平同志在2013年12月中央农村工作会议上明确提出:"加快构建以农户家庭经营为基础、合作与联合为纽带、社会化服务为支撑的立体式复合型现代农业经营体系。"这一表述核心在于"合作与联合"。农户家庭是"合作与联合"的成员,社会化服务是"合作与联合"的内容,立体式复合型是"合作与联合"的具体形式。

习近平同志提出将"三位一体"作为农民合作的新形式和实现农民合作的新路径,并非回应短期问题的临时政策,而是立足农业经济和农村发展的根本处境,即农村市场化,而提出的农村改革的战略构想。他指出:"随着市场经济的发展和农村改革的不断深化,一些影响农业和农村经济发展的深层次矛盾逐渐显现出来。一家一户的小生产经营方式不适应社会化分工、分业大生产经济发展规律的客观要求"。他说,"必须使分散的农民联合成为一个有机的整,以形成强大的市场竞争力"。

走组织化的农村市场化发展路子,既是指农业产业的组织化,也是指农户通过合作组织形式得以利用和控制这些产业组织,从而真正使得农户成为农村市场化中的首要主体力量和农业产业化中的首要获益力量。这和以往的专业大户、涉农企业、雇佣农业工人的家庭农场中大户、企业主和农场主获得大部分利润的农业经营形式截然不同,是农户经营走向集约化和规模化新阶段的新道路。在习近平同志的论述中,贯穿着纵横联合、融为一体,跨乡、县的地区联合,多层次、多形式、全方位等思想,已经为"三位一体"综合合作的具体设想做好了铺垫和准备。

二、"三位一体"综合合作的理论基础

将农民合作社、供销合作社、农村信用社、农业企业等经济组织联合起来,建立生产、供销、信用"三位一体"综合合作组织,是顺应合作经济发展规律,促进农民合作经济组织发展壮大的创新举措,是深化供销合作社改革和农业生产经营管理体制改革的综合载体,是建设现代农业经营体系、走农民共建共享农业现代化和城乡发展一体化道路的客观要求,是健全政府主导、市场决定、社会协同"三农"治理体系和推进国家治理体系、治理能力现代化的重要内容。

当前,农民合作社、供销合作社等农民合作经济组织在现代农业发展中的地位和作用越来越突出,但产权关系松散、服务功能单一、竞争实力弱小、利益联结不紧等问题比较突出,难以适应日益成长起来的新型农业经营主体对覆盖全程、综合配套、便捷高效农业社会化服务的迫切需求,难以适应日益富庶起来的农民群众对多层次、多样化、便利化生活服务的迫切需要,必须通过深化改革,扩大农民合作经济组织的横向合作和纵向合作,加快农民合作经济组织联合发展。

一是"三位一体"综合合作可提高农村市场化的组织化程度。农村市场化体系包括农产品流通市场化、农业生产要素市场化、农业信息市场化、农业技术市场化等。农村市场化必须要有农民组织化作为载体。组织是市场化的细胞。目前我国农村组织化建设中存在的突出问题是真正的农民的组织很少,组织与组织之间的藩篱较多。要建立真正能将农民纳入其中的组织,使农民生产、生活都有组织保障,以组织为单位采取市场行为,使决策更准确、更科学、更有效。农村已有的供销合作社、农民专业合作社、农村信用社彼此之间仍有藩篱,例如,农民专业合作社到金融机构贷款,包括农村信用社,仍是大难题。虽然农民已经进行了组织,但组织与组织之间还没有融合发展,三类组织没有打通合作关系。"三位一体"综合合作既可使农户合作得更紧密,也可让合作组织相互认可、相互融合、相互促进。

二是"三位一体"综合合作可提高对小农户的覆盖率。农业社会化服务体系要面临的农业经营主体,多数是小农户,而且产品多为大宗农产品。在市场化条件下,多元化服务主体之间必然展开充分市场竞争,以实现服务主体的足够利润。购买社会化服务较多的是专业大户、家庭农场、合作社和农业企业等实力较强的经营主体。小农则相对处于弱势,没有足够资金购买社会化服务。也就是说,市场化条件下,社会化服务体系必然不能做到覆盖小农户。社会化服务体系让新型农业经营主体获益较多,而传统的小农户则会被日益边缘化。这也限制了小农户经营实力和收入的提高。

三是"三位一体"综合合作可进一步提高规模经济效应。由于当前农村大户、专业合作社,甚至涉农企业,其生产规模都很小,不足以支撑可观的服务环节规模经济。我国家庭农场平均规模100~200亩,相当于日、韩的普通农户。专业合作社普遍存在小、弱、散的问题。而涉农企业,除了涉足经济作物,多数也是在农户弱小的既定结构下,通过家庭农场、合作社和农户衔接,通过不平等的市场价格地位谋取服务环节利润。服务体系通过市场关系和这样参差不齐的经营主体结构对接,交易成本较高,一方面很难有长远经营思想,另一方面也只会尽量多赚利润,不可能帮助农民分享服务环节利润。这种社会化服务体系中的各种服务主体,也不可能充分专业化,因为不能找到足够数量标准化的农户,也受制于市场范围,不可能达到充分规模。各类服务主体之间也很难发展成有机的体系。由于现有社会化服务体系无法有效服务小农,我国要实现的粮食安全、农民增收和农业现代化的目标,就必须通过综合合作来组织小农户。

四是"三位一体"综合合作体系内部可以实现统分自然结合。家庭经营层次提升水平和统一经营有效提供服务的转变同时发生,必须创立这种共生转变的体制。这种共生转变的本质就是促使统分两个层次相互推动,促进农户经济的组织化。实行以农户为主体、让农户自己为自己服务的合作组织。在这种合作组织中,首先要确保绝大多数中小农户要进入,不仅要在生产环节和技术服务环节进行合作,还要在流通、金融等农业产业全链条上进行合作。只有让足够数量的小农户按照合作制原则组织起来,才会形成一定区域内足量的服务需求,扩大服务体系利润,小农户因为组织化优势和合作制原则可以分享服务环节利润,使得小农户可以逐步成长,确保可以获得社会平均利润。在这样的"三位一体"的综合合作体系内部,统分自然结合。农业经营的统分结合应该采用内生力量、组织内部的结合,才能最大限度地节约交易成本。而且,统分层次的联合,离不开国家创设的制度环境。也就是说,当前在分和统两个层次上的工作,应该是以统带分,最终实现统分有机结合。

"三位一体"综合合作是完善我国农业生产关系、农村经营管理体制的重大创新,也是实现乡村振兴、农业农村现代化的有效途径。发展"三位一体"综合合作,打造新型合作经济体系,能够更好地提高农民组织化程度,促进生产、流通、金融各类资源要素良性互动融合,进行集约化配置,促进一、二、三产业紧密联动、协同发展,实现农业产业链的延伸、农业生产效率的提升和农民增收致富。

三、"三位一体"综合合作的性质定位、功能和治理

1. "三位一体"农民合作经济组织联合会(农合联)的性质定位

农民合作经济组织联合会(简称农合联),是在党和政府领导下,以为农服务为宗旨的社会团体,实行农有、农治、农享。农合联为非营利性社会团体,由民政部门注册登记,接受农村工作综合部门管理。农合联是党和政府密切联系农民群众的桥梁纽带,是农民群众向党和政府反映农情民意和服务需求的有效渠道,是党和政府为农民合作经济组织和农民提供公共服务的重要依托,是农民合作经济组织和农民自我服务、自我发展、自我教育、自我管理的综合平台。

2. "三位一体"农民合作经济组织联合会(农合联)的成员组成

农合联原则上按行政层级设置,以县、乡镇两级为重点,逐步形成省、市、县、乡镇四级组织体系。乡镇级农合联成员组成:辖区内农民合作经济组织(包括农民合作社及联合社、行业协会等,下同)和规模较大的家庭农场、合作农场等新型农业经营主体;辖区内具有为农民合作经济组织和农民提供生产生活服务功能的涉农企事业单位(包括农业科研推广、农业生产性服务、农产品加工流通、农资购销、金融供给等组织和企业,下同);其他相关组织和个人。跨乡镇

经营服务的农民合作经济组织、新型农业经营主体、涉农企事业单位可在主要经营服务地所在乡镇加入农合联,规模较大的可直接加入县级农合联。省、市、县级农合联成员组成:辖区内下级农合联;辖区内跨次级行政区域经营服务规模较大的农民合作经济组织和新型农业经营主体;辖区内跨次级行政区域经营服务的涉农企事业单位;其他相关组织和个人。

3."三位一体"农民合作经济组织联合会(农合联)的组织功能

农村实行以家庭承包经营为基础、统分结合的双层经营体制以来,"分"的层面彻底,"统"的层面相对不够。因此,农合联目前主要应在加强农业农村社会化服务上做文章。具体地说,各级农合联的基本服务功能为生产服务(技术推广、生产性服务、农产品加工等)供销服务(农资供销、农产品营销、消费品流通等)、信用服务(资金互助、保险互助、融资担保等)。同时,农合联可受政府及涉农部门委托或购买,承担部分公共服务、政策执行、农情调查等具体实施工作;还应做好与本级政府沟通和向本级政府、上级农合联反映农情民意提出政策建议等工作。各级农合联的经营性服务功能实行实体化运作,作为会员的农民合作社及联合社、行业协会、企业等实体承担和实施从构建"三位一体"农民合作组织体系的角度讲,乡镇级农合联主要承担具体服务事项的组织实施,县级农合联主要承担聚合服务力量、配置服务资源、生成服务功能、运作服务事项等职责,省、市两级农合联主要承担组织建设、制度建设、发展规划、运行管理等职责,并提供下级农合联难以提供的服务。

4."三位一体"农民合作经济组织联合会(农合联)的治理结构

农合联实行民主管理。农合联成员(代表)大会是最高权力机构,选举或罢免农合联理事、监事和出席上级农合联成员(代表)大会的代表,决议农合联的重大事项。在农合联成员(代表)大会休会期间,农合联理事会负责执行成员(代表)大会决议,监事会负责监督理事会执行决议和财务。

农合联坚持以农民合作经济组织为主体。各级农合联成员(代表)大会的代表、农合联理事会和监事会的成员应有2/3以上为农民合作经济组织的代表。农合联理事会实行独立理事制度,由独立理事客观评价农合联的运营和管理状况。农合联中涉农企事业单位会员不享有选举权和除监事以外的被选举权。

县级及县级以上农合联实行"议行分立"。农合联理事会聘任执行委员会领导班子,执行委员会领导班子聘用工作人员。执行委员会人员可参选理事会理事,但人数不超过理事会理事的1/3。执行委员会一般依托同级供销合作社联合社执行管理机构组建,也可依托其他组织组建,还可由理事会直接向社会聘任人员组建。

乡镇级农合联一般实行"议行合一",规模较大的也可实行"议行分立"。乡镇级农合联的服务平台可依托乡镇农业公共服务中心(农技推广机构)组建,也可依托其他组织组建。辖区内农民合作社数量不多的乡镇,可由两个或多个乡镇合建农合联,也可由县级农合联在乡镇设置派出机构。

5."三位一体"农民合作经济组织联合会(农合联)的两项制度:组建资产经营公司、设立农民合作基金

省、市、县三级农合联组建资产经营公司,一般由参加农合联的同级供销合作社联合社、涉

农国有企事业单位和其他会员合股组建,也可由供销合作社联合社单独组建。农合联资产经营公司出资各方的出资人权益不变,按出资额履行出资人权利和义务,不得违法违规平调、侵占财产。农合联资产经营公司对下属全资、控参股企业依法行使出资人权利。农合联执行委员会根据需要,可成立资产管理委员会,按照理事会授权,建立资本经营预算制度,并接受审计机关和同级财政部门的监督。

省、市、县三级农合联设立农民合作基金。基金来源主要是:原始基金;农合联资产经营公司按不低于20%的比例上缴的年度资产收益;政府提供的扶持资金;财政奖补收入;社会各界捐赠捐款;其他合法收入。基金主要用于农合联的为农服务事业,并优先用于建立和补充农村合作金融风险补偿资金。农民合作基金的闲余资金,可按农民合作基金章程和相关规定采取保值增值措施。

四、供销合作社推进"三位一体"综合合作的探索和实践

从2006年12月开始,供销合作社系统开始积极探索实践"三位一体"综合合作,特别是浙江省供销合作社先动先行,在多个市县进行了"三位一体"综合合作改革试点,为"三位一体"综合合作事业作出了重要贡献。在2017年一号文件的号召下,供销合作社"三位一体"综合合作实践探索愈加深入。

2021年,"三位一体"综合合作从提出到探索实践已经走过15个年头。为把习近平总书记倡导描绘的发展生产、供销、信用"三位一体"综合合作的科学构想付诸实践,各级党委、政府重视发挥供销合作社引领农民专业合作的传统优势,充分利用供销合作社辐射城乡的组织体系和流通网络,支持供销合作社与农民合作社、信用合作社等开展多种形式的联合合作,创新发展现代农业综合服务体系。各地供销合作社在探索发展"三位一体"综合合作实践中,形成了浙江、山西、内蒙古、四川、云南等地在党政主导下依托供销合作社打造综合性农民合作经济组织联合会等社会组织开展综合服务;江西、江苏、陕西、甘肃等地依托供销合作社组建综合性农民合作社及联合社开展综合服务;河北、山东等地依托供销合作社整合资源开展综合服务;重庆、贵州、河南等地以供销合作社为枢纽推进农民合作社、供销合作社、信用合作社"三社"融合发展、打造综合服务网络;湖北、湖南等地依托基层供销合作社和农村综合服务社等平台嵌入各方资源提供综合服务等多种实践形式,整合了涉农部门、供销合作社、农民合作社、金融机构等各方资源,打造了综合服务平台,促进了新型农业经营主体健康发展。

表6-1 供销合作社"三位一体"综合合作的最初探索事例

省份	时间	重要事项或相关文件	重要举措
浙江省	2006年12月	浙江省发展农村新型合作经济工作现场会(瑞安)	时任省委书记习近平在会上指出"三位一体"综合合作构想
浙江省	2014年4月	综合改革试点	浙江省在慈溪、上虞等7个县开展深化"三位一体"改革试点
浙江省	2015年9月	浙江省委、省政府印发《关于深化供销合作社和农业生产经营管理体制改革构建"三位一体"农民合作经济组织体系的若干意见》	在浙江省全省构建"三位一体"农民合作经济组织体系,余姚等20个县(市、区)开展深化"三位一体"改革试点

续 表

省份	时间	重要事项或相关文件	重要举措
浙江省	2017年9月	《关于深化浙江省供销合作社综合改革构建"三位一体"农民合作经济组织体系的实施意见》	大力构建"三位一体"农合联组织体系,创新联合社治理机制
贵州省	2016年7月	贵州首个"三位一体"新型供销合作社在修文县成立	"三位一体"与"三变"结合
山西省	2018年5月	《关于在县级开展"三位一体"综合合作试点大力推动乡村振兴战略的实施方案》	组建农合联,培育形成"三位一体"服务示范典型
黑龙江省	2018年9月	哈尔滨市首个农村生产供销信用"三位一体"合作社在方正县会发镇正式组建成立	打造合作经济组织与农业企业的联合与合作
安徽省	2018年7月	阜阳市五十铺供销合作社创新发展"三位一体"服务	供销合作社开设信用互助部

从具体实践来看主要有三种模式。

1. 供销合作社系统内部整合服务资源,引领农民发展"三位一体"综合合作

河北、江苏、山东、重庆等地供销合作社开展了这类实践探索。在生产环节,由供销合作社系统的农资、农副产品经营企业和基层供销合作社牵头领办各类农民专业合作社,带领农民开展生产合作,实现规模经营。在流通环节,供销合作社通过本系统的农村连锁网络终端、农村综合服务社、农民专业合作社供销部等,引导农民开展消费合作,以优惠价格向农民供应生产生活物资,统一销售农产品。在资金环节,供销合作社出资兴办农信担保公司、小额贷款公司等小微金融企业,一头与正规金融机构对接合作,一头面向农民专业合作社等经营主体发挥中介平台作用,开展涉农小额信贷服务;同时在领办的农民专业合作社中,选择有条件的开展内部信用互助业务。

重庆市供销合作社坚持新发展理念,充分发挥供销合作社独特优势,紧紧围绕全市乡村振兴战略行动计划,全面深化综合改革,构建为农服务"五大体系",加快建设服务农民生产生活的生力军和综合平台。

(1)构建为农服务组织体系

在基层社恢复重建的基础上,加快建设以农民为主体的综合性合作社,密切与农民的利益联结。建设农资经营网点、电商服务站、庄稼医院等,发展特色农业和初加工产业等,在促进乡村产业振兴中壮大基层社。把基层社建设与供销社业务发展结合起来,依托基层社在拓展经营服务阵地中做强基层社。

(2)构建农业社会化服务体系

探索适应不同地区、不同作物生产特点的多种社会化服务形式,促进农业适度规模经营。注重培育各类专业化市场化服务组织,提升小农生产经营组织化程度。推动农资企业扩大高效、环保、新型农资产品供给,加快农资物联网和质量安全追溯体系建设。积极发展乡村旅游、休闲农业、文化体验等新产业新业态,促进一、二、三产业融合发展,让农民更多地分享全产业链增值收益。

(3) 构建农村现代流通服务体系

加强农产品市场体系建设,开展各种形式的产销对接,形成长期稳定的产销关系。进一步优化市场网络布局,提升冷链物流、信息服务等功能,构建联结产地到消费终端的农产品市场网络。加强农村电商平台建设,重点发展满足本地居民消费需求的电商业务,打造供销电商"本地生活品牌"。加强基层物流配送网络建设,建设乡镇物流配送站、村物流配送点,打通农村电商服务的"最后一公里"。

(4) 构建农村合作金融服务体系

加快形成小额贷款、融资担保、基金及基金管理、农业保险、供应链金融等业态的农村合作金融服务平台。将重庆农信投资公司打造成系统的融资融债、农村创新金融服务平台,推动重庆供销合作发展基金正常运行,实现农业与资本市场连接,积极参与中国供销财产保险公司筹备工作。推动全市供销系统金融服务业态整合升级,采取共同设立子(分)公司、办事处、工作站等方式,拓展各类农村金融服务业务。

(5) 构建农村综合信息服务体系

利用互联网、物联网等信息化手段,发挥供销合作社在农村信息工作中的作用,畅通生鲜农产品供应信息上行、农民生产生活需求信息上行和农业综合信息下行渠道。以重庆农村大数据公司为平台,推进农村信息化数据云平台建设,打造数据采集、发布中心。以农民合作社服务中心、基层社和农村综合服务社为区县载体,加强镇村网点的信息化改造,培育一批高质量的农村电商和综合信息发布网点,打造供销系统为农服务体系信息融合、信息互通、信息共享的终端模块。

2. 专业合作、供销合作、信用合作组织推进业务协同,开展"三位一体"综合服务

2016 年 3 月 25 日,贵州省供销社为充分发挥供销合作社在统筹城乡、精准扶贫、全面建成小康社会进程中的重要作用,发布了《关于加快推进"三位一体"新型合作社建设的实施意见》,提出要通过开展农村合作金融和领办创办农民专业合作社,实现生产合作、供销合作、信用合作的"三位一体",推动供销合作社由传统流通服务向全程农业社会化服务延伸融合多元发展,向全方位城乡社区服务拓展,着力把基层供销合作社打造成为与农民利益联系更紧密、为农服务功能更完备、市场化运行更高效的新型合作经济组织和综合服务平台,更好地在发展现代农业、提高精准扶贫实效、加快同步小康建设中发挥独特优势,成为服务"三农"的主力军和打赢扶贫攻坚战的生力军。"十三五"期间在全省重点打造"三位一体"示范性新型合作社100 个,"三位一体"新型合作社总数达到 1000 个以上,带动发展农民专业合作社 10000 个,吸引 100 万以上农民入社,发展当地特色优势产业,精准带动 10 万户 40 万~50 万贫困人口脱贫致富,其中 2 万贫困人口实现小康,为大扶贫战略作出大贡献。

贵州省供销合作社将基层供销合作社、社员股金服务社、农民专业合作社有机结合起来,实行三块牌子、一套人马。基层供销合作社负责农资供应、技术服务和产品销售;社员股金服

务社负责调剂生产所需资金;专业合作社负责组织农民生产加工,助农增收。"三社"独立核算又互相支持、互相配合,形成相对闭合运行的有机整体,将农业的生产、加工、销售各个环节串联起来,将供销合作社的流通优势、股金服务社的资金优势和专业合作社的生产优势有机结合起来,为农民提供全产业链服务,形成与农民联结更紧密的利益共同体。

2017年5月9日,联合州农委、贵州农村信用联社黔东南审计中心出台了《关于探索培育生产合作、供销合作、信用合作"三位一体"新型合作社建设的实施意见》结合农业供给侧结构性改革和"绿色黔东南·有机第一州"战略,围绕破解"谁来种地、地怎么种"的问题,按照"强龙头、创品牌、带农户"的要求,以农民、贫困户为重点发展对象,通过共同出资、共创品牌、共享利益的方式,新领办、参办、创办农民合作社,发展产业基地。打造供销数据经济新亮点,围绕"大数据"战略和"整合产业和产品,打通最后一公里"思路,利用供销社现有的经营网络设施,加快推进基层网点进行信息化改造,推进"互联网农产品流通"模式,推动连锁化、规模化、品牌化经营,逐步形成网上交易、仓储物流和终端配送一体化经营格局。以"社员股金服务社+农民合作社+贫困户"的发展模式,重点把贫困户、农民和农民合作社纳入社员股金服务社,实现融合发展、抱团脱贫,推动扶贫脱贫工作取得实效。按照省社的创建要求,加强工作督查和调研,积极发展示范社。

截至2017年年底,贵州供销系统共创建省级"三位一体"新型合作社11个(台江中心社、黎平中潮、麻江贤昌、凯里炉山、黄平旧州、天柱凤城、雷山西江、剑河岑松、丹寨兴仁、锦屏敦寨、台江南宫),州县级新型社48个,全系统共发展合作社506个,合作社入社农户1.75万户,带动贫困户2117户;完成土地流转2.29万亩,土地托管1.18万亩,建设了茶叶蔬菜、蓝莓、荷花莲子、中药材等20个农产品生产基地。有力地促进了区域经济发展、农业增收、为新时代的"三农"工作和实施乡村振兴战略积极奉献。

3. 党委、政府牵头推动,依托供销合作社打造"三位一体"新型合作体系

2014年,浙江省供销合作社在7个县市区开展试点。明确提出"农合联"定性为党委、政府领导下的非营利性社会组织,以为农服务为宗旨,实行"农有、农治、农享",是介于政府与市场主体之间的社会服务综合体,设置省、市、县、乡镇四级组织体系,主要提供生产、供销和信用服务。浙江从供销合作组织体系及服务机制入手,对供销合作社进行深化改革;各涉农部门事业单位的经营性服务事项则将逐步剥离,以委托或购买方式将涉农公共服务事项转由农合联或其他主体承担;浙江引导农合联体系内部的农村合作金融组建农民资金互助会,为农民提供资金互助服务,为保障运行,省、市、县三级拟组建农民资金互助会联合会,承担农民资金互助会的资金余缺调剂、运行安全监管、资金保值增值、风险防范救助等职责。浙江通过几年努力,完成了分类试点和分批改革任务,在全省构建起了生产、供销、信用"三位一体"农民合作经济组织体系及有效运转的体制机制。2015年,浙江省委、省政府印发《关于深化供销合作社和农业生产经营管理体制改革构建"三位一体"农民合作经济组织体系的若干意见》,明确了"三位一体"改革的指导思想、目标任务、基本原则、主要举措和保障措施。2016年所有市县全面铺开改革,自下而上全面构建农合联组织体系。

浙江省由各级党委、政府牵头推动,依托供销合作社组建农民合作经济组织联合会,整合涉农部门、供销合作社、农信机构、新型农业经营主体等各方资源,打造生产、供销、信用"三位一体"新型合作体系。2017年8月22日,浙江省农民合作经济组织联合会(以下简称农合联)

在杭州诞生了。至此,浙江在全国率先自下而上全面构建了省、市、县、乡(镇)四级农合联体系。截至2017年年底,浙江省已全面完成了省、市、县、乡(镇)四级农合联组织构建工作,全省共创建各级农合联组织886个,其中省级1个,市级11个,县级83个,乡镇级791个,共吸纳会员51954个,全省共有16760个合作社、3096个农业龙头企业、8171个家庭农场,以及97个植保中心和624个农业专业协会,成为各级农合联会员单位全省较规范的农民合作经济组织和涉农服务组织(企业)基本加入了各级农合联。县以上农合联设立执委会,依托同级供销合作社联合社组建,涉农部门事业单位的经营性服务事项优先由农合联承担,涉农公共服务事项以委托或购买方式转由农合联或其他主体承担。农合联普遍建立农民合作基金和资产经营公司两项制度,整合利用政府涉农部门、供销合作社、农信机构和其他农合联会员资源,建立现代农业、城乡商贸、农村金融三大服务体系,面向会员单位和广大农户提供便捷优惠服务。

浙江省在构建"三位一体"合作组织体系(农合联体系)时,主要有以下较为鲜明的路径:

(1)依靠政府强势推动的瑞安实践

瑞安是浙江"三位一体"综合合作的发源地,是行动团体自上而下强力推进的实践典型。

浙江省于2006年率先在瑞安开展"三位一体"农村合作协会的试点。同年,全省在瑞安召开现场会,总结推广瑞安经验。在后来的农合联推进中,瑞安供销社、合作社、专业大户等行动主体结合当地实际,围绕优势产业,打造服务平台呈现出鲜明的市场性、服务性和平台性的特点。

(2)通过政府职能转移的义乌实践

其特点在于彻底打破各种部门的藩篱,将牵涉农合联的资源、职能、功能等分割整合,重构农合联组织,使得农合联的定位、功能、属性等与供销社脱离,相对独立地开展服务职能。这种较为彻底的制度变迁路径有赖于特殊的政策环境和契机,当时正值省政府全面启动和推进义乌政府职能转变和机构改革工作,因此其农合联建设工作得以与政府职能转变和机构改革工作同步推进,比较彻底地完成了农合联的构建。

(3)紧密依托供销社体系的上虞实践

上虞供销社是浙江省为数不多的组织结构和社有资产保留完整的县级供销社,该供销社现有10家基层供销社、15家直属企业、干部职工8600多人以及资产总额30多亿元。该供销社完整的体系和深厚的资源是农合联良好运行的保障。

浙江省其他大部分地区的实践路径,从政府推动力度来看,大多都达不到瑞安的程度;从依托供销社程度来看,大多虽在体制上依托供销社来架构组织和实现功能,但在供销社托底农合联的能力上都无法达到上虞的程度;从职能转移程度来看,大多数地区只有少量职能转移,甚至还未进行职能转移,难以像义乌农合联那样。不难看出,即使供销社发展走在全国前列的浙江省,在近些年供销社企业化趋势明显、非农化经营显著、组织基础相对萎缩的现实情形下,农合联的构建也必然是一个逐步构建、做实、完善的过程。

五、供销合作社推进"三位一体"综合合作改革的经验总结

"三位一体"综合合作改革已经有了有益的尝试,也取得了初步成效,但也存在以下几个方面的困难和问题。

1."三位一体"农民合作经济组织体系有待健全

供销合作社系统的组织管理体制尚未理顺,影响了"三位一体"农民合作经济组织体系建设主体职能的发挥。前几轮供销合作社改革,在政策的指向和工作落实上是企业化管理方式,发展壮大社有资产,通过实现利润的最大化,促进社有资产的保值增值。对"三农"的服务,特别是对农民面对面的服务,更多的是通过有偿服务实现。回归"三农"重新取得农民的认可还有待时日,这将一定程度上影响供销合作社在"三位一体"农民合作经济组织体系建设中主体职能的发挥。

2.基层对"三位一体"建设的认识尚存在不足

"三位一体"建设的初衷是在坚持和完善农村"统分结合"这一双层经营体制的基础上,进一步提升农民参与市场竞争的层次与能力,为农村生产经营进一步走向市场、促进农村城镇化发展开拓新的空间。但从调查中发现,目前基层对"三位一体"农民合作经济组织体系建设的重要性认识不足,"三位一体"缺乏整体把握及统筹可持续的推进措施。

3.农民在"三位一体"中的主体地位有待进一步提高

无论在农民合作经济组织联合会还是农民专业合作社联合会,工作思路与实施情况基本由县乡干部和供销社工作人员主导,农民参与不充分。一些地方甚至为了完成任务以重点工作的方式,简单下指标、搞验收、抓考核,这样去推行的"三位一体"有可能产生适得其反的效果。

4."三位一体"服务平台建设亟待加强

"三位一体"农村新型合作体系建设的着眼点是整合各类为农服务资源,提高效率,促进农业现代化和新农村建设。但目前参与的农民合作经济组织联合会、农民专业合作社联合会、各类产业协会及供销社、信用社、政府等各部门比较分散,且由于各自的局限性,只能从自身的工作职责范围内去考虑并组织服务,易造成社会服务资源的浪费。各类组织之间缺乏有效沟通与合作的平台,影响了"三位一体"工作的运行实效。

浙江、河北、贵州、江苏、山东等地的初步实践表明以专业合作社、供销合作社、信用合作社联合构成的"三位一体"农业综合服务平台是代表现代农业发展方向的一个新生事物。这一新型合作经济体系,在坚持和稳定农村统分结合的双层经营体制的基础上,进一步丰富了双层经营体制中"统"的内涵,创造了新的形式,提升了农民参与市场竞争的能力,为家庭生产经营进一步走向市场、走向现代化开辟了新的空间。尽管这一新型合作经济体系在实践中还有待于不断的探索和完善,但这一新生事物的发展方向是符合现代农业发展要求和广大农民需求意愿的,也是符合农村各类合作经济组织利益的。应按照党的十九大精神和十九届五中全会的要求,深入研究和积极推动"三位一体"新型合作经济体系在更大范围的实践和发展。

1.准确把握"三位一体"农民合作思想

在积极发展"三位一体"综合合作的进程中一定要准确把握"三位一体"农民合作思想。"三位一体"农民合作思想可以概括为:为农服务、民主管理、联合发展、协同治理。首先,

"三位一体"农民合作组织体系从根本上是姓农、为农、务农,是为了实现农业现代化和农民增收的,而绝不是打着"为农服务"的旗号搞摊派、强买强卖垄断经营;其次,始终是自愿加入民主管理、共建共享的,而绝不是行政化的、部门化的;再次,应在发挥市场决定性作用的基础上联合发展,积极引导经营业务相同的农民合作经济组织横向联合和业务相关的农民合作经济组织纵向联合,促进农民合作经济组织扩大组织规模、拓展服务功能、发展一体经营、增强竞争实力,使农民合作经济组织走上跨区域规模化和跨领域一体化的联合发展道路,而绝不是以行政手段"拉郎配"、随意干预;最后,应通过建立发展"三位一体"农合联体系,正确处理政府、市场、社会在"三农"治理体系中的关系,充分发挥农民合作经济组织联合会的协同治理作用。

当前,我国农民合作社等农民合作经济组织在现代农业发展中的地位和作用越来越突出,但产权关系松散、服务功能单一、竞争实力弱小、利益联结不紧等问题比较突出,难以适应日益成长起来的新型农业经营主体对覆盖全程、综合配套、便捷高效的农业社会化服务的迫切需求,难以适应日益富庶起来的农民群众对多层次、多样化、便利化生活服务的迫切需要,必须通过深化改革,扩大农民合作经济组织的横向合作和纵向合作,加快农民合作经济组织联合发展。也正是着眼于此,中央一号文件提出要积极发展生产、供销、信用"三位一体"综合合作。

2. 尊重市场规律,完善运行机制

"三位一体"不是简单地将生产、供销、信用三类机构进行人为撮合,应更注重顶层设计与基层创新的结合,建议:一要创新合作组织运行机制。在坚持国际通行的合作制原则基础上,参照现代企业管理制度,建立"三权分工"的"三位一体"合作经济组织运行机制。二要明确各级"三位一体"的建设职能。要建立一个贯穿省、市、县、基层四级的"三位一体"组织体系,四级组织在职能上应各有侧重。基层重点是建立以农户为主体的专业合作社,应是具有法人地位的经济组织,主要开展经营活动;县一级重点是建立以基层合作社为主体的联合会,职能应兼具企业和社团的特征,同时具备经营和服务功能,如组织大宗产品购销、培育品牌、技术培训、金融服务等;省、市一级则应重点关注顶层设计与创新服务,职能应以服务为主,如培训、协调、政策支持等。三要有效整合政府性服务资源。现有的县级"农协"合作社联合会、"农合联"等联合组织既是"三位一体"改革实践的成果,也是"三位一体"工作的重要一环。应在工作反思基础上对相关涉农组织和服务进行梳理与整合,既要继续发挥原有的公共服务职能,又要明确各自的职责与分工。

3. 加快改革推动农村合作金融发展

金融是经济的核心,农村合作金融是"三位一体"合作体系的核心。建议:一要加强对资金互助会的辅导和监管。必须坚持农民资金互助会互助性质不动摇,筹资规模上限不宜过大,要防止出现借农民合作组织之名,行非法集资之实,侵占农民合法权益的违法行为。在具体运作中应成熟一个、发展一个,不能下硬指标,不要揠苗助长。二要明确地方金融管理局为农村资金互助会的监管主体,实行谁审批、谁负责,改变当前多头管理、责职不清的现状。三要转变观念,大胆创新。发展农民信用合作组织要因地制宜,鼓励多种形式的存在。要借助浙江省丽水、温州等地作为全国农村改革试验区和金融综合改革试验区的独特优势,在对农村信用合作的增信服务、风险补偿、农村产权抵押贷款等方面进行改革,创造改革的新亮点。四要在农村合作金融过程中提升农民的金融意识,可通过开设"普惠金融"讲堂等形式,让农民在了解金融的基础上认识自己的真正需求,有利于做好农民的金融服务。

4. 科学推进生产、供销、信用"三位一体"综合合作

发展"三位一体"综合合作,对"三位一体"不能狭义地理解。"三位一体"体现的是大合作的思路,其具体形式可以是多样的,服务内容可以是多元的,不仅仅是生产、供销、信用三个方面,只要是为农服务的资源,都可以融入这个综合平台中。它提供的服务有市场化的,有公益性的,也可以承接政府购买的公共服务。它有龙头作用,但不是龙头企业;它有服务功能,但不是盈利机构;它与政府有密切联系,但不是政府部门;它也不同于日、韩农协。无论如何,市场化是"三位一体"应有的方向。

发展"三位一体"综合合作,思想要解放一些,思路要拓宽一些,只要有利于更好为农服务,有利于农民增收致富,有利于实现农业现代化,就要向前推进。构建"三位一体"组织体系,要坚持因地制宜,不搞"一刀切""一阵风",允许各地根据实际去探索创新,在实践中不断发展完善。

发展"三位一体"综合合作,关键还是要提升农合联的为农服务实力和能力,通过服务凝聚民心,实现可持续发展。要牢牢把握为农服务发展方向,在促进农业规模经营、助推农产品销售、推动农业农村产业融合、发展农村合作金融、破题农村电子商务、壮大农村集体经济等方面大胆探索,切实服务,取得突破。要注重统筹各类为农服务资源,发挥涉农协会、龙头企业等各类涉农资源优势,建立完善的社会化服务体系,增强服务各类农业经营主体的功能,使农合联运作"实"起来。

发展"三位一体"综合合作,基础还是在每个新型农业经营主体的建设和发展。因此,农合联要实实在在地把根扎到泥土中去,帮助每个农民合作社、新型农业经营主体抓生产、做营销、谋发展,促进农民合作社规范建设,推动新型农业经营主体之间构建既有效又合意的利益联结机制。

发展"三位一体"综合合作,特别是构建"三位一体"农民合作组织体系,势必涉及农业经营体制改革、农村金融体制改革、涉农部门职能转变及企事业单位改革等棘手问题。要本着改革的精神,简政放权,厘清政府与市场、社会的关系,把该放的权力放开放到位,把该管的事切实管住管好。要该转移的转移,该委托的委托,该购买的购买,努力使农合联真正成为为农服务的综合体,既承接政府委托、购买的公益性服务,又做好市场化经营和农业农村社会化服务。"三位一体"的本质是整合乡村要素资源,打造为农综合服务平台,能够有效促进城乡资源双向流动和要素合理配置,为农村发展注入新的动力。在新时代"三农"发展中,要深刻理解和把握乡村振兴战略的核心要义,因地制宜发展"三位一体"综合合作,深入推进农村综合改革构建现代农业产业体系、生产体系、经营体系,努力为我国农业农村现代化建设作出新贡献。认真总结提炼浙江经验,因地制宜推进"三位一体"综合合作。浙江"三位一体"改革之所以进展顺利、成效明显,关键是做到了因地制宜、从实际出发,具备了"三个条件、两个基础"。"三个条件":一是党委政府重视,提高了改革的协同效应;二是各级农办有力主导,形成了上下协同、条块结合的工作推进机制;三是供销社积极作为,较好承担了农合联执委会职责。"两个基础":一是浙江农业农村发展基础较好,具备了在更高层次发展联合合作的基础;二是浙江合作经济发展基础较好,"三位一体"改革有着较好的认识和工作基础。我们要从理论和实践层面,对浙江"三位一体"改革进行深入总结提炼,对带有普遍性、规律性的经验成果,加强面上宣传推介。

要加强组织领导,及时研究解决改革中出现的新情况新问题,强化指导,完善政策,因地制宜推进"三位一体"综合合作。

六、供销合作社推进"三位一体"综合合作的最新部署

习近平总书记对供销合作社工作的最新重要指示和党的十八大以来关于"三农"工作、供销合作社工作的系列重要指示批示精神,是做好供销合作社工作的根本遵循。供销合作社是党领导下的为农服务的综合性合作经济组织,要求各级党委和政府围绕加快推进农业农村现代化、巩固党在农村执政基础,继续办好供销合作社。

习近平总书记重要指示中,要求供销合作社努力为推进乡村振兴贡献力量,开创我国供销合作事业新局面。"三位一体"综合合作是供销合作社深化综合改革、践行为农服务根本宗旨的内在要求和目标指向。总书记重要指示中,再次指出供销合作社要打造成为服务农民生产生活的综合平台,这是对党中央要求供销合作社深化综合改革的重申。中发〔2015〕11号文件指出,要实现这一目标,必须在"创新农业生产服务方式和手段""提升农产品流通服务水平""稳步开展农村合作金融服务""打造城乡社区综合服务平台"四个方面拓展经营服务领域,同时按照四方面服务功能要求,建立与之相适应的基层组织体系和联合社治理机制,这是深化供销合作社综合改革的内在逻辑要求。开展"三位一体"综合合作,既与中发〔2015〕11号文件的要求一脉相承,也在更为宏观的层面要求供销合作社进一步推进体制、组织、业态创新,融入农业农村发展大局,为推进乡村振兴和农业农村现代化贡献力量。可以说,"三位一体"综合合作,也是中国特色供销合作社发展之路的方向所指和重要内容。

1.供销合作社"三位一体"综合合作改革的新部署

中华全国供销合作总社第七次代表大会、总社七届二次理事会先后对"三位一体"综合合作工作做出部署。中华全国供销合作总社第七次代表大会提出要深化"三位一体"综合合作。"三位一体"综合合作是完善农村基本经营制度的重大创新,是当前和今后一个时期深化供销合作社综合改革的重中之重。鼓励探索多种形式的"三位一体"综合合作,因地制宜发展以农民合作经济组织联合会为平台的"复合模式",发展以供销合作社自身经营服务体系为依托的"内联模式",发展供销合作社、农民合作社、农村信用社"三社"融合的"外联模式",不断丰富创新"三位一体"综合合作实现途径,加快扩大"三位一体"综合合作覆盖面。积极拓展综合合作功能,密切与农民和各类新型农业经营主体的合作联合,在区域范围内开展具有普遍需求的通用型服务,在产业链条上开展具有特定需求的专业型服务,提高综合服务效能。鼓励各地为各类农民合作社提供税务代办、代理记账、项目申报、业务培训等服务。着力提升综合合作水平,推动供销合作社与各类新型农业经营主体、农村金融机构加强服务体系共建、涉农业务融合,形成以流通为主导、生产为基础、金融为支撑的综合协同服务新机制。深入总结各地经验,制定出台推进"三位一体"工作指导意见。开展"三位一体"综合合作百县推进行动。

中华全国供销合作总社七届二次理事会议提出聚焦生产、供销、信用"三位一体"综合合作,持续深化综合改革。开展"三位一体"综合合作试点,是今年深化供销合作社综合改革的重点任务。总社要加强与中央农办、人民银行、银保监会沟通协调,加强对试点单位的统筹指导,加强对试点工作的调研、督导,对试点工作进展情况要定期调度,确保稳步推进实施。各试点单位要认真履行主体责任,抓好落实,有序推进。要加强改革系统集成,对已经取得的改革成

果,出台专项指导意见,提高改革的系统性、整体性、协同性。

2."三位一体"综合合作试点工作全面开启

中华全国供销合作总社、中央农办、人民银行、银保监会等四部门日前联合出台《关于开展生产、供销、信用"三位一体"综合合作试点的指导意见》。意见明确,到2023年6月底,打造若干具有示范引领作用的"三位一体"试点单位。试点工作自2021年7月正式开始。将在东北、华北、华东、中南、西北、西南选择若干个省(自治区、直辖市)作为省级试点单位,探索更加成熟完善的"三位一体"综合合作模式,形成一批可复制、易推广的先进经验和典型成果,完善相关政策规划、标准规范、体制机制,为全面推进"三位一体"综合合作开好局、探好路、打好样。

意见指出,发展"三位一体"综合合作是推进现代农业经营体系建设、实现农业农村现代化和乡村振兴的有效途径,是深化农村改革、优化农业资源要素配置、加快农业发展方式转变的重要举措,是深化供销合作社综合改革、更好践行为农服务宗旨的客观需要。

意见提出,要培育实施载体,大力推进基层社改造,真正将基层社办成管理民主、运行规范、以农民社员为主体的综合性合作经济组织;完善服务功能,强化完善流通服务,引导推动基层社继续做好农资、日用品供应和农副产品收购服务,开展农资集采和产品统售,进一步强化流通功能;积极拓展生产服务,支持基层社开展土地托管、代耕代种、联耕联种、机播机收、统防统治等农业生产性服务。

第七部分　全国供销合作社电子商务发展研究

一、全国供销合作社电子商务发展现状

1.全国供销合作社电子商务发展势头迅猛

(1)全国供销系统电子商务交易额持续增长

2021年上半年,全系统实现销售总额24704亿元,同比增长27.6%。2018年,供销合作社系统实现电子商务销售额2998亿元,同比增长28.5%。目前全系统开展电子商务活动的企业3977个。登记注册为电子商务的企业1814个,其中,自建电子商务平台的企业1461个,入驻商户15.4万户。供销合作社系统通过拓展农产品线上销售,整合线下物流资源,打造县、乡、村三级电商服务和物流配送体系,初步形成了具有供销社特色的全国农产品电商"一张网"。"供销e家"全国电商平台入驻商户1.5万家,带动300个县上线销售特色农产品,建设300多个县域电商运营和仓储配送中心,改建3万多家乡村电商服务站,实现线上农产品年销售额58亿元。

截止到2020年年底,全系统将10万多个基层网点改造为电商服务站,带动1000多个县、10多万种特色农产品上线销售,全系统电商销售年均增幅超过30%。整合线下物流资源,建设县、乡、村三级电商服务和物流配送体系,开展到乡、进村、入户的快递服务,打通农村电商"最后一公里"。

积极应对复杂多变的国内外形势和经济下行压力,认真贯彻落实新发展理念,推动社有企业深化改革、转型升级,实现高质量发展。全系统实现销售总额5.3万亿元,同比增长14.2%。其中:农业生产资料类销售额8667.1亿元,增长10.1%,农产品类销售额22205.3亿元,增长19.5%,消费品类零售额18234.5亿元,增长14.8%,再生资源类销售额2824亿元,增长21.8%。发展质量进一步提升,各级社有企业加快传统业务转型,大力培育新兴业务,企业发展动能不断增强。强化企业内部管理和风险防控,持续推进企业降杠杆减负债,加大长期亏损企业和低效无效资产处置力度,社有企业平均资产负债率降到71%,企业降本增效取得明显进展。联合合作不断深化,总社发起成立新供销产业发展基金,北京、天津等13个省级社参与入股,共同搭建市场化投资平台。京津冀、长三角、东西部社有企业之间联合发展扎实推进,在市场对接、产业开发、扶贫协作等方面迈出重要步伐。

2021年,面对新冠肺炎疫情,全系统认真落实党中央、国务院决策部署,迅速行动、尽锐出战,全力投入战疫情、备春耕、保供给、防滞销、促增收、惠民生等工作。全力保障春耕和"三夏"农资供应,积极保障农村重要商品供给,维持农村正常生产秩序,发挥了主渠道作用。全系统肥料、农药、农膜供应量分别满足社会需求的70%、40%、25%,棉花销售量占全国比重超过50%。大力参与乡村振兴,深入推进产业扶贫、消费扶贫、电商扶贫、定点扶贫与乡村振兴的对接工作,为全面建成小康社会贡献力量。主动参与农村人居环境整治,优化再生资源回收利用网络,加快推广绿色农资产品,服务乡村生态振兴。全力保证市场供应,全系统各类经营服务

网点克服疫情影响,坚决做到不停业、不断货、不涨价,努力保障防护物资和粮油果蔬、肉禽蛋奶等生活必需品供应。

从各类数据和增速可以看出,在"互联网＋"和全面深化供销合作社综合改革的背景下,发展电子商务,建设线上线下融合的现代流通网络,全国供销系统电子商务发展速度加快、规模变大、成绩良好。

(2)电子商务发展相关政策陆续出台

自党的十八届三中全会以来,党中央、国务院从全面建成小康社会、全面实现我国现代化的战略全局高度,对新时期深化供销合作社综合改革工作作出全面部署。

2015年"互联网＋"被列入政府行动计划。同年,中共中央、国务院出台了《关于深化供销合作社综合改革的决定》(中发〔2015〕11号),要求"顺应商业模式和消费方式深刻变革的新趋势,加快发展供销合作社电子商务",中华全国供销合作总社发布了《关于加快推进电子商务发展的意见》(供销经字〔2015〕1号),提出要"充分发挥供销合作社传统产业和经营网点优势,以开拓农村电子商务和发展农产品电子商务为重点,大力培育电子商务市场主体"。

2016年,中央一号文件明确指出要"加强商贸流通、供销、邮政等系统物流服务网络和设施建设与衔接,加快完善县乡村物流体系。支持供销合作社创办领办农民合作社"。同年4月,国务院办公厅发布了《关于深入实施"互联网＋流通"行动计划的意见》(国办发〔2016〕24号),提出要"深入推进农村电子商务和积极促进电子商务进社区,促进农产品网络销售"。2018年,中共中央、国务院印发《关于实施乡村振兴战略的意见》(中发〔2018〕1号),指出要依托综合服务社、连锁便利店等线下实体,构建供销电商本地生活网,"供销e家"全国平台要按照建设农村电商"国家队"的目标,发展成为具有较强品牌影响和服务带动力的农村电商综合服务平台。同年8月出台国家《中华人民共和国电子商务法》以保障电子商务各方主体的合法权益,规范电子商务行为,维护市场秩序。

2019年中共中央办公厅、国务院办公厅印发《关于促进小农户和现代农业发展有机衔接的意见》(中办发〔2019〕8号),要求增强农村电商服务带动小农户能力。为落实意见精神,中华全国供销合作总社随后印发《供销合作社促进小农户和现代农业发展有机衔接工作实施方案》,方案细化了农村电商发展要求及实施方案,强调要以农产品电商为重点,引导小农户生产适合网络销售的特色优质农产品,加快基层经营服务网点信息化改造,发展农村电子商务服务站。同年8月,总社印发《关于推进区域电商发展的实施意见》,详细部署此后一段时期供销合作社发展区域电商的基本原则和主要任务。

2021年7月,财政部、商务部、国家乡村振兴局联合印发《关于开展2021年电子商务进农村综合示范工作的通知》(以下简称《通知》),2021年继续开展电子商务进农村综合示范,中央财政给予资金支持。中央财政继续支持开展电子商务进农村综合示范,鼓励各地优先采取贷款贴息、购买服务、以奖代补等支持方式,加快资金拨付进度,提高资金使用效率。中央财政资金重点支持以下方向:一是完善农村电子商务公共服务体系;二是健全县、乡、村三级物流配送体系;三是推动农村商贸流通企业转型升级,并支持邮政、供销、农村传统商贸流通企业运用大数据、云计算、移动互联网等现代信息技术,加快数字化、连锁化转型升级,实现线上线下融合发展;四是培育农村电商创业带头人。《通知》明确,中央财政资金不得用于网络交易平台、楼堂馆所建设、征地拆迁、购买流量、人员经费等经常性开支以及提取工作经费等。此外,应避免支持项目与发展改革委安排的中央基建投资项目重复。

总体而言,自总社印发《关于加快推进电子商务发展的意见》(供销经字〔2015〕1号)以来,各级供销合作社迅速行动,电子商务呈现良好发展态势。特别是全国供销合作社电子商务工作会议后,各地狠抓落实,加快开展网上交易、仓储物流、终端配送一体化经营,电子商务成为供销合作社发展速度最快的新兴业务板块。

(3)各方领导关注供销合作社电子商务的发展

2015年12月,时任国务院副总理汪洋在调研全国供销合作总社电商平台时强调,供销合作社具有发展农村电子商务独特的优势,要积极培育和壮大农村电子商务市场主体,有关部门要完善支持政策,鼓励地方和各类市场主体创新农村电商模式,为农村电商发展提供良好的市场环境。时任总社党组书记、理事会主任王侠在传达学习汪洋副总理讲话精神的会议上提出各级供销社要充分认识到电子商务对经济发展的重要性,把电商作为大事来做,站在国家的角度来考虑,顺势而为,主动出击。

2018年又进一步提出"供销合作社是建设农村现代流通体系的骨干力量,要着眼于解决制约农村流通发展的瓶颈问题,加快发展农村电子商务,建设现代流通体系,提高流通效率,不断提升流通现代化水平"。同年,中国供销集团副总经理、中国供销电子商务有限公司董事长王正伟一行到安徽省潜山市就扶贫工作和供销合作社综合改革工作开展调研,调研详细了解了潜山优质农特产品的生产和销售等流程。

2019年年初,中国供销电子商务有限公司在北京举行"供销e家"三年回顾暨三年规划汇报会,时任总社党组成员、理事会副主任邹天敬,党组成员、理事会副主任,中国供销集团党委书记、董事长杨建平出席活动并讲话。邹天敬对"销e家"成立三年来取得的成绩表示充分肯定,并希望"供销e家"始终坚持方向,着力提升为农服务能力。杨建平更是对"供销e家"的未来发展提出了要有大格局、大协同、大合作等三点期望、要求。同年9月,中国供销电子商务发展联盟主办的"2019农村电商新趋势论坛暨'供销e家'省级工作推进会"在厦门隆重召开,中国供销集团副总经理、中国供销电子商务有限公司董事长王正伟作论坛致辞,中华全国供销合作总社经济发展与改革部现代流通处处长齐雪飞作会议发言,福建省供销社党组纪检组组长郑恢先全程参与。

2021年6月22日至24日,中华全国供销合作总社党组书记、理事会副主任韩立平在湖南省湘潭、长沙等地调研供销合作社改革发展工作,强调要深入学习贯彻习近平总书记关于供销合作社工作重要指示精神和对湖南工作系列重要讲话指示精神,全面提升为农服务能力,为打造"三个高地"、践行"四新"使命,奋力建设现代化新湖南贡献供销力量。其间,韩立平出席湖南省供销合作社第四次代表大会开幕式并讲话,出席中华全国供销合作总社与湖南省人民政府战略合作协议签约仪式。时任湖南省委书记许达哲会见韩立平一行,就持续深化供销合作社综合改革进行交流。湖南省委副书记乌兰,省人民政府副省长隋忠诚,总社党组成员、理事会副主任、中国供销集团董事长侯顺利陪同调研。在长沙县电子商务公共服务中心,韩立平对其打造县、乡、村三级物流体系的做法给予肯定,强调要加强县域电商培训交流,培育农村电商品牌,加快发展农村数字经济,促进农村消费。在长沙县路口镇供销合作社,韩立平调研了路口农产品配送中心、和通超市大鱼店以及和通商城,强调要着力推进基层社改造升级,完善服务功能,加快成为服务农民生产生活的综合平台。

(4) 全国供销合作总社电子商务平台——"供销e家"

①"供销e家"简介

作为全国供销合作社统一的综合性电商平台,"供销e家"由中国供销电子商务股份有限公司负责搭建和运营,是中华全国供销合作总社的下属企业品牌,由中国供销集团有限公司出资成立,首次上线时间为2015年11月,平台首页见下图。

图7-1 2021年"供销e家"平台首页

建设"供销e家"电子商务交易服务平台,是有效整合供销合作社全系统内部资源,打造供销合作社发展电子商务核心竞争力的必然要求。供销合作社扎根农村、贴近农民,具备经营服务网络健全、产业类别和经营主体众多等独特优势,是"供销e家"开展农产品电子商务坚实的基础支撑。

"供销e家"是全国供销合作社统一的综合性电商平台,发挥一网多用、双向流通、供销并举、综合经营的独特优势,既把日用消费品农业生产资料供应下去,又把农副产品、再生资源收购上来,实现供给与需求有机对接,着力构建服务"三农"的综合性、可持续的农村电子商务交易服务平台。"供销e家"建设遵循"集中建设、资源共享"和"前台多样化后台一体化"原则,以农村电子商务和农产品电子商务为重点,通过交易、服务两大功能板块,形成网上交易、仓储物流、终端配送一体化经营,实现线上线下融合发展,从而把供销合作社传统经营网络优势融入互联网,再把互联网优势转化成供销合作社现代经营网络优势。

"供销e家"不直接参与商品的购销,供销合作社系统内电子商务企业和地方性、专业性电商平台直接对接平台,利用平台开展交易。重点围绕农产品、农业生产资料和日用消费品、再生资源回收利用等供销合作社传统经营业务,主要采用B2B大宗和批发交易、B2C零售交易O2O在线业务等交易方式。

2018年3月15日,"供销e家"与韩HANARO国农协流通股份公司及天津中外运国际物流发展有限公司在北京签署三方战略合作协议。此次签约全方位开启了"供销e家"国际合作发展布局,也标志着"供销e家"成为韩国农协指定的中国区唯一总代理。

2018年4月23日上午,由中国供销电子商务有限公司("供销e家")发起成立的"供销e

家无人机大联盟"南皮启动会在南皮县委党校隆重召开。无人机植保作为农业智能化的先行者,具有效率高、成本低、环保节能等一系列优点,同时还可以防止人员药物中毒,确保人身安全。河北德金电子商务有限公司将以"供销e家无人机大联盟"的启动为契机,在南皮县供销社的大力支持下,成立专业无人机联盟植保队伍,在南皮县打造集无人机销售、维修、保险、药剂于一体的全产业服务链条,推进农业智能化快速发展。

为了进一步推进农村电商战略部署,"供销e家"成立了供销兴农云计算有限公司(云计算公司)及供销云商科技产业发展有限公司(云商科技产业公司),于2018年6月28日取得营业执照。云计算公司注册资金2.01亿元,致力于提升技术服务能力;云商科技产业公司注册资金1亿元,致力于加快推进供销电商产业园项目建设。此前,"供销e家"已经先后收购和注册成立了支付公司和云仓公司,专业板块公司的陆续成立,意味着"供销e家"在农村电商综合服务方面的布局进一步向专业化延伸。

2019年1月18日,中国供销电子商务有限公司在北京举行了以"砥砺奋进、创变致远"为主题的"供销e家"三年回顾暨三年规划汇报会时任中华全国供销合作总社党组成员、理事会副主任邹天敬,党组成员、理事会副主任,中国供销集团党委书记、董事长杨建平出席活动并讲话。中国供销电子商务有限公司总经理丁璐发布《"供销e家"创新发展三年规划(2019—2021)》,"供销e家"将以创新发展理念为引领,以实施"八大工程"为抓手,在"农产品进城、日用品下乡、智慧仓储物流、农业农事服务、村综合服务、产业电商、农村普惠金融、大数据服务"等八大领域集中发力,优化业务布局,健全为农服务体系,进一步提高发展的整体性和协调性,实现经济效益和社会效益双提升。

截至2021年6月底,中国供销集团所属"供销e家"已在全国布局建设了200多家区域电商企业,形成了区域物流集配模式、农产品供应链服务模式、本地生活服务模式等多种业务模式。全国供销合作社系统开展电子商务业务企业达4171家,较去年同期增加804家,电商销售额同比增长55.3%。截至2020年年底,拼多多"家乡好货"类助农直播已超240场,累计催生6.7亿笔助农订单,销售农副产品总计超过41.2亿斤,帮扶农户113万户。美团优选从去年12月启动"农鲜直采"计划以来,今年一季度已服务2600个市县区,湖北秭归脐橙、广西武鸣沃柑、云南建水紫薯等数百种农产品通过该计划直达社区,助力农民增收、乡村振兴。

②"供销e家"功能

农产品商城。它是"农产品进城"的零售平台,由各级供销合作社组织当地有机、绿色、无公害的特色农产品和民俗手工艺品等面向全社会进行销售。商城内的上架产品依托供销合作社组织体系和经营网络,逐级落实质量控制责任,完善质量认证抽检,实现全生产流程可追溯。它是化肥、农药、种子、农膜、农机的零售平台,与广大农民生产生活紧密相关。农资商城打造两大特色:一是销售正规渠道优质产品,绝不坑农害农,筑牢广大农民对供销合作社的信任根基;二是将农资在线销售与农技、农化在线服务(如庄稼医院、测土配肥)结合起来,以服务带动销售,为农民的日常生产插上科学的翅膀。

日用品商城。它是"工业品下乡"的零售平台,组织质优价廉的生产厂商或一级代理商入场交易,销售家电、服装、生活日用品等商品,主要面向的消费群体是广大农民,打造农村市场的"在线货郎"。日用品依托县级电子商务服务平台和村级综合服务中心(社),实现县到村的商品经营和物流配送网络,有效破解制约农村电子商务发展的"最后一公里"问题。

批发商城。立足于供销合作社传统业务充分发挥大型骨干流通企业、商品交易市场、农产品批发市场的作用,开展农资、农副产品、再生资源等商品的批发交易,实现减少流通环节、降低流通成本、提高供销合作社企业行业地位的目的。

再生资源在线回收。在条件成熟的地区开通智能在线回收平台,支持再生资源企业由简单回收向综合加工利用转型,促进资源循环和农村环境保护,为美丽乡村建设作出贡献。大宗交易中心。在全国开设七个区域农产品交易中心,依托当地供销合作社资源,通过发售交易、竞买竞卖交易、电子招标等形式开展大宗农产品交易。

创新电子商务模式。一是在有条件的地区将大田托管、代耕代种业务搬到线上,开设"格子菜田""格子海田"频道,让城市居民认购土地海田,享受农耕成果。二是在一些地区开展农业旅游观光,线上交易,线下体验,享受O2O的乐趣。三是发挥国际合作社联盟经贸优势,积极支持和参与"一带一路"建设,发展跨境电子商务。四是启动电商扶贫项目,开设扶贫专区,以最优服务和最低成本组织贫困地区优质特色产品上线销售。

③电商扶贫"供销e家"在行动

农村电商在推动农业供给侧结构性改革,促进农村一、二、三产业融合发展,帮助农民脱贫实现全面小康等方面的优势非常明显,是实施乡村振兴战略的重要突破口。"供销e家"担负着"农村电商国家队"的重大使命,有责任有义务成为全国供销合作总社推进乡村振兴战略的重要载体。

据"供销e家"相关负责人介绍,早在2016年10月1日,由中华全国供销合作总社作为主要牵头单位,中国供销电子商务有限公司具体承办的国家贫困县名优特产品网络博览会正式上线。这个网博会是集贫困地区特色产品展示、交易功能为主,同时连接政府、企业、社会组织、新闻媒体扶贫工作为一体的服务平台与综合窗口。它旨在充分发挥互联网在助推脱贫攻坚中的作用,搭建一个连接贫困县、商企政府部门、相关组织、媒体、社会项目的综合性窗口平台,支持贫困县乡镇、企业、农牧民通过平台展示和交易当地特色产品,带动贫困地区特色产业发展,吸引社会各界广泛参与,融合社会资源,发挥各自优势,共同推动国家脱贫攻坚目标顺利实现。

"供销e家"始终不忘自己的社会责任,时刻将贫困群众脱贫放在心上、扛在肩上,用心谋划、用情交流、用力扶持,运用电商、冷链等现代流通手段助力贫困县脱贫摘帽,通过拓宽农产品销路以帮助贫困群众脱贫致富,运用培训孵化等方式向贫困地区"扶志扶智"。在中央网信办和全国供销合作总社的指导下,依托借助"供销e家"平台,已为20多个省100多个县的店铺开设绿色通道,销售各种商品约2.5万种,投资总金额2.9亿元,占"供销e家"县域运营中心投建总量的21%。2019年9月,"扶贫832"团队已在内蒙古太仆寺旗、四川越西县、甘肃成县、云南大理等地区组织开展了多场线下培训活动,进行平台上线前的辅导。培训主要围绕"扶贫832"的建设背景、目标、功能、平台规则上线流程以及商品要求等方面进行详细解读。同时,"扶贫832"已开展"微课"线上培训,以短视频的形式进行精彩分享。"供销e家"将持续在线上线下同步开展培训活动,全力做好贫困地区农副产品网络销售平台的建设运营工作,助力乡村振兴。

2.供销合作社电子商务发展面临的形势

(1)农村消费潜力大,消费扶贫关注多

近年来,推进农村流通现代化是深化供销合作社改革的一项重要内容。以电子商务为主要方式的现代流通业发展迅猛,对供销合作社的发展也带来巨大机遇和挑战。快速增长的农村市场正在成为电商"最后的盛宴"。除了一些原本就依托农村市场起家的电商公司,比如聚超网;还有一些电商巨头,像淘宝、京东、苏宁等都已经相继将触角延伸到农村市场。阿里巴巴的"千县万村"计划、京东下乡进村的"星火试点"计划、苏宁农村电商的"三步走"战略等都在昭示着农村市场竞争火热,引来各方关注。供销合作社应看清形势,把握机遇,推进农村电子商务的发展。为解决贫困地区农副产品滞销问题,2020年1月1日"贫困地区农副产品网络销售平台"("扶贫832"平台)正式运营。截至8月底,"扶贫832"平台注册采购预算单位37.8万家,入驻供应商近5800家,实现832个国家级贫困县全覆盖;上线农副产品6.4万个,平台交易额突破19亿元,有力带动了贫困地区农产品销售和农民增收。特别是新冠肺炎疫情发生后,累计帮助销售滞销农产品超过3亿元,在统筹疫情防控和脱贫攻坚中发挥了重要作用。

  同时为广泛动员全国供销合作社系统深入消费扶贫,营造消费扶贫良好社会氛围,总社在全系统组织开展供销合作社消费扶贫专项活动,首次举办活动时间为2020年9月1日至9月30日,主题是"万企参与,亿人同行",活动内容涉及消费扶贫专柜专项推进活动、消费扶贫专馆专项推进活动、消费扶贫专区专项推进活动、"扶贫832"销售平台专项推进活动和中国农民丰收节金秋消费季活动共5个专项活动。

  (2)系统组织优势大,建管营运模式多

  供销合作社开展实体网点电子商务和信息化建设,有着众多的基础设施和经营实体,有着很多长期积累的业态优势。供销合作社在建设和发展过程中,从大中城市到县城,从县城到集镇,从集镇到乡村,留下无数供销合作社的产业和实体网点,而且供销合作社都是选择在交通便利、商品流量大的城市或地区设置公司和经营服务网点,在产销两旺的地方建立营销网络,这就为供销合作社发展电子商务提供得天独厚的便利条件。

  供销合作社是我国最大的合作经济组织,经过70多年的发展,取得相当大的成效。在农村,供销合作社相对其他经济组织而言,其组织体系、网络比较健全,在发展现代农业、促进农民致富、繁荣城乡经济中具有独特优势,是为农服务的主要载体,是服务"三农"的前沿阵地,是党和政府抓得住、用得上的为农服务骨干力量。根据《全国供销合作社系统2020年基本情况统计公报》数据显示,截至2020年年末,全系统有县及县以上供销合作社机关2789个,其中,省(区、市)及新疆生产建设兵团供销合作社(以下简称省社)32个,省辖市(地、盟、州)供销合作社(以下简称省辖市社)344个,县(区、市、旗)供销合作社(以下简称县社)2412个。全系统有基层社37652个,比上年增加5187个。全系统县及县以上供销合作社机关人员编制4.9万个。其中,参照公务员法管理的人员编制3.4万个,占总人员编制数的70.1%。全系统县及县以上供销合作社机关设立理事会2391个,占85.7%;监事会2155个,占77.3%。全系统组织农民兴办的各类专业合作社192460个,比上年增加12648个;入社农户1515.7万人。其中,农民专业合作社联合社9865个。全系统共有各类法人企业22739个(不含基层社)。其中,省社所属企业1303个,省辖市社所属企业3041个,县社所属企业16485个。全系统开展电子商务活动的企业3977个。登记注册为电子商务企业1814个,其中,自建电子商务平台的企业1461个,入驻商户15.4万户。全系统有经市、县级以上行政主管部门认定的品牌的企业1839个。此外,全系统开展电子商务活动的企业3437个。

  近年来,各地围绕供销社创新了一大批建管营运电商模式。如产品直接从农庄到消费者手里的基地直营模式,通过去掉中间差价,降低了采购成本、仓储库存压力,提高了毛利润。针对小众需求的特色小众模式,如有机食品、美食爱好者,其优势在于为特殊购物偏好的人群构建稳定的网购渠道,避免了跟同类产品恶性竞争,客户黏度相对较高。专精特定生鲜产品的专业品类模式,通过细化专业品类模式,凸显单一产品优势,具有较强议价能力。

二、全国供销合作社电子商务典型做法及案例

1.典型做法

2020年以来,面对疫情,更多的流通企业开始试水线上平台,并衍生出直播带货等新型销售方式。紧跟电商发展新趋势,本部分将继续梳理总结各省供销合作社系统在电商平台建设、电商扶贫、电商服务网络完善等方面的新探索、新实践和新成效。

(1)浙江省社:坚强贯彻六大举措,力促为农服务同电子商务融合发展

一是实施网上"供销百馆万店"工程,打造"浙江农产品网上大市场";二是建设电子商务服务站,打通农村电子商务最后一公里;三是围绕智慧农资服务平台建设,促进传统经营服务转型升级;四是拓新电子商务发展方式,助推社有企业经济创新发展;五是打造农产品电商服务平台与农旅一体化电商服务平台;六是依托"两个平台",提升合作兴农服务能力。依据六大举措充分挖掘"小特产"、开发"小村落"、带动"小农户",目前已实现服务区域从6个旅游重点电商务发展研究97村扩大至8个乡镇街道,服务内容平台由单一的农产品销售转变为农旅结合,由部门主办升级为市委副书记牵头的市级平台三大转变,为山区农民脱贫致富、促进全省绿色可持续发展打造鲜活样板。

(2)江苏省社:打造"网上供销社",畅通民生保供链条

目前,江苏省供销合作社投资1亿元,自建"地平线"综合服务电子商务平台,整合全省50个县(市、区)供销合作社电商平台,打造电商综合服务的"省级队"。门店推出"不见面消费、无接触配送"购物方式。依据江苏供销合作网省社要情,截至2020年6月,"网上供销"电商平台实现电商销售109亿元,其中农副产品销售54亿元。收集各地滞销农产品信息726条,225家农批市场和农贸市场先后帮助解决省内滞销农产品5300多吨。同时,帮助销售湖北地区鸡蛋、茶叶、香菇、木耳、小龙虾等各类农产品5234吨,价值2亿元。

作为政府主导、供销合作社运营的公益性与经营性相结合的电商平台,供销合作社对入驻平台有严格的要求。江苏省供销合作社严格审核入驻商户的经营资质,名特优农品馆的经营须持有当地供销合作社的授权证明;要求商户缴纳质量保证金,并严格执行商户及产品管理规定;同时,打造先农农产品质量追溯体系,通过"一馆一标、一品一码"的形式赋予产品唯一的身份码,让消费者辨别产品真伪的同时了解产品生产全过程。

(3)陕西省社:打造电商全域"新样本"

2020年以来,面对新冠肺炎疫情,供销合作社系统电商企业也纷纷上线电商直播带货业务,陕西省社在直播带货之余进行了全域电商再部署。一是构建一体化现代化销售渠道。全力推动电商企业发展壮大,扶贫专柜摆在电商门店的最显眼位置,优先收购贫困户的农产品,将甄选的扶贫农产品贴牌加工。二是建设农产品进城下乡双流通。构建"四大体系"的既定战略规划,补短板、强弱项,通过推动重点项目建设开展农产品特色基地建设、加快合作资源共享等方式着力推进陕西省县、乡、村三级物流体系建设。三是以"供销e家"西北仓储物流中心建

设运营为抓手,持续推动陕西供销电商仓储物流体系建设。四是加强合作与资源共享。围绕破解农村电商物流"最后一公里"难题,鼓励县级社通过股份合作、股权投入等方式有效整合物流快递资源,开展共同配送。经过几年努力,目前,西供销电商集团已拥有全资、参控股子公司38家,包括县域电子商务子公司29家,其中24家为国家级贫困县区电子商务公司。

(4)河南省社:与品牌同行,全方位打造电商服务体系

近年来,河南省供销电商以为农服务为宗旨,以电子商务为手段,以省会城市和县市为重点,以品牌为依托,利用县级运营中心的仓储配送系统,全方位打造电商服务体系。一是融合发展打造城乡服务体系。2019年大力发展"城乡·邻里"便民连锁服务中心,通过城市社区终端承接农产品进城,实现从田间地头到居民餐桌,既能助农增收又便利居民生活。二是综合服务搭建便民服务体系。省电商公司充分发挥基层网点便利条件,广泛联合社会化力量共铸为农服务体系。如与中原农业保险公司携手在汤阴县开展农业保险服务落地试点,提供优质便捷的农业和社会保险增值服务。三是创新经营建设品牌服务体系。依据"省级统筹、县级协同"的原则,因地制宜建设"一县一品"项目。积极打响了农产品的"豫百味"、农资农服的"御谷丰"、跨境电商的"丝路话豫"等区域特色品牌知名度,拓宽了特色农产品销路。

(5)山东淄博市社:打造供销电商"本地生活"

2020年以来,山东省淄博市供销合作社进一步发挥在区域市场的实体网络优势,推动线下资源与线上网络融合对接,加快开展网上交易、仓储物流、终端配送一体化经营,促进系统区域电商持续发展,更好地服务乡村振兴。一方面,做强区域电商,打造供销电商"本地生活"。对接居民个性化消费需求,创新商业服务模式,利用社区公共服务综合信息平台和微信App,向居民提供果蔬配送服务,目前电商配送业务服务对象达1万余户,深受广大居民欢迎,成为智慧社区建设的新亮点。另一方面,把质量管理作为电商发展的重要内容,加强农产品电商品牌建设。积极运用物联网、二维码等新技术,强化检测检验措施,建立农产品质量安全可追溯体系。

桓台联华超市有限公司、淄博合家福超市建立了肉菜流通追溯体系,实现了肉菜的来源可追溯、去向可查找、责任可追究的全程化追溯管理。目前,全市供销合作社系统电商企业发展到7家,2020年1—4月实现电子商务销售额2亿元,同比同口径增长90.48%,全市云农场模式农资运营中心已发展70个,基本实现了乡镇和大村全覆盖,年销售各类农资2000吨以上,实现电商销售额500余万元。全市系统已依托农民专业合作社注册农产品商标77个,发展"三品一标"认证农产品55个,培育了"众得利"蔬菜、"惜珍"橘梗、"天马"金丝鸭蛋和"长青"果蔬等30多个知名农产品品牌。

(6)贵州遵义社:三级联动直播助农

2020年6月22日,遵义市供销合作社采取三级联动的"电商+直播"模式,与湄潭县供销合作社、余庆县构皮滩供销合作社、贵州省贵三红食品有限公司共同推介遵义优质农产品,助力农民增收致富。"贵州,一个美丽的地方,遵义农产品实在香;贵州,一个多情的地方,遵义农产品永难忘,只要吃上一口,就记在心上。"一曲改编后的《贵州恋歌》从贵州省遵义市供销合作社直播间向全国各地飘扬开去,既拉近了合作社与网友的距离,增进了亲近感,也为直播荐货增添了说服力。为了吸引更多消费者,遵义市社不仅为网友准备了价值200元的"供销助农大礼包",还设置了"一元秒杀""买三送一""领取优惠券下单""刷屏抽奖"等活动环节,直播过程

互动热烈,网友不停点赞并打出直播口号"供销扶贫666"。数据显示,2小时直播,浏览量共计58.6万人次,围观人数21.33万人次,订单量820单,累计带动农产品销售额达38.6万元。

通过创新运用新销售模式,贵州遵义社以网上供销为依托,把遵义市优质农副土特产品销往全国各地;首次采用"电商＋直播"新型方式销售农产品,同时也是遵义市供销合作社领导首次直播带货。下一步,遵义市社将继续整合农产品资源,挖掘好的农产品,持续开展相关领导、网红主播等直播带货活动。同时,加强与京东、阿里等平台合作,争取用更多的官方资源带动当地的农产品销售。

2.典型案例

(1)山东日照市东港区社:搭建自营平台,对接电商巨头

依据日照市委市政府印发的《关于推进农业转型升级加快农业现代化实现全面小康目标的实施意见》(日发〔2016〕1号),山东日照市东港区社不断深化供销社综合改革,加快为农服务中心建设,成立日照优粮城电子商务有限公司,其中供销社控股51％。通过建设"优粮我卖网"自营平台并与知名电商平台合作对接,按照线上线下相互带动、互为补充的发展模式,启动东港区社电子商务平台的发展,力推"四轮驱动"发展模式。一是双平台运行,开发优粮我卖网线上综合电商平台,打造线下淘宝网特色中国日照馆体验平台。二是双引擎推进,强化优粮城电子商务有限公司市场主体,强化东港区电子商务协会合作主体。三是双中心运作,产品开发营销中心,创业辅导孵化中心。四是双网络支撑,培育基层供销社电商网络体系,强化供销社物流配送网络体系。

(2)湖北红安"红虹"电商:美了乡村,富了农民

农村不缺高品质特色农产品,缺的是销售渠道和品牌认知度。2020年4月,一条由红安县人民政府副县长汪莽抖音带货短视频蹿红网络,被推介产品正是由县供销合作社引进并落户城关镇小丰山村的红虹电商公司的红薯刀削面。红虹电商公司也迅速以网络直播形式适时跟进,一时间,以红薯为主要原材料制作的刀削面人气暴增,店铺日成交量由日常的几千单暴增至2万余单,由爆款带动店铺其余产品销量激增20％~30％。

发展新型业态,助力企业增效。为了大力推介红安地标优品,红虹电商公司在县供销合作社的大力支持下,组建了15人的网络直播团队,通过网红带货,将红安的红薯刀削面、红福花生、红薯酸辣粉推向全国。这一新型业态一经推出,极大刺激了消费,通过策划营销,疫情期间日销万单,位列黄冈市直播榜首,红薯刀削面供不应求。为促进企业健康发展,经县供销合作社领导多次实地调研协调,该公司新的直播运营中心地址选定在县社土产公司的二楼大厅。与此同时,为缓解电商扶贫车间仅有一条酸辣粉生产线的情况,县供销合作社持续加大帮扶力度,助企再扩充两条生产线,用于生产热干面和拌面,适应市场需求,吸纳更多的农户在家门口实现就业。

实行利益联结,助力产业扶贫。为了创新体制机制,建立与农户的利益联结,助推精准脱贫,2019年1月,在县供销合作社的支持下,红虹电商公司组建了惠依子莲种植专业合作社。通过调研,该合作社瞄准市场需求,利用小丰山村资源优势,发展绿色产业,以土地入股的形式,吸纳65名建档立卡贫困户加入合作社,兴建子莲种植基地、大棚蔬菜基地。入社贫困户月人均分红及务工收入3000元,全部实现脱贫。此外,自从供销合作社将该公司引进村庄后,村

集体经济不断壮大,村里道路明显拓宽,基础卫生、健身设施更加完善,生态环境更加宜居。

(3)江苏兴化市社:推进大闸蟹全产业链建设

泰州兴化市拥有80万亩河蟹养殖面积,有全国河蟹养殖第一县美称,河蟹成为兴化乡村振兴的主导产业。兴化市供销合作总社大力推进兴化大闸蟹全产业链建设,密切供销社与农民的利益连接,促进农民增收致富,助力乡村振兴。

一是龙头引领带动。兴化市社以"社有龙头企业＋基地客商农民"模式,通过强龙头、建基地、深加工、创品牌,推进兴化大闸蟹全产业链建设。该社成立江苏中科电子商务有限公司,建成全国最大的大闸蟹B2B电子交易平台中国蟹库网。目前,蟹库网业务范围已经覆盖全国,入驻商户6000多家,2019年撮合交易额23亿元。中国蟹库网成为农民依赖、客户依赖的平台,被中国渔业协会河蟹分会授予"中国河蟹电商交易第一网"。

二是建立高端基地。通过对全市蟹塘进行了拉网式调查,建立10万亩蟹塘档案,建设优质河蟹生产基地5000亩,自建10万斤河蟹中转暂养池,实现从养殖到销售全程可追溯。开展养殖指导,实行标准化投放和养殖。提供融资担保,解决大闸蟹产业资金需求。实行订单收购,明确保护价收购。推进河蟹保险,积极为广大蟹农提供河蟹养殖保险服务。

三是打造地域品牌。中国蟹库网承担实施国家标准委"国家农产品电子商务标准化示范区"试点,努力将兴化打造成农产品(河蟹)标准化示范区。参与发起产业联盟组织,成立中国河蟹互联网产业联盟,推动兴化大闸蟹产加销行业规范运行。组织大型推介活动,提升兴化大闸蟹影响力。2018年中国蟹库网受邀参加全国"互联网＋"现代农业新技术和新农民创业创新博览会(简称首届"双新双创"博览会),跻身初创组全国20强。

四是加强产销对接。做好线上交易,利用大数据引导大闸蟹消费,实行免费入驻及一站式保姆服务,结合推进"一村一品一店"建设。寻求线下销售,对全国35个大中城市、80多家农产品水产品批发市场、400多家经营户进行对接,建立网络化供需关系。联合兴化市中堡镇"中庄醉蟹"加工企业100家和全市从事加工香辣蟹的正规厂30家,开展大闸蟹加工增值,打造品牌销售。

(4)辽宁供销e通网:打造市民10分钟社区经济商圈

辽宁供销e通网是辽宁省供销社控股企业,"供销菜市场"是供销终端市场建设中的重点项目,以"省部共建"方式投资建设的现代流通体系建设方案中的核心终端建设项目。"供销菜市场"以社区经济为核心,致力于打造市民10分钟社区经济商圈,以"互联网＋现代农产品综合服务平台＋仓储式闭环实物交割＋创新产业"为核心,构建以终端市场和电商体验便民服务为核心的智慧社区最后100米的经济服务圈,实现供应链、价值链、服务链及社会化协同一体的服务系统,同时,根据公司先有市场再有项目的建设布局,把分散的农产品物流资源,消费服务关联产业整合成具有竞争力优势的供应链(渠道链)和实体终端体系项目计划以沈阳为试点,投资建设运营供销菜市场连锁经营模式,把民生消费服务、进口商品连锁零售服务、图书文化服务三个业态作为一个整合业态,通过整合供销品牌及农产品基地资源,逐步实现农超对接,实现农产品追根溯源,实现供销菜篮子米袋子直配到户,把社区经济坐实,占据社区终端市场。目前,已在沈阳开设10家供销菜市场示范店,示范效果显著,受到广大市民热烈欢迎。

作为辽宁供销e通网平台实物交割对接消费者最后一公里的节点出口,供销菜市场集合多方企业资源强强联手,通过"互联网终端平台商品流通文化产业"的运作模式,打造"货流、资金流、商流、信息流、服务流"于一体的综合性服务平台,集聚融合实体产业等资源及产业服务,实现生产、商品流通、消费的畅通便利和溯源安全,以多赢的合作方式,提升现代流通体系效率和服务水平,同时构筑农产品安全标准化、信息服务网络化、销售规模体系化的协同发展,利用供销超市(菜市场)的布局优势,打造农产品现代流通龙头连锁企业。

(5)山东曹县"淘宝村":青年返乡做起电商"赶潮人"

山东省曹县是传统农业大县,也是山东人口第一大县,产业不强、经济不发达、贫困人口众多成了其代名词,电子商务在这片古老的土地上绽放萌芽之后引起曹县县委县政府高度重视。在2017年成立了县政府直属正科级事业单位曹县电子商务服务中心,针对农村电子商务发展过程中突出的缺乏资金、管理混乱、品牌商标意识薄弱、价格战等问题,通过政策扶持、环境营造、平台搭建、投资培训、完善基础设施和商贸物流体系等方面进行针对性解决。曹县电商发展模式实际上是一种"自下而上"的全民草根创业模式,它起源于草根农民借助淘宝等电商平台创业,并在发展过程中探索出了"以农民大规模电商创业就业为核心,以电商平台和服务型政府双向赋能为两翼"的"核两翼"式电商发展模式。在建设之初,曹县县政府高度重视,并在组织保障、资金扶持、人才培养等方面给予政策倾斜和引导。一是县政府主要负责挂牌成立电商工作领导小组,负责协调推进全县电商工作。二是县政府每年列支300万元电商发展专项资金,同时协调各商业银行和蚂蚁金服集团,开发新型信贷服务10余种,累计发放贷款10余亿元。三是建立完善农村电商人才培训和孵化机制,培养了一批运营、管理、营销等方面人才,每年平均培训1万人次以上。

通过不断优化电商发展环境、科学引导电商发展方向、建设良好的电商生态,实现了电商产业健康快速发展,电子商务已成为曹县县域经济高质量发展的新引擎。截至2020年7月,曹县有电商企业4000余家,网店5.5万余家,"淘宝镇"达到13个,"淘宝村"达到124个,被阿里巴巴评为全国第二个超大型淘宝村集群,带动3余万人就业创业。2019年曹县电商销售额突破198亿元,同比增长25%,2.5万人通过"电商+产业+贫困户"实现脱贫,占全部脱贫人口的1/5。在2020全国县域电商零售额排第63位,网络零售额和物流交易单量位列全省第一,入选"落实重大政策措施真抓实干成效明显地方名单",成为"全国十大电商发展典型县"之一,被评为"国家级电子商务进农村综合示范县"。

三、全国供销合作社电子商务相关法律法规进展

电子商务是基于信息技术和互联网的现代流通方式,更是国民经济和社会信息化的重要组成部分。自2005年国务院办公厅印发《关于加快电子商务发展的若干意见》以来,国务院及相关部门围绕发挥电子商务企业的集聚辐射效应、培育经济新动力、支撑区域现代市场体系建设等重要作用,密集部署了一系列政策规划,并取得电子商务应用水平不断提高、市场规模快速扩大、经营创新层出不穷等显著成效。本部分重点梳理近3年电子商务领域重要政策,并具体详述近两年新出政策,以帮助读者理解国家政策,更好地指导企业开展相关实践活动。

1. 2018年发布农产品电商标准指导意见

2018年3月,国家质检总局、工信部、农业部、商务部、林业局、邮政局、供销合作总社等七部委联合印发《关于开展农产品电商标准体系建设工作的指导意见》(以下简称《指导意见》),要求农产品电商标准体系建设工作要围绕积极实施乡村战略,根据"系统规划,持续优化;因地

制宜,协同推进;问题导向,突出重点"的原则构建农产品电商体系。文件提出,到2020年,在农产品电商标准化工作机制、体系建设、标准实施等方面的发展目标,并明确了三个方面重点任务:一是建立农产品电商标准体系,重点围绕农产品质量分级、采后处理、包装配送等内容,提出农产品电商标准体系框架;二是加强农产品电商标准制修订,主要是围绕农产品质量提升和发展需要,根据农产品电商标准体系表,部署和安排标准制修订工作,按照需求在国家标准、行业标准、地方标准、团体标准和企业标准几个层级全方位开展标准制修订工作;三是推动农产品电商标准的实施推广,主要通过加大农产品电商标准宣贯培训力度,加强农产品电商标准服务,开展农产品电商标准化试点示范,总结推广示范成功经验,强化农产品电商标准的推广应用。

2. 2019年正式施行电子商务法

2013年电子商务法第一次起草会议正式启动,2016年该法进入一审,2018年结束二审,同年8月,经第十三届全国人民代表大会常务委员会第五次会议审议后通过了《中华人民共和国电子商务法》,并于2019年1月1日正式施行。新法实施将带来新变化。一是电子商务服务更加规范。该法首次明确了电子商务不仅监管通过互联网等信息网络销售商品的行为,将网约车、外卖、旅游、家政等各种网络平台提供服务纳入管辖范围。二是提升电子商务经营透明度。该法要求电子商务经营者应当依法办理市场主体登记和履行纳税义务,要求电子商务经营者应当在其首页显著位置持续公示营业执照信息以及与其经营业务有关的行政许可信息。三是不诚信经营行为将得到有效遏制。该法从多个方面对电子商务经营者诚信经营提出了相应要求,如电子商务经营者不得以虚构交易、编造用户评价等方式进行虚假或者引人误解的商业宣传,欺骗、误导消费者等。四是电商平台对数据利用更加规范。该法要求电子商务经营者收集、使用其用户的个人信息应当遵守法律、行政法规有关个人信息保护的规定之外,还提出了额外特殊要求。

新法实施将带来新影响。一是海量工商登记注册和税务征收问题。大量电子商务C2C平台上卖家都属于个体销售者,此类群体具有数量庞大、经营规模小、执业范围广、变化频繁流动性强等特点,短期来看市场监管和税务部门一时间将无法应对海量个人销售者登记需求。二是企业竞价排名等部分商业模式受阻。电子商务法要求电子商务平台经营者对于竞价排名的商品或者服务应当显著标明"广告",使得先前竞价排名方式从背后诱导消费者的行为严重受挫。三是监管机构监管模式跟不上法律监管新要求。相对于目前政府的监管执法手段,按照电子商务法要求对电子商务经营者进行执法,要实现事中有效监管,以目前政府执法手段和技术支撑能力来看,显然是难以跟上的。

3. 2020年做好电子商务进农村综合示范工作

为贯彻落实中央一号文件部署,推进电子商务进农村,建立农村现代市场体系,助力脱贫攻坚和乡村振兴,财政部、商务部、国务院扶贫办决定,2020年继续开展电子商务进农村综合示范。

根据通知,财政资金重点支持农产品进城,兼顾工业品下乡,对承担疫情防控相关重要物资保供任务,且工作突出的电商、物流、商贸流通企业在同等条件下予以适当倾斜,中央财政资金实行"鼓励发展+负面清单"管理模式,重点支持县、乡、村三级物流配送体系、农村电商公共服务体系、农村现代流通服务体系、农村电子商务培训体系。

针对县、乡、村三级物流配送体系,支持完善县、乡、村三级物流配送体系,鼓励有条件的地区合理规划,在区域节点建设仓储物流配送中心,发展智慧物流;农村电商公共服务体系,支持县级电商公共服务中心建设和升级;农村现代流通服务体系,支持农村传统商贸流通企业、连锁商超、零售网点的信息化、数字化转型升级;农村电子商务培训体系,支持对返乡农民工、大学生、退伍军人、贫困户等开展农村电商普及和技能培训。各地可从本地实际出发,因地制宜细化建设内容和支持标准。

2021年是"十四五"规划开局之年,也是中国共产党成立100周年,辽宁省营口市农业农村局立足实际,充分发挥科技作用,助力乡村振兴。辽宁省营口市农业农村局副局长曲久灵表示,未来,营口市将以深入调研为基础把握群众需求,以农业合作社为基点助力创新发展,以实施科技项目为重点促进农业提质增效,以科技示范基地为载体,推广农业新技术,以科研院所为依托,合作开展试验示范,扎实推进科技兴农服务。

第一,强化农业技术创新行动。推进现代农、渔、畜牧、林业产业技术体系建设,依托辽宁省农科院果树所、辽宁省农业职业技术学院、辽宁省杨树研究所等科研院所,构建产业技术创新联盟,构建以基层农技推广机构为主导、科研院校为支撑、农业社会化服务组织广泛参与的新型农技推广体系。到2025年,建设长期稳定水稻、玉米、水果、蔬菜等农业科技示范园区10个。示范推广优质绿色高效技术模式和主推品种、主推技术300个。

第二,科技成果转化建设行动。面对产学研用对接难、项目基地平台人才融合难、协同创新跨界难、社会资本资源进入难等难题,围绕营口优势特色粮油果蔬及柞蚕、食用菌、中草药产业、农业装备制造及农产品加工等20个农业生产链条。"十四五"期间,探索建立"板块式、网络化"科技成果转化和产业创新服务体系。促进科技成果在营口推广应用,建设长期稳定农业科技示范基地5个以上。

第三,设施农业高效安全生产技术集成创新重大行动。开展设施果菜种质资源创新,优质多抗新品种选育、集约化育苗、土壤改良、绿色防控、温室物联网系统的轻简化生产装备、数字化栽培专家管理系统等相关创新研究,突破关键技术5~10项,并开展技术集成及示范转化、推广应用。

第四,智慧农业提升行动。推进全市农村数字"一张图"建设,建设耕地基本信息、渔业资源、农村集体资产、农村宅基地、农户和新型农业经营主体等农业大数据库,加快生产经营数字化改造,推进管理服务数字化转型,推动农业人工智能科研成果应用。

第五,农业信息化发展行动。大力发展农产品电子商务休闲农业和"智慧农业",推进现代信息技术应用于农业农村生产、经营、管理和服务。到2025年,营口市益农信息社达到1000个以上,12316金农热线综合服务平台服务数量增长50%。深入实施"星火燎原"计划,建立覆盖全市100万农民的大数据培训体系,提高广大农民智能手机应用水平。

第六,农产品品牌提升行动。充分发挥西部沿海、东部山区、南部设施产业区位优势,立足国际国内双循环新发展格局,围绕粮油、蔬菜、水果、畜牧、水产、特色农产品六大产业区域布局,强化品牌培育,实施品牌提升工程、品牌创新工程、品牌整合工程、品牌认定工程、品牌信息工程,重点打造以营口大米、盖州苹果、营口绒山羊、鲅鱼圈海蜇、红旗葡萄、大石桥李子等为代表的区域公用品牌,形成区域公用品牌引领带动、农产品品牌协同互补的发展新格局。预计到"十四五"末,农产品区域公用品牌10个,知名农产品品牌300个。

第七,扩大农业对外开放。依托营口现有农业资源、区位及产业优势,推动出口农产品开拓国际国内市场,加快重点领域"走出去"步伐,充分利用中国(营口)自由贸易试验区的优惠政策,围绕现代农业建设重点领域和关键环节,加大先进技术、经营模式、管理方式和现代服务的引进力度,引导外资重点投向畜禽和水产品加工、农业装备制造、农业生态环境保护等领域。

4. 2021年加强县域商业体系建设

鼓励各地开展新型商业带头人培育计划。举办创业创新和技能大赛,挖掘农村商业人才。利用县级电子商务公共服务中心、师资团队等县域资源开展品牌设计、市场营销、电商应用等专业培训,强化实操技能,提高就业转化率。引入县域外智力、人力资源,加强跨区域人员交流学习,提升对返乡农民工、大学生、退役军人等的就业创业服务水平。依托国家电子商务示范基地、全国电子商务公共服务平台,加快建立农村电商人才培养载体和师资、标准、认证体系。推广农村商业网络公开课,共享培训资源。

以农产品主产区、重要集散地和主销区为基础,提升产地初加工、批发和零售等环节功能,促进流通节点有效衔接,完善跨区域产销链条。综合考虑节点功能、地理位置、产销规模等因素,确定一批全国农产品骨干批发市场和骨干流通企业,带动农产品生产、运输、仓储、流通、消费等各环节信息互联互通、设施共用共享。

强化县级电子商务公共服务中心统筹能力,为电商企业、家庭农场、农民合作社、专业运营公司等主体提供市场开拓、资源对接、业务指导等服务,提升农村电商应用水平。引导电商平台投放更多种类工业品下乡,弥补农村实体店供给不足短板。实施"数商兴农",发展农村电商新基建。创新农产品电商销售机制和模式,提高农产品电商销售比例。深入推进"互联网+"农产品出村进城工程,建立健全适应农产品网络销售的供应链体系、运营服务体系和支撑保障体系。培育快递服务现代农业项目。加强部门协同、资源整合,鼓励农村电商服务站点、益农信息社、村邮站、供销社等多站合一、服务共享。

四、全国供销合作社电子商务发展存在的问题

自中华全国供销合作总社(以下简称总社)印发《关于加快推进电子商务发展的意见》(供销经字〔2015〕1号)以来,各级供销合作社迅速行动,电子商务呈现良好发展态势。特别是全国供销合作社电子商务工作会议后,各地狠抓落实,加快开展网上交易、仓储物流、终端配送一体化经营,电子商务成为供销合作社发展速度最快的新兴业务板块。与此同时,电子商务发展还存在以下几方面问题。

1. 政绩冲动强烈

在电商气氛的鼓舞下,部分供销合作社在既不具备产业背景,又不具备基础条件的情况下,盲目跟随别人的脚步,形成了"为了电商而电商"的局面。以农村电商中最常见的两种形式为例,日用品电商需要老百姓对网络购物有一定程度的了解,农产品电商需要当地拥有特色农产品和适宜的物流条件。如果相关条件不具备盲目上马就有可能会导致水土不服,甚至半途而废。

2. 缺乏人才和资金

虽然经过了多年的改革发展,但供销合作社的自身积累资金极其有限,加之仍有不少历史遗留问题亟须解决,比如职工社保缴纳、社员股金清退等。在面对汹涌而来的电商大潮时,基层供销合作社往往心有余而力不足,缺乏资金投入。另外一个制约因素就是人才。供销合作社系统的干部职工普遍年龄偏大、学历偏低,学习和实践电商时面临较大的思想困难。在农村,本来懂业务的电商人才就缺乏,供销合作社的情况更不容乐观。

3. 资源尚未充分利用

作为一个拥有68年历史的合作经济组织,供销合作社在农村地区拥有其他企业所无法比拟的资源。尤其是在乡镇这一级,基层社的土地和房屋都是开展电商业务时可以倚重的实体资源。即使是在某些改制比较彻底的地区,销合作社的声誉仍是农民比较看重的无形资产。

但是现实中,受限于思维定式和缺乏改造资金,部分基层资源并没有物尽其用,没有担当起电子商务进农村的重要节点和服务末端的作用。

4. 电商业务单一,"千网一面"

一般来说,农村电商包含日用品下行、农产品上行、农资电商、综合服务等几种形式。从全国范围来看,供销合作社开展比较多的业务是日用品下行,这主要依赖于淘宝代购,也就是始于浙江遂昌的"赶街"模式。其他几块业务中,农产品上行由于需要农产品标准化、品牌化等环节,取得成效的地区并不多。县市级农资公司受限于资金和认知,很难建起云农场、农商一号那样专业的农资电商平台。在综合服务中做得比较多的只是手机费、水电费代缴和快递收发等业务,满足不了在城镇化加速的背景下农民对更多社会化服务的需求。

2020年中国农产品电商交易额将达到8000亿元,B2B农产品电商也将得到较大发展,农产品产业互联网成为农村电商的龙头。2020年3月13日,云南花拍中心与建设银行合作向花农提供"云花抗疫贷",第一批投放金额达到3770万元给223户花农。全国农产品电商平台接近5000家,还在不断增长,趋同投资、重复建设非常普遍,同质化非常严重,导致竞争无序,有损经营,建站与关站并存的现象。大多数农产品商品价值较低,运输成本较高,超过商品成本的100%甚至更多,这是导致其价格上涨的一个重要因素。

5. 盈利模式待寻

当前,发展农村电商盈利的供销合作社乏善可陈(不包括淘宝开店形式)。以最成型的日用品代购来说,现在的状态普遍是不温不火,利润也仅能基本覆盖电商服务点的佣金。各地供销合作社都在积极摸索,总体上还处于前期投入阶段。由于分级所有体制,县市供销合作社的经济体量偏小,不大可能获得风险投资。故此,供销合作社在度过了初期投入之后,比如门店信息化改造、物流车辆配套、运营人员招聘等支出,往往就陷入了宣传乏力、销量有限、利润微薄的惨淡境地,只能依靠政府补贴勉强度日。

另一种比较常见的是自建平台销售农产品。2015年年初以来,各地特产网上商城犹如雨后春笋,数量显著增长。平台虽然建好了,流量是不会自动来的,"守株待兔"的概率太低。如果不从线上和线下两方面积极宣传推广,外界根本无人知晓。销量没有起色,利润就更如空中楼阁无从谈起。于是,一个个网站就只能深藏闺中、鲜为人知了。

6. 农产品仍处于粗加工阶段

农产品品牌化是必然的发展方向。如广西南宁农产品以生鲜类为主,在网络销售上缺乏先天优势,在发展电子商务的过程中,由于农产品生产组织化、规模化、标准化程度低,导致了农副产品深加工明显不足、产品附加值明显偏低等问题,供销社还仅仅停留在低价销售初级农产品的"搬运工"角色上,在产品包装培育推广和质量保障体系建设方面重视不够,品牌意识不强,对农产品上行形成重大制约,农民在农村电商中得到的收益较少。此外,农产品受自然条件影响巨大,生产和供给具有不可预知性,再加上品类繁多,很难有具体的标准来管控,而标准化滞后也是制约农产品上行的关键因素之一。

五、全国供销合作社电子商务发展对策

1. 转变固化思维,避免盲目跟风

电子商务对传统商业模式作出了全新构建,所以有志于开拓电商事业的供销人,尤其是各地一把手,必须转变发展思路,掌握电商运营理念。同时,也需要全新认识电商,对其保持清醒态度。电子商务能让传统产业加上互联网的翅膀,但绝非一加就灵。现实中,披着电子商务的外衣,做起所谓网络平台,要么实际经营与其毫无关系,要么根本就没有关注流量,最后只是留下一个"僵尸"网站。这样的失败例子也不少。

2. 开放办社,积极与民营企业合作

供销合作社的资金、管理、人才、市场意识等短板不可能一日补齐。在"大众创业、万众创新"的精神鼓舞下,社会上涌现出了众多的电商企业。供销合作社应该基于自身资源和政策优势,秉承开放办社的宗旨,积极与民营企业合作,引入他们的资金、人才和开拓精神,实现优势互补和协同发展。笔者在十几个省份调研时就发现了这一现象:凡是电子商务做得比较好的供销合作社,几乎都有民营企业参与的身影。

3. 积极承接电商巨头的县域代理职能,借船出海

县级运营中心是成就农村电商的基础平台。各大电商巨头在进军农村市场时,不缺资金、技术和产品,唯独缺少基层网络。长期深耕农村商品流通领域的供销合作社具有其他企业无法比拟的优势。故此,县市级供销合作社应积极顺应市场趋势,主动与电商大鳄合作,充当起它们的县域代理者角色,并通过借船出海来壮大自身实力,最终达到造船出海的目标。例如,许多供销合作社承办了农村淘宝县级运营中心淘宝和京东地方特产馆、云农场农资县级工作站等。

4. 探索多种形式的农村电商业务

电商市场瞬息万变,其本身并没有一定之规,无固定模式,所以供销合作社必须抛弃对模式的盲目崇拜,结合自身资源禀赋和地区特点,探索多种业务。许多知名的生活服务类电商,比如58同城、大众点评、美团网,它们的触角尚未完全深入县城和农村市场。县级供销合作社

完全可以找准切入点,搭建县域综合服务平台,满足农民的多样化需求。

5.破解盈利难题,寻求可持续发展

由于没有强大的资本做支撑,供销合作社亟须快速找到盈利突破口,培养起自身造血功能,确保可持续发展。否则,羸弱的社有经济根本经不起再三的尝试和长时间的市场培养。所以,许多常见的电商推广方式并不适用于供销合作社,比如补贴消费者、低于进价的爆款营销等。在此,建议供销合作社充分利用线下资源,比如网点、渠道等,并借助政府号召力,做好地推工作,把消费者从线下向线上引流,尽快实现资金回流。供销合作社还应该多借助新型手段。比如,作为一种新兴的推广方式,微信营销具有操作简单、社群效应和裂变传播等优点,非常适合特色农产品销售,也适合在县域内实施。举两个例子:河北邯郸市涉县供销合作社的"悯农供销特产"微店,在朋友圈和培训微信群中销售以老核桃为主的太行山特产,销量可观;山东日照市供销合作社利用微信公众号"社区家园"开展农产品微信下单和城市社区即时配送业务,打造了地方版的"京东到家"。

6.提升农产品加工全产业链发展质量

要顺应城乡居民由吃得饱、吃得好向吃得安全、营养、健康迈进的趋势,重点解决好各县农副产品加工程度和加工品质不足的问题,加大对绿色食品生产的投入。要围绕原料、加工制造、配套产业等3个环节,引导初级加工向精深加工升级,提高各板块的发展质量与协作水平,带动农产品加工产业链整体竞争力提升。其中,重点提高原料品质,实现绿色食品原料标准化生产;提高产品档次与多样化水平,实现农产品初加工向深加工转变;提高冷链、包装、电商等产业发展水平,完善配套能力。要提升产业发展配套,完善冷链物流、电子商务、包装等相关产业。

第八部分　学习习近平总书记"七一"重要讲话和对供销合作社工作作出的重要指示精神

总社党组理论学习中心组(扩大)举行第五次集体学习
深入学习习近平总书记"七一"重要讲话精神

2021年7月7日,中华全国供销合作总社党组理论学习中心组(扩大)举行2021年度第五次集体学习,深入学习习近平总书记在庆祝中国共产党成立100周年大会上的重要讲话精神,深刻领会和把握讲话的重大意义、丰富内涵、核心要义、实践要求,弘扬伟大建党精神,牢记初心使命,推进供销合作事业在新时代实现新发展。总社党组书记、理事会副主任韩立平主持会议并讲话,总社党组副书记、理事会主任候选人梁惠玲出席会议并讲话。中央党史学习教育第二十三指导组组长姜洋及指导组有关同志到会指导。总社领导班子成员参加会议并结合学习体会和认识进行了交流发言。

韩立平指出,习近平总书记的重要讲话高屋建瓴、思想深刻、内涵丰富、鼓舞人心,具有很强的时空穿透力、理论说服力、心灵震撼力,是一份新时代中国共产党人不忘初心、牢记使命的政治宣言,是一部贯通我们党历史、现在、未来的壮丽史诗,是一篇闪耀着马克思主义真理光辉的纲领性文献,是一个激励全党担负时代重任、踏上新的赶考之路的伟大号召。全系统要提高政治站位,把握重点关键,充分认识习近平总书记重要讲话的重大意义,深刻领会百年来我们党的初心使命和取得的伟大成就,深刻领会首次提出的伟大建党精神,深刻领会"九个必须"的根本要求,不断增强贯彻落实的思想和行动自觉。

韩立平强调,总社各级党组织和党员干部要坚决响应党中央和习近平总书记的号召,立足新发展阶段、贯彻新发展理念、构建新发展格局,坚定不移贯彻落实习近平总书记关于供销合作社工作的重要指示;坚定不移服务"三农"工作大局,为推进农业农村现代化和乡村全面振兴贡献供销力量;坚定不移深化综合改革,加快探索"三位一体"综合合作的实现方式和有效路径,以试点突破带动综合改革向纵深推进;坚定不移加强干部队伍建设,加快建立健全具有供销合作社特色的干部人事制度;坚定不移加强党的建设,高标准高质量完成党史学习教育各项任务。

梁惠玲指出,习近平总书记的重要讲话用一个"庄严宣告"、"一个主题"、四个"伟大成就"、四个"向世界庄严宣告",全面展现了一百年来我们党团结带领人民书写的中华民族几千年历史上最恢宏的史诗;用"九个必须",映照现实、远观未来,深刻阐释了过去我们党为什么能够成功、未来我们党怎样才能继续成功。总社各级党组织和党员干部要始终坚持和加强党的全面领导,践行以史为鉴、开创未来的根本要求,认真学习领会,把握精髓要义,明确实践要求,在新的赶考路上作出新的贡献。

梁惠玲强调,供销合作社是党领导下的为农服务的综合性合作经济组织,必须弘扬光荣传统、赓续红色血脉,传承好发扬好伟大建党精神。要坚持真理、坚守理想,深入学习贯彻习近平新时代中国特色社会主义思想,贯彻落实习近平总书记关于供销合作社工作的重要指示精神;要践行初心、担当使命,牢记为农服务根本宗旨,做到为农、务农、姓农;要不怕牺牲、英勇斗争,持续深化改革创新,增强事业生机活力;要对党忠诚、不负人民,旗帜鲜明讲政治,坚决做到"两个维护"。青年干部要牢记习近平总书记嘱托,把青春奋斗融入党和人民事业,奋力投身新发展阶段供销合作社改革发展的生动实践,为全面推进乡村振兴、全面建设社会主义现代化国家作出应有贡献。

总社部分直属党组织主要负责同志结合工作实际谈了学习体会。驻总社纪检监察组和总社机关各部局、中国供销集团、中华合作时报社、总社管理干部学院主要负责同志参加会议。

中华全国供销合作总社召开党组(扩大)会议传达学习习近平总书记在庆祝中国共产党成立100周年大会上的重要讲话精神

2021年7月2日,中华全国供销合作总社召开党组(扩大)会议,传达学习习近平总书记在庆祝中国共产党成立100周年大会上的重要讲话精神。总社党组书记、理事会副主任韩立平主持会议并讲话,总社党组副书记、理事会主任候选人梁惠玲出席会议并讲话。总社党组成员结合各自工作实际谈了学习体会。

会议认为,习近平总书记的重要讲话,深情回顾了中国共产党百年奋斗的光辉历程,高度评价了一百年来中国共产党团结带领中国人民创造的伟大成就,庄严宣告"我们实现了第一个百年奋斗目标,在中华大地上全面建成了小康社会",首次鲜明提出伟大建党精神,全面总结了以史为鉴、开创未来的"九个必须",号召全体中国共产党员在新的赶考之路上努力为党和人民争取更大光荣。习近平总书记的重要讲话视野宏阔、高屋建瓴、思想深刻、内涵丰富,具有很强的政治性、思想性、理论性,体现了深远的战略思维、强烈的历史担当、真挚的为民情怀,为全党全国各族人民向第二个百年奋斗目标迈进指明了前进方向、提供了根本遵循。

会议指出,习近平总书记的重要讲话,是全党在新的历史条件下进行具有许多新的历史特点的伟大斗争的政治宣言,是指引我们党奋力推进中国特色社会主义伟大事业和全面推进党的建设新的伟大工程的纲领性文献。总社各级党组织和全体党员干部要深入学习领会、全面贯彻落实,进一步增强"四个意识"、坚定"四个自信"、做到"两个维护"。要提高政治站位,切实把思想和行动统一到习近平总书记重要讲话精神上来;要注重融会贯通,切实把学习贯彻习近平总书记重要讲话精神贯穿到党史学习教育全过程;要以史为鉴、开创未来,切实把学习贯彻习近平总书记重要讲话精神成果转化为为农服务的新成效;要弘扬伟大建党精神,切实用学习贯彻习近平总书记重要讲话精神成果凝聚全面加强党的建设的强大合力;要加强组织领导,开展专题学习研讨,加强舆论宣传,切实在全系统营造学习贯彻习近平总书记重要讲话精神的浓厚氛围。

会议强调,要把学习贯彻习近平总书记重要讲话精神作为重要政治任务,在学懂弄通做实上下功夫,为实现第二个百年奋斗目标书写新篇章、作出新贡献。要迅速掀起学习热潮,学原文、悟原理,深刻领会精神实质,把握核心要义,深刻领会丰富内涵,做到内化于心、外化于行。要坚持和加强党的全面领导,从我们党的百年历史中感悟没有中国共产党就没有新中国、就没有中华民族的伟大复兴,更加坚定自觉做到"两个维护"。要坚定理想信念,牢记初心使命,践行党的宗旨,贯彻落实好以人民为中心的发展思想,为农民增收、为乡村振兴作出新的贡献,架好党和政府与农民群众的连心桥。要发扬斗争精神,勇于攻坚克难,落实好习近平总书记关于供销合作社工作的重要指示精神,持续深化供销合作社综合改革,把学习落实到具体行动中、体现在工作实效上,以改革创新推动供销合作社高质量发展,奋力开创供销合作事业新局面。

附 录

附录一 中共中央办公厅 国务院办公厅印发《关于加快推进乡村人才振兴的意见》

乡村振兴,关键在人。为深入贯彻落实习近平总书记关于推动乡村人才振兴的重要指示精神,落实党中央、国务院有关决策部署,促进各类人才投身乡村建设,现就加快推进乡村人才振兴提出如下意见。

一、总体要求

(一)指导思想。以习近平新时代中国特色社会主义思想为指导,全面贯彻党的十九大和十九届二中、三中、四中、五中全会精神,坚持和加强党对乡村人才工作的全面领导,坚持农业农村优先发展,坚持把乡村人力资本开发放在首要位置,大力培养本土人才,引导城市人才下乡,推动专业人才服务乡村,吸引各类人才在乡村振兴中建功立业,健全乡村人才工作体制机制,强化人才振兴保障措施,培养造就一支懂农业、爱农村、爱农民的"三农"工作队伍,为全面推进乡村振兴、加快农业农村现代化提供有力人才支撑。

(二)目标任务。到2025年,乡村人才振兴制度框架和政策体系基本形成,乡村振兴各领域人才规模不断壮大、素质稳步提升、结构持续优化,各类人才支持服务乡村格局基本形成,乡村人才初步满足实施乡村振兴战略基本需要。

(三)工作原则

——坚持加强党对乡村人才工作的全面领导。贯彻党管人才原则,将乡村人才振兴纳入党委人才工作总体部署,引导各类人才向农村基层一线流动,打造一支能够担当乡村振兴使命的人才队伍。

——坚持全面培养、分类施策。围绕全面推进乡村振兴需要,全方位培养各类人才,扩大总量、提高质量、优化结构。尊重乡村发展规律和人才成长规律,针对不同地区、不同类型人才,实施差别化政策措施。

——坚持多元主体、分工配合。推动政府、培训机构、企业等发挥各自优势,共同参与乡村人才培养,解决制约乡村人才振兴的问题,形成工作合力。

——坚持广招英才、高效用才。坚持培养与引进相结合、引才与引智相结合,拓宽乡村人才来源,聚天下英才而用之。用好用活人才,为人才干事创业和实现价值提供机会条件,最大限度激发人才内在活力。

——坚持完善机制、强化保障。深化乡村人才培养、引进、管理、使用、流动、激励等制度改革,完善人才服务乡村激励机制,让农村的机会吸引人,让农村的环境留住人。

二、加快培养农业生产经营人才

（四）培养高素质农民队伍。深入实施现代农民培育计划，重点面向从事适度规模经营的农民，分层分类开展全产业链培训，加强训后技术指导和跟踪服务，支持创办领办新型农业经营主体。充分利用现有网络教育资源，加强农民在线教育培训。实施农村实用人才培养计划，加强培训基地建设，培养造就一批能够引领一方、带动一片的农村实用人才带头人。

（五）突出抓好家庭农场经营者、农民合作社带头人培育。深入推进家庭农场经营者培养，完善项目支持、生产指导、质量管理、对接市场等服务。建立农民合作社带头人人才库，加强对农民合作社骨干的培训。鼓励农民工、高校毕业生、退役军人、科技人员、农村实用人才等创办领办家庭农场、农民合作社。鼓励有条件的地方支持农民合作社聘请农业经理人。鼓励家庭农场经营者、农民合作社带头人参加职称评审、技能等级认定。

三、加快培养农村二三产业发展人才

（六）培育农村创业创新带头人。深入实施农村创业创新带头人培育行动，不断改善农村创业创新生态，稳妥引导金融机构开发农村创业创新金融产品和服务方式，加快建设农村创业创新孵化实训基地，组建农村创业创新导师队伍。壮大新一代乡村企业家队伍，通过专题培训、实践锻炼、学习交流等方式，完善乡村企业家培训体系，完善涉农企业人才激励机制，加强对乡村企业家合法权益的保护。

（七）加强农村电商人才培育。提升电子商务进农村效果，开展电商专家下乡活动。依托全国电子商务公共服务平台，加快建立农村电商人才培养载体及师资、标准、认证体系，开展线上线下相结合的多层次人才培训。

（八）培育乡村工匠。挖掘培养乡村手工业者、传统艺人，通过设立名师工作室、大师传习所等，传承发展传统技艺。鼓励高等学校、职业院校开展传统技艺传承人教育。在传统技艺人才聚集地设立工作站，开展研习培训、示范引导、品牌培育。支持鼓励传统技艺人才创办特色企业，带动发展乡村特色手工业。

（九）打造农民工劳务输出品牌。实施劳务输出品牌计划，围绕地方特色劳务群体，建立技能培训体系和评价体系，完善创业扶持、品牌培育政策，通过完善行业标准、建设专家工作室、邀请专家授课、举办技能比赛等途径，普遍提升从业者职业技能，提高劳务输出的组织化、专业化、标准化水平，培育一批叫得响的农民工劳务输出品牌。

四、加快培养乡村公共服务人才

（十）加强乡村教师队伍建设。落实城乡统一的中小学教职工编制标准。继续实施革命老区、民族地区、边疆地区人才支持计划、教师专项计划和银龄讲学计划。加大乡村骨干教师培养力度，精准培养本土化优秀教师。改革完善"国培计划"，深入推进"互联网＋义务教育"，健全乡村教师发展体系。对长期在乡村学校任教的教师，职称评审可按规定"定向评价、定向使用"，高级岗位实行总量控制、比例单列，可不受所在学校岗位结构的比例限制。落实好乡村教师生活补助政策，加强乡村学校教师周转宿舍建设，按规定将符合条件的乡村教师纳入当地住房保障范围。

（十一）加强乡村卫生健康人才队伍建设。按照服务人口1‰左右的比例，以县为单位每5

年动态调整乡镇卫生院人员编制总量,允许编制在县域内统筹使用,用好用足空余编制。推进乡村基层医疗卫生机构公开招聘,艰苦边远地区县级及基层医疗卫生机构可根据情况适当放宽学历、年龄等招聘条件,对急需紧缺卫生健康专业人才可以采取面试、直接考察等方式公开招聘。乡镇卫生院应至少配备1名公共卫生医师。深入实施全科医生特岗计划、农村订单定向医学生免费培养和助理全科医生培训,支持城市二级及以上医院在职或退休医师到乡村基层医疗卫生机构多点执业,开办乡村诊所,充实乡村卫生健康人才队伍。完善乡村基层卫生健康人才激励机制,落实职称晋升和倾斜政策,优化乡镇医疗卫生机构岗位设置,按照政策合理核定乡村基层医疗卫生机构绩效工资总量和水平。优化乡村基层卫生健康人才能力提升培训项目,加强在岗培训和继续教育。落实乡村医生各项补助,逐步提高乡村医生收入待遇,做好乡村医生参加基本养老保险工作,深入推进乡村全科执业助理医师资格考试,推动乡村医生向执业(助理)医师转化,引导医学专业高校毕业生免试申请乡村医生执业注册。鼓励免费定向培养一批源于本乡本土的大学生乡村医生,多途径培养培训乡村卫生健康工作队伍,改善乡村卫生服务和治理水平。

(十二)加强乡村文化旅游体育人才队伍建设。推动文化旅游体育人才下乡服务,重点向革命老区、民族地区、边疆地区倾斜。完善文化和旅游、广播电视、网络视听等专业人才扶持政策,培养一批乡村文艺社团、创作团队、文化志愿者、非遗传承人和乡村旅游示范者。鼓励运动员、教练员、体育专业师生、体育科研人员参与乡村体育指导志愿服务。

(十三)加强乡村规划建设人才队伍建设。支持熟悉乡村的首席规划师、乡村规划师、建筑师、设计师及团队参与村庄规划设计、特色景观制作、人文风貌引导,提高设计建设水平,塑造乡村特色风貌。统筹推进城乡基础设施建设管护人才互通共享,搭建服务平台,畅通交流机制。实施乡村本土建设人才培育工程,加强乡村建设工匠培训和管理,培育修路工、水利员、改厕专家、农村住房建设辅导员等专业人员,提升农村环境治理、基础设施及农村住房建设管护水平。

五、加快培养乡村治理人才

(十四)加强乡镇党政人才队伍建设。选优配强乡镇领导班子特别是乡镇党委书记,健全从乡镇事业人员、优秀村党组织书记、到村任职过的选调生、驻村第一书记、驻村工作队员中选拔乡镇领导干部常态化机制。实行乡镇编制专编专用,明确乡镇新录用公务员在乡镇最低服务年限,规范从乡镇借调工作人员。落实乡镇工作补贴和艰苦边远地区津贴政策,确保乡镇机关工作人员收入高于县直机关同职级人员。落实艰苦边远地区乡镇公务员考录政策,适当降低门槛和开考比例,允许县、乡两级拿出一定数量的职位面向高校毕业生、退役军人等具有本地户籍或在本地长期生活工作的人员招考。

(十五)推动村党组织带头人队伍整体优化提升。坚持把政治标准放在首位,选拔思想政治素质好、道德品行好、带富能力强、协调能力强,公道正派、廉洁自律,热心为群众服务的党员担任村党组织书记。注重从本村致富能手、外出务工经商返乡人员、本乡本土大学毕业生、退役军人中的党员里培养选拔村党组织书记。对本村暂时没有党组织书记合适人选的,可从上级机关、企事业单位优秀党员干部中选派,有条件的地方也可以探索跨村任职。全面落实村党组织书记县级党委组织部门备案管理制度和村"两委"成员资格联审机制,实行村"两委"成员近亲属回避,净化、优化村干部队伍。加大从优秀村党组织书记中考录乡镇公务员、招聘乡镇事业编制人员力度。县级党委每年至少对村党组织书记培训1次,支持村干部和农民参加学历教育。坚持和完善向重点乡村选派驻村第一书记和工作队制度。

（十六）实施"一村一名大学生"培育计划。鼓励各地遴选一批高等职业学校,按照有关规定,根据乡村振兴需求开设涉农专业,支持村干部、新型农业经营主体带头人、退役军人、返乡创业农民工等,采取在校学习、弹性学制、农学交替、送教下乡等方式,就地就近接受职业高等教育,培养一批在乡大学生、乡村治理人才。进一步加强选调生到村任职、履行大学生村官有关职责、按照大学生村官管理工作,落实选调生一般应占本年度公务员考录计划10%左右的规模要求。鼓励各地多渠道招录大学毕业生到村工作。扩大高校毕业生"三支一扶"计划招募规模。

（十七）加强农村社会工作人才队伍建设。加快推动乡镇社会工作服务站建设,加大政府购买服务力度,吸引社会工作人才提供专业服务,大力培育社会工作服务类社会组织。加大本土社会工作专业人才培养力度,鼓励村干部、年轻党员等参加社会工作职业资格评价和各类教育培训。持续实施革命老区、民族地区、边疆地区社会工作专业人才支持计划。加强乡村儿童关爱服务人才队伍建设。通过项目奖补、税收减免等方式引导高校毕业生、退役军人、返乡入乡人员参与社区服务。

（十八）加强农村经营管理人才队伍建设。依法依规划分农村经营管理的行政职责和事业职责,建立健全职责目录清单。采取招录、调剂、聘用等方式,通过安排专兼职人员等途径,充实农村经营管理队伍,确保事有人干、责有人负。加强业务培训,力争3年内轮训一遍。加强农村土地承包经营纠纷调解仲裁人才队伍建设,鼓励各地探索建立仲裁员等级评价制度。将农村合作组织管理专业纳入农业技术人员职称评审范围,完善评价标准。加强农村集体经济组织人才培养,完善激励机制。

（十九）加强农村法律人才队伍建设。加强农业综合行政执法人才队伍建设,加大执法人员培训力度,完善工资待遇和职业保障政策,培养通专结合、一专多能执法人才。推动公共法律服务力量下沉,通过招录、聘用、政府购买服务、发展志愿者队伍等方式,充实乡镇司法所公共法律服务人才队伍,加强乡村法律服务人才培训。以村干部、村妇联执委、人民调解员、网格员、村民小组长、退役军人等为重点,加快培育"法律明白人"。培育农村学法用法示范户,构建农业综合行政执法人员与农村学法用法示范户的密切联结机制。提高乡村人民调解员队伍专业化水平,有序推进在农村"五老"人员中选聘人民调解员。完善和落实"一村一法律顾问"制度。

六、加快培养农业农村科技人才

（二十）培养农业农村高科技领军人才。国家重大人才工程、人才专项优先支持农业农村领域,推进农业农村科研杰出人才培养,鼓励各地实施农业农村领域"引才计划",加快培育一批高科技领军人才和团队。加强优秀青年后备人才培养,突出服务基层导向。支持高科技领军人才按照有关政策在国家农业高新技术产业示范区、农业科技园区等落户。

（二十一）培养农业农村科技创新人才。依托现代农业产业技术体系、农业科技创新联盟、现代农业产业科技创新中心等平台,发现人才、培育人才、凝聚人才。加强农业企业科技人才培养。健全农业农村科研立项、成果评价、成果转化机制,完善科技人员兼职兼薪、分享股权期权、领办创办企业、成果权益分配等激励办法。

(二十二)培养农业农村科技推广人才。推进农技推广体系改革创新,完善公益性和经营性农技推广融合发展机制,允许提供增值服务合理取酬。全面实施农技推广服务特聘计划。深化农技人员职称制度改革,突出业绩水平和实际贡献,向服务基层一线人才倾斜,实行农业农村科技推广人才差异化分类考核。实施基层农技人员素质提升工程,重点培训年轻骨干农技人员。建立健全农产品质量安全协管员、信息员队伍。鼓励地方对"土专家""田秀才""乡创客"发放补贴。开展"寻找最美农技员"活动。引导科研院所、高等学校开展专家服务基层活动,推广"科技小院"等培养模式,派驻研究生深入农村开展实用技术研究和推广服务工作。

(二十三)发展壮大科技特派员队伍。坚持政府选派、市场选择、志愿参加原则,完善科技特派员工作机制,拓宽科技特派员来源渠道,逐步实现各级科技特派员科技服务和创业带动全覆盖。完善优化科技特派员扶持激励政策,持续加大对科技特派员工作支持力度,推广利益共同体模式,支持科技特派员领办创办协办农民合作社、专业技术协会和农业企业。

七、充分发挥各类主体在乡村人才培养中的作用

(二十四)完善高等教育人才培养体系。全面加强涉农高校耕读教育,将耕读教育相关课程作为涉农专业学生必修课。深入实施卓越农林人才教育培养计划2.0,加快培养拔尖创新型、复合应用型、实用技能型农林人才。用生物技术、信息技术等现代科学技术改造提升现有涉农专业,建设一批新兴涉农专业。引导综合性高校拓宽农业传统学科专业边界,增设涉农学科专业。加强乡村振兴发展研究院建设,加大涉农专业招生支持力度。加强农林高校网络培训教育资源共享,打造实用精品培训课程体系。

(二十五)加快发展面向农村的职业教育。加强农村职业院校基础能力建设,优先支持高水平农业高职院校开展本科层次职业教育,采取校企合作、政府划拨、整合资源等方式建设一批实习实训基地。支持职业院校加强涉农专业建设、开发技术研发平台、开设特色工艺班,培养基层急需的专业技术人才。采取学制教育和专业培训相结合的模式对农村"两后生"进行技能培训。鼓励退役军人、下岗职工、农民工、高素质农民、留守妇女等报考高职院校,可适当降低文化素质测试录取分数线。

(二十六)依托各级党校(行政学院)培养基层党组织干部队伍。发挥好党校(行政学院)、干部学院主渠道、主阵地作用,分类分级开展"三农"干部培训。以县级党校(行政学校)为主体,加强对村干部、驻村第一书记、基层团组织书记等乡村干部队伍的培训。采取线上线下相结合等模式,将党校(行政学院)、干部学院的教育资源延伸覆盖至村和社区。

(二十七)充分发挥农业广播电视学校等培训机构作用。支持职业院校、农业广播电视学校、农村成人文化技术培训学校(机构)、农技推广机构、农业科研院所等,加强对高素质农民、能工巧匠等本土人才培养。探索建立农民学分银行,推动农民培训与职业教育有效衔接。建立政府引导、多元参与的投入机制,将农民教育培训经费按规定列入各级预算,吸引社会资本投入。

(二十八)支持企业参与乡村人才培养。引导农业企业依托原料基地、产业园区等建设实训基地,推动和培训农民应用新技术。鼓励农业企业依托信息、科技、品牌、资金等优势,带动农民创办家庭农场、农民合作社,打造乡村人才孵化基地。支持农业企业联合科研院所、高等学校建设产学研用协同创新基地,培育科技创新人才。

八、建立健全乡村人才振兴体制机制

（二十九）健全农村工作干部培养锻炼制度。完善县级以上机关年轻干部在农村基层培养锻炼机制，有计划地选派县级以上机关有发展潜力的年轻干部到乡镇任职、挂职，多渠道选派优秀干部到农村干事创业。

（三十）完善乡村人才培养制度。加大公费师范生培养力度，实行定向培养，明确基层服务年限，推动特岗计划与公费师范生培养相结合。推动职业院校（含技工院校）建设涉农专业或开设特色工艺班，与基层行政事业单位、用工企业精准对接，定向培养乡村人才。支持中央和国家机关有关部门、地方政府、高等学校、职业院校加强合作，按规定为艰苦地区和基层一线"订单式"培养专业人才。

（三十一）建立各类人才定期服务乡村制度。建立城市医生、教师、科技、文化等人才定期服务乡村制度，支持和鼓励符合条件的事业单位科研人员按照国家有关规定到乡村和涉农企业创新创业，充分保障其在职称评审、工资福利、社会保障等方面的权益。鼓励地方整合各领域外部人才成立乡村振兴顾问团，支持引导退休专家和干部服务乡村振兴。落实中小学教师晋升高级职称原则上要有1年以上农村基层工作服务经历要求。国家建立医疗卫生人员定期到基层和艰苦边远地区从事医疗卫生工作制度。执业医师晋升为副高级技术职称的，应当有累计1年以上在县级以下或者对口支援的医疗卫生机构提供医疗卫生服务的经历。支持专业技术人才通过项目合作、短期工作、专家服务、兼职等多种形式到基层开展服务活动，在基层时间累计超过半年的视为基层工作经历，作为职称评审、岗位聘用的重要参考。对县乡事业单位专业性强的岗位聘用的高层次人才，可采取协议工资、项目工资、年薪制等灵活多样的分配方式，合理确定薪酬待遇。鼓励地方通过建设人才公寓、发放住房补助，允许返乡入乡人员子女在就业创业地接受学前教育、义务教育，解决好返乡入乡人员的居住和子女入学问题。完善社保关系转移接续机制，为返乡入乡人员及其家属按规定参加城镇职工基本养老保险、基本医疗保险提供便捷服务。

（三十二）健全鼓励人才向艰苦地区和基层一线流动激励制度。适当放宽在基层一线工作的专业技术人才职称评审条件。对长期在基层一线和艰苦边远地区工作的，加大爱岗敬业表现、实际工作业绩及工作年限等评价权重，落实完善工资待遇倾斜政策，激励人才扎根一线建功立业。推广医疗、教育人才"组团式"援疆援藏经验做法，逐步将人才"组团式"帮扶拓展到其他艰苦地区和更多领域。

（三十三）建立县域专业人才统筹使用制度。积极开展统筹使用基层各类编制资源试点，探索赋予乡镇更加灵活的用人自主权，鼓励从上往下跨层级调剂行政事业编制，推动资源服务管理向基层倾斜。推进义务教育阶段教师"县管校聘"，推广城乡学校共同体、乡村中心校模式。加强县域卫生人才一体化配备和管理，在区域卫生编制总量内统一配备各类卫生人才，强化多劳多得、优绩优酬，鼓励实行"县聘乡用"和"乡聘村用"。

（三十四）完善乡村高技能人才职业技能等级制度。组织农民参加职业技能鉴定、职业技能等级认定、职业技能竞赛等多种技能评价。探索"以赛代评""以项目代评"，符合条件可直接认定相应技能等级。按照有关规定对有突出贡献人才破格评定相应技能等级。

（三十五）建立健全乡村人才分级分类评价体系。坚持"把论文写在大地上"，完善农业农村领域高级职称评审申报条件，探索推行技术标准、专题报告、发展规划、技术方案、试验报告等视同发表论文的评审方式。对乡村发展急需紧缺人才,可以设置特设岗位,不受常设岗位总量、职称最高等级和结构比例限制。

(三十六)提高乡村人才服务保障能力。完善乡村人才认定标准,做好乡村人才分类统计,加强乡村人才工作信息化建设,建立健全县、乡、村三级乡村人才管理网络。加强人才管理服务工作,大力发展乡村人才服务业,引导市场主体为乡村人才提供中介、信息等服务。

九、保障措施

(三十七)加强组织领导。各级党委要将乡村人才振兴作为实施乡村振兴战略的重要任务,建立党委统一领导、组织部门指导、党委农村工作部门统筹协调、相关部门分工负责的乡村人才振兴工作联席会议制度。把乡村人才振兴纳入人才工作目标责任制考核和乡村振兴实绩考核。加强农村工作干部队伍的培养、配备、管理、使用,将干部培养向乡村振兴一线倾斜,选优配强涉农部门领导班子和市县分管乡村振兴的领导干部,注重提拔使用政治过硬、实绩突出的农村工作干部。

(三十八)强化政策保障。加强乡村人才振兴投入保障,支持涉农企业加大乡村人力资本开发投入。农村集体经营性建设用地和复垦腾退建设用地指标注重支持各类乡村人才发展新产业新业态。推进农村金融产品和服务创新,鼓励证券、保险、担保、基金等金融机构服务乡村振兴,引导工商资本投资乡村事业,带动人才回流乡村。

(三十九)搭建乡村引才聚才平台。加强现代农业产业园、农业科技园区、农村创业创新园区等平台建设,支持入园企业、科研院所等建设科研创新平台,完善科技成果转化、人才奖补等政策,引进高层次人才和急需紧缺专业人才。加强人才驿站、人才服务站、专家服务基地、青年之家、妇女之家等人才服务平台建设,为乡村人才提供政策咨询、职称申报、项目申报、融资对接等服务。

(四十)制定乡村人才专项规划。对标实施乡村振兴战略需要,评估乡村人才供求总量和结构,细分乡村人才供求缺口,探索建立乡村人才信息库和需求目录。在摸清乡村人才现状基础上,制定乡村人才振兴规划,明确乡村人才振兴的总体要求、重点任务、政策措施,推动"三农"工作人才队伍建设制度化、规范化、常态化。

(四十一)营造良好环境。完善扶持乡村产业发展的政策体系,建好农村基础设施和公共服务设施,改善农村发展条件,提高农村生活便利化水平,吸引城乡人才留在农村。通过优秀人才评选、创新创业比赛、职业技能大赛等途径,每年选树一批乡村人才先进典型,按照规定给予表彰和政策扶持,引导乡村人才增强力争上游、务农光荣的思想观念。

附录二　中共中央、国务院
关于全面推进乡村振兴加快农业农村现代化的意见
（2021年1月4日）

党的十九届五中全会审议通过的《中共中央关于制定国民经济和社会发展第十四个五年规划和二〇三五年远景目标的建议》，对新发展阶段优先发展农业农村、全面推进乡村振兴作出总体部署，为做好当前和今后一个时期"三农"工作指明了方向。

"十三五"时期，现代农业建设取得重大进展，乡村振兴实现良好开局。粮食年产量连续保持在1.3万亿斤以上，农民人均收入较2010年翻一番多。新时代脱贫攻坚目标任务如期完成，现行标准下农村贫困人口全部脱贫，贫困县全部摘帽，易地扶贫搬迁任务全面完成，消除了绝对贫困和区域性整体贫困，创造了人类减贫史上的奇迹。农村人居环境明显改善，农村改革向纵深推进，农村社会保持和谐稳定，农村即将同步实现全面建成小康社会目标。农业农村发展取得新的历史性成就，为党和国家战胜各种艰难险阻、稳定经济社会发展大局，发挥了"压舱石"作用。实践证明，以习近平同志为核心的党中央驰而不息重农强农的战略决策完全正确，党的"三农"政策得到亿万农民衷心拥护。

"十四五"时期，是乘势而上开启全面建设社会主义现代化国家新征程、向第二个百年奋斗目标进军的第一个五年。民族要复兴，乡村必振兴。全面建设社会主义现代化国家，实现中华民族伟大复兴，最艰巨最繁重的任务依然在农村，最广泛最深厚的基础依然在农村。解决好发展不平衡不充分问题，重点难点在"三农"，迫切需要补齐农业农村短板弱项，推动城乡协调发展；构建新发展格局，潜力后劲在"三农"，迫切需要扩大农村需求，畅通城乡经济循环；应对国内外各种风险挑战，基础支撑在"三农"，迫切需要稳住农业基本盘，守好"三农"基础。党中央认为，新发展阶段"三农"工作依然极端重要，须臾不可放松，务必抓紧抓实。要坚持把解决好"三农"问题作为全党工作重中之重，把全面推进乡村振兴作为实现中华民族伟大复兴的一项重大任务，举全党全社会之力加快农业农村现代化，让广大农民过上更加美好的生活。

一、总体要求

（一）指导思想。以习近平新时代中国特色社会主义思想为指导，全面贯彻党的十九大和十九届二中、三中、四中、五中全会精神，贯彻落实中央经济工作会议精神，统筹推进"五位一体"总体布局，协调推进"四个全面"战略布局，坚定不移贯彻新发展理念，坚持稳中求进工作总基调，坚持加强党对"三农"工作的全面领导，坚持农业农村优先发展，坚持农业现代化与农村现代化一体设计、一并推进，坚持创新驱动发展，以推动高质量发展为主题，统筹发展和安全，落实加快构建新发展格局要求，巩固和完善农村基本经营制度，深入推进农业供给侧结构性改革，把乡村建设摆在社会主义现代化建设的重要位置，全面推进乡村产业、人才、文化、生态、组织振兴，充分发挥农业产品供给、生态屏障、文化传承等功能，走中国特色社会主义乡村振兴道路，加快农业农村现代化，加快形成工农互促、城乡互补、协调发展、共同繁荣的新型工农城乡关系，促进农业高质高效、乡村宜居宜业、农民富裕富足，为全面建设社会主义现代化国家开好局、起好步提供有力支撑。

（二）目标任务。2021年，农业供给侧结构性改革深入推进，粮食播种面积保持稳定、产量达到1.3万亿斤以上，生猪产业平稳发展，农产品质量和食品安全水平进一步提高，农民收入增长继续快于城镇居民，脱贫攻坚成果持续巩固。农业农村现代化规划启动实施，脱贫攻坚政策体系和工作机制同乡村振兴有效衔接、平稳过渡，乡村建设行动全面启动，农村人居环境整治提升，农村改革重点任务深入推进，农村社会保持和谐稳定。

到2025年，农业农村现代化取得重要进展，农业基础设施现代化迈上新台阶，农村生活设施便利化初步实现，城乡基本公共服务均等化水平明显提高。农业基础更加稳固，粮食和重要农产品供应保障更加有力，农业生产结构和区域布局明显优化，农业质量效益和竞争力明显提升，现代乡村产业体系基本形成，有条件的地区率先基本实现农业现代化。脱贫攻坚成果巩固拓展，城乡居民收入差距持续缩小。农村生产生活方式绿色转型取得积极进展，化肥农药使用量持续减少，农村生态环境得到明显改善。乡村建设行动取得明显成效，乡村面貌发生显著变化，乡村发展活力充分激发，乡村文明程度得到新提升，农村发展安全保障更加有力，农民获得感、幸福感、安全感明显提高。

二、实现巩固拓展脱贫攻坚成果同乡村振兴有效衔接

（三）设立衔接过渡期。脱贫攻坚目标任务完成后，对摆脱贫困的县，从脱贫之日起设立5年过渡期，做到扶上马送一程。过渡期内保持现有主要帮扶政策总体稳定，并逐项分类优化调整，合理把握节奏、力度和时限，逐步实现由集中资源支持脱贫攻坚向全面推进乡村振兴平稳过渡，推动"三农"工作重心历史性转移。抓紧出台各项政策完善优化的具体实施办法，确保工作不留空当、政策不留空白。

（四）持续巩固拓展脱贫攻坚成果。健全防止返贫动态监测和帮扶机制，对易返贫致贫人口及时发现、及时帮扶，守住防止规模性返贫底线。以大中型集中安置区为重点，扎实做好易地搬迁后续帮扶工作，持续加大就业和产业扶持力度，继续完善安置区配套基础设施、产业园区配套设施、公共服务设施，切实提升社区治理能力。加强扶贫项目资产管理和监督。

（五）接续推进脱贫地区乡村振兴。实施脱贫地区特色种养业提升行动，广泛开展农产品产销对接活动，深化拓展消费帮扶。持续做好有组织劳务输出工作。统筹用好公益岗位，对符合条件的就业困难人员进行就业援助。在农业农村基础设施建设领域推广以工代赈方式，吸纳更多脱贫人口和低收入人口就地就近就业。在脱贫地区重点建设一批区域性和跨区域重大基础设施工程。加大对脱贫县乡村振兴支持力度。在西部地区脱贫县中确定一批国家乡村振兴重点帮扶县集中支持。支持各地自主选择部分脱贫县作为乡村振兴重点帮扶县。坚持和完善东西部协作和对口支援、社会力量参与帮扶等机制。

（六）加强农村低收入人口常态化帮扶。开展农村低收入人口动态监测，实行分层分类帮扶。对有劳动能力的农村低收入人口，坚持开发式帮扶，帮助其提高内生发展能力，发展产业、参与就业，依靠双手勤劳致富。对脱贫人口中丧失劳动能力且无法通过产业就业获得稳定收入的人口，以现有社会保障体系为基础，按规定纳入农村低保或特困人员救助供养范围，并按困难类型及时给予专项救助、临时救助。

三、加快推进农业现代化

（七）提升粮食和重要农产品供给保障能力。地方各级党委和政府要切实扛起粮食安全政治责任，实行粮食安全党政同责。深入实施重要农产品保障战略，完善粮食安全省长责任制和"菜篮子"市长负责制，确保粮、棉、油、糖、肉等供给安全。"十四五"时期各省（自治区、直辖市）要稳定粮食播种面积、提高单产水平。加强粮食生产功能区和重要农产品生产保护区建设。建设国家粮食安全产业带。稳定种粮农民补贴，让种粮有合理收益。坚持并完善稻谷、小麦最低收购价政策，完善玉米、大豆生产者补贴政策。深入推进农业结构调整，推动品种培优、品质提升、品牌打造和标准化生产。鼓励发展青贮玉米等优质饲草饲料，稳定大豆生产，多措并举发展油菜、花生等油料作物。健全产粮大县支持政策体系。扩大稻谷、小麦、玉米三大粮食作物完全成本保险和收入保险试点范围，支持有条件的省份降低产粮大县三大粮食作物农业保险保费县级补贴比例。深入推进优质粮食工程。加快构建现代养殖体系，保护生猪基础产能，健全生猪产业平稳有序发展长效机制，积极发展牛羊产业，继续实施奶业振兴行动，推进水产绿色健康养殖。推进渔港建设和管理改革。促进木本粮油和林下经济发展。优化农产品贸易布局，实施农产品进口多元化战略，支持企业融入全球农产品供应链。保持打击重点农产品走私高压态势。加强口岸检疫和外来入侵物种防控。开展粮食节约行动，减少生产、流通、加工、存储、消费环节粮食损耗浪费。

（八）打好种业翻身仗。农业现代化，种子是基础。加强农业种质资源保护开发利用，加快第三次农作物种质资源、畜禽种质资源调查收集，加强国家作物、畜禽和海洋渔业生物种质资源库建设。对育种基础性研究以及重点育种项目给予长期稳定支持。加快实施农业生物育种重大科技项目。深入实施农作物和畜禽良种联合攻关。实施新一轮畜禽遗传改良计划和现代种业提升工程。尊重科学、严格监管，有序推进生物育种产业化应用。加强育种领域知识产权保护。支持种业龙头企业建立健全商业化育种体系，加快建设南繁硅谷，加强制种基地和良种繁育体系建设，研究重大品种研发与推广后补助政策，促进育繁推一体化发展。

（九）坚决守住18亿亩耕地红线。统筹布局生态、农业、城镇等功能空间，科学划定各类空间管控边界，严格实行土地用途管制。采取"长牙齿"的措施，落实最严格的耕地保护制度。严禁违规占用耕地和违背自然规律绿化造林、挖湖造景，严格控制非农建设占用耕地，深入推进农村乱占耕地建房专项整治行动，坚决遏制耕地"非农化"、防止"非粮化"。明确耕地利用优先序，永久基本农田重点用于粮食特别是口粮生产，一般耕地主要用于粮食和棉、油、糖、蔬菜等农产品及饲草饲料生产。明确耕地和永久基本农田不同的管制目标和管制强度，严格控制耕地转为林地、园地等其他类型农用地，强化土地流转用途监管，确保耕地数量不减少、质量有提高。实施新一轮高标准农田建设规划，提高建设标准和质量，健全管护机制，多渠道筹集建设资金，中央和地方共同加大粮食主产区高标准农田建设投入，2021年建设1亿亩旱涝保收、高产稳产高标准农田。在高标准农田建设中增加的耕地作为占补平衡补充耕地指标在省域内调剂，所得收益用于高标准农田建设。加强和改进建设占用耕地占补平衡管理，严格新增耕地核实认定和监管。健全耕地数量和质量监测监管机制，加强耕地保护督察和执法监督，开展"十三五"时期省级政府耕地保护责任目标考核。

（十）强化现代农业科技和物质装备支撑。实施大中型灌区续建配套和现代化改造。到2025年全部完成现有病险水库除险加固。坚持农业科技自立自强，完善农业科技领域基础研究稳定支持机制,深化体制改革,布局建设一批创新基地平台。深入开展乡村振兴科技支撑行动。支持高校为乡村振兴提供智力服务。加强农业科技社会化服务体系建设,深入推行科技特派员制度。打造国家热带农业科学中心。提高农机装备自主研制能力,支持高端智能、丘陵山区农机装备研发制造,加大购置补贴力度,开展农机作业补贴。强化动物防疫和农作物病虫害防治体系建设,提升防控能力。

(十一)构建现代乡村产业体系。依托乡村特色优势资源,打造农业全产业链,把产业链主体留在县城,让农民更多分享产业增值收益。加快健全现代农业全产业链标准体系,推动新型农业经营主体按标准生产,培育农业龙头企业标准"领跑者"。立足县域布局特色农产品产地初加工和精深加工,建设现代农业产业园、农业产业强镇、优势特色产业集群。推进公益性农产品市场和农产品流通骨干网络建设。开发休闲农业和乡村旅游精品线路,完善配套设施。推进农村一、二、三产业融合发展示范园和科技示范园区建设。把农业现代化示范区作为推进农业现代化的重要抓手,围绕提高农业产业体系、生产体系、经营体系现代化水平,建立指标体系,加强资源整合、政策集成,以县(市、区)为单位开展创建,到2025年创建500个左右示范区,形成梯次推进农业现代化的格局。创建现代林业产业示范区。组织开展"万企兴万村"行动。稳步推进反映全产业链价值的农业及相关产业统计核算。

(十二)推进农业绿色发展。实施国家黑土地保护工程,推广保护性耕作模式。健全耕地休耕轮作制度。持续推进化肥农药减量增效,推广农作物病虫害绿色防控产品和技术。加强畜禽粪污资源化利用。全面实施秸秆综合利用和农膜、农药包装物回收行动,加强可降解农膜研发推广。在长江经济带、黄河流域建设一批农业面源污染综合治理示范县。支持国家农业绿色发展先行区建设。加强农产品质量和食品安全监管,发展绿色农产品、有机农产品和地理标志农产品,试行食用农产品达标合格证制度,推进国家农产品质量安全县创建。加强水生生物资源养护,推进以长江为重点的渔政执法能力建设,确保十年禁渔令有效落实,做好退捕渔民安置保障工作。发展节水农业和旱作农业。推进荒漠化、石漠化、坡耕地水土流失综合治理和土壤污染防治、重点区域地下水保护与超采治理。实施水系连通及农村水系综合整治,强化河湖长制。巩固退耕还林还草成果,完善政策、有序推进。实行林长制。科学开展大规模国土绿化行动。完善草原生态保护补助奖励政策,全面推进草原禁牧轮牧休牧,加强草原鼠害防治,稳步恢复草原生态环境。

(十三)推进现代农业经营体系建设。突出抓好家庭农场和农民合作社两类经营主体,鼓励发展多种形式适度规模经营。实施家庭农场培育计划,把农业规模经营户培育成有活力的家庭农场。推进农民合作社质量提升,加大对运行规范的农民合作社的扶持力度。发展壮大农业专业化社会化服务组织,将先进适用的品种、投入品、技术、装备导入小农户。支持市场主体建设区域性农业全产业链综合服务中心。支持农业产业化龙头企业创新发展、做大做强。深化供销合作社综合改革,开展生产、供销、信用"三位一体"综合合作试点,健全服务农民生产生活综合平台。培育高素质农民,组织参加技能评价、学历教育,设立专门面向农民的技能大赛。吸引城市各方面人才到农村创业创新,参与乡村振兴和现代农业建设。

四、大力实施乡村建设行动

(十四)加快推进村庄规划工作。2021年基本完成县级国土空间规划编制,明确村庄布局分类。积极有序推进"多规合一"实用性村庄规划编制,对有条件、有需求的村庄尽快实现村庄规划全覆盖。对暂时没有编制规划的村庄,严格按照县、乡两级国土空间规划中确定的用途管制和建设管理要求进行建设。编制村庄规划要立足现有基础,保留乡村特色风貌,不搞大拆大建。按照规划有序开展各项建设,严肃查处违规乱建行为。健全农房建设质量安全法律法规和监管体制,3年内完成安全隐患排查整治。完善建设标准和规范,提高农房设计水平和建设质量。继续实施农村危房改造和地震高烈度设防地区农房抗震改造。加强村庄风貌引导,保护传统村落、传统民居和历史文化名村名镇。加大农村地区文化遗产遗迹保护力度。乡村建设是为农民而建,要因地制宜、稳扎稳打,不刮风搞运动。严格规范村庄撤并,不得违背农民意愿、强迫农民上楼,把好事办好、把实事办实。

（十五）加强乡村公共基础设施建设。继续把公共基础设施建设的重点放在农村,着力推进往村覆盖、往户延伸。实施农村道路畅通工程。有序实施较大人口规模自然村（组）通硬化路。加强农村资源路、产业路、旅游路和村内主干道建设。推进农村公路建设项目更多向进村入户倾斜。继续通过中央车购税补助地方资金、成品油税费改革转移支付、地方政府债券等渠道,按规定支持农村道路发展。继续开展"四好农村路"示范创建。全面实施路长制。开展城乡交通一体化示范创建工作。加强农村道路桥梁安全隐患排查,落实管养主体责任。强化农村道路交通安全监管。实施农村供水保障工程。加强中小型水库等稳定水源工程建设和水源保护,实施规模化供水工程建设和小型工程标准化改造,有条件的地区推进城乡供水一体化,到2025年农村自来水普及率达到88%。完善农村水价水费形成机制和工程长效运营机制。实施乡村清洁能源建设工程。加大农村电网建设力度,全面巩固提升农村电力保障水平。推进燃气下乡,支持建设安全可靠的乡村储气罐站和微管网供气系统。发展农村生物质能源。加强煤炭清洁化利用。实施数字乡村建设发展工程。推动农村千兆光网、第五代移动通信（5G）、移动物联网与城市同步规划建设。完善电信普遍服务补偿机制,支持农村及偏远地区信息通信基础设施建设。加快建设农业农村遥感卫星等天基设施。发展智慧农业,建立农业农村大数据体系,推动新一代信息技术与农业生产经营深度融合。完善农业气象综合监测网络,提升农业气象灾害防范能力。加强乡村公共服务、社会治理等数字化智能化建设。实施村级综合服务设施提升工程。加强村级客运站点、文化体育、公共照明等服务设施建设。

（十六）实施农村人居环境整治提升五年行动。分类有序推进农村厕所革命,加快研发干旱、寒冷地区卫生厕所适用技术和产品,加强中西部地区农村户用厕所改造。统筹农村改厕和污水、黑臭水体治理,因地制宜建设污水处理设施。健全农村生活垃圾收运处置体系,推进源头分类减量、资源化处理利用,建设一批有机废弃物综合处置利用设施。健全农村人居环境设施管护机制。有条件的地区推广城乡环卫一体化第三方治理。深入推进村庄清洁和绿化行动。开展美丽宜居村庄和美丽庭院示范创建活动。

（十七）提升农村基本公共服务水平。建立城乡公共资源均衡配置机制,强化农村基本公共服务供给县乡村统筹,逐步实现标准统一、制度并轨。提高农村教育质量,多渠道增加农村普惠性学前教育资源供给,继续改善乡镇寄宿制学校办学条件,保留并办好必要的乡村小规模学校,在县城和中心镇新建改扩建一批高中和中等职业学校。完善农村特殊教育保障机制。推进县域内义务教育学校校长教师交流轮岗,支持建设城乡学校共同体。面向农民就业创业需求,发展职业技术教育与技能培训,建设一批产教融合基地。开展耕读教育。加快发展面向乡村的网络教育。加大涉农高校、涉农职业院校、涉农学科专业建设力度。全面推进健康乡村建设,提升村卫生室标准化建设和健康管理水平,推动乡村医生向执业（助理）医师转变,采取派驻、巡诊等方式提高基层卫生服务水平。提升乡镇卫生院医疗服务能力,选建一批中心卫生院。加强县级医院建设,持续提升县级疾控机构应对重大疫情及突发公共卫生事件能力。加强县域紧密型医共体建设,实行医保总额预算管理。加强妇幼、老年人、残疾人等重点人群健康服务。健全统筹城乡的就业政策和服务体系,推动公共就业服务机构向乡村延伸。深入实施新生代农民工职业技能提升计划。完善统一的城乡居民基本医疗保险制度,合理提高政府补助标准和个人缴费标准,健全重大疾病医疗保险和救助制度。落实城乡居民基本养老保险待遇确定和正常调整机制。推进城乡低保制度统筹发展,逐步提高特困人员供养服务质量。加强对农村留守儿童和妇女、老年人以及困境儿童的关爱服务。健全县乡村衔接的三级养老服务网络,推动村级幸福院、日间照料中心等养老服务设施建设,发展农村普惠型养老服务和互助性养老。推进农村公益性殡葬设施建设。推进城乡公共文化服务体系一体建设,创新实施文化惠民工程。

(十八)全面促进农村消费。加快完善县、乡、村三级农村物流体系,改造提升农村寄递物流基础设施,深入推进电子商务进农村和农产品出村进城,推动城乡生产与消费有效对接。促进农村居民耐用消费品更新换代。加快实施农产品仓储保鲜冷链物流设施建设工程,推进田头小型仓储保鲜冷链设施、产地低温直销配送中心、国家骨干冷链物流基地建设。完善农村生活性服务业支持政策,发展线上线下相结合的服务网点,推动便利化、精细化、品质化发展,满足农村居民消费升级需要,吸引城市居民下乡消费。

(十九)加快县域内城乡融合发展。推进以人为核心的新型城镇化,促进大中小城市和小城镇协调发展。把县域作为城乡融合发展的重要切入点,强化统筹谋划和顶层设计,破除城乡分割的体制弊端,加快打通城乡要素平等交换、双向流动的制度性通道。统筹县域产业、基础设施、公共服务、基本农田、生态保护、城镇开发、村落分布等空间布局,强化县城综合服务能力,把乡镇建设成为服务农民的区域中心,实现县、乡、村功能衔接互补。壮大县域经济,承接适宜产业转移,培育支柱产业。加快小城镇发展,完善基础设施和公共服务,发挥小城镇连接城市、服务乡村作用。推进以县城为重要载体的城镇化建设,有条件的地区按照小城市标准建设县城。积极推进扩权强镇,规划建设一批重点镇。开展乡村全域土地综合整治试点。推动在县域就业的农民工就地市民化,增加适应进城农民刚性需求的住房供给。鼓励地方建设返乡入乡创业园和孵化实训基地。

(二十)强化农业农村优先发展投入保障。继续把农业农村作为一般公共预算优先保障领域。中央预算内投资进一步向农业农村倾斜。制定落实提高土地出让收益用于农业农村比例考核办法,确保按规定提高用于农业农村的比例。各地区各部门要进一步完善涉农资金统筹整合长效机制。支持地方政府发行一般债券和专项债券用于现代农业设施建设和乡村建设行动,制定出台操作指引,做好高质量项目储备工作。发挥财政投入引领作用,支持以市场化方式设立乡村振兴基金,撬动金融资本、社会力量参与,重点支持乡村产业发展。坚持为农服务宗旨,持续深化农村金融改革。运用支农支小再贷款、再贴现等政策工具,实施最优惠的存款准备金率,加大对机构法人在县域、业务在县域的金融机构的支持力度,推动农村金融机构回归本源。鼓励银行业金融机构建立服务乡村振兴的内设机构。明确地方政府监管和风险处置责任,稳妥规范开展农民合作社内部信用合作试点。保持农村信用合作社等县域农村金融机构法人地位和数量总体稳定,做好监督管理、风险化解、深化改革工作。完善涉农金融机构治理结构和内控机制,强化金融监管部门的监管责任。支持市县构建域内共享的涉农信用信息数据库,用3年时间基本建成比较完善的新型农业经营主体信用体系。发展农村数字普惠金融。大力开展农户小额信用贷款、保单质押贷款、农机具和大棚设施抵押贷款业务。鼓励开发专属金融产品支持新型农业经营主体和农村新产业新业态,增加首贷、信用贷。加大对农业农村基础设施投融资的中长期信贷支持。加强对农业信贷担保放大倍数的量化考核,提高农业信贷担保规模。将地方优势特色农产品保险以奖代补做法逐步扩大到全国。健全农业再保险制度。发挥"保险+期货"在服务乡村产业发展中的作用。

(二十一)深入推进农村改革。完善农村产权制度和要素市场化配置机制,充分激发农村发展内生动力。坚持农村土地农民集体所有制不动摇,坚持家庭承包经营基础性地位不动摇,有序开展第二轮土地承包到期后再延长30年试点,保持农村土地承包关系稳定并长久不变,健全土地经营权流转服务体系。积极探索实施农村集体经营性建设用地入市制度。完善盘活农村存量建设用地政策,实行负面清单管理,优先保障乡村产业发展、乡村建设用地。根据乡村休闲观光等产业分散布局的实际需要,探索灵活多样的供地新方式。加强宅基地管理,稳慎推进农村宅基地制度改革试点,探索宅基地所有权、资格权、使用权分置有效实现形式。规范开展房地一体宅基地日常登记颁证工作。规范开展城乡建设用地增减挂钩,完善审批实施程序、节余指标调剂及收益分配机制。2021年基本完成农村集体产权制度改革阶段性任务,发展壮大新型农村集体经济。保障进城落户农民土地承包权、宅基地使用权、集体收益分配权,研究制定依法自愿有偿转让的具体办法。加强农村产权流转交易和管理信息网络平台建设,提供综合性交易服务。加快农业综合行政执法信息化建设。深入推进农业水价综合改革。继续深化农村集体林权制度改革。

五、加强党对"三农"工作的全面领导

(二十二)强化五级书记抓乡村振兴的工作机制。全面推进乡村振兴的深度、广度、难度都不亚于脱贫攻坚,必须采取更有力的举措,汇聚更强大的力量。要深入贯彻落实《中国共产党农村工作条例》,健全中央统筹、省负总责、市县乡抓落实的农村工作领导体制,将脱贫攻坚工作中形成的组织推动、要素保障、政策支持、协作帮扶、考核督导等工作机制,根据实际需要运用到推进乡村振兴,建立健全上下贯通、精准施策、一抓到底的乡村振兴工作体系。省、市、县级党委要定期研究乡村振兴工作。县委书记应当把主要精力放在"三农"工作上。建立乡村振兴联系点制度,省、市、县级党委和政府负责同志都要确定联系点。开展县、乡、村三级党组织书记乡村振兴轮训。加强党对乡村人才工作的领导,将乡村人才振兴纳入党委人才工作总体部署,健全适合乡村特点的人才培养机制,强化人才服务乡村激励约束。加快建设政治过硬、本领过硬、作风过硬的乡村振兴干部队伍,选派优秀干部到乡村振兴一线岗位,把乡村振兴作为培养锻炼干部的广阔舞台,对在艰苦地区、关键岗位工作表现突出的干部优先重用。

(二十三)加强党委农村工作领导小组和工作机构建设。充分发挥各级党委农村工作领导小组牵头抓总、统筹协调作用,成员单位出台重要涉农政策要征求党委农村工作领导小组意见并进行备案。各地要围绕"五大振兴"目标任务,设立由党委和政府负责同志领导的专项小组或工作专班,建立落实台账,压实工作责任。强化党委农村工作领导小组办公室决策参谋、统筹协调、政策指导、推动落实、督促检查等职能,每年分解"三农"工作重点任务,落实到各责任部门,定期调度工作进展。加强党委农村工作领导小组办公室机构设置和人员配置。

(二十四)加强党的农村基层组织建设和乡村治理。充分发挥农村基层党组织领导作用,

持续抓党建促乡村振兴。有序开展乡镇、村集中换届,选优配强乡镇领导班子、村"两委"成员特别是村党组织书记。在有条件的地方积极推行村党组织书记通过法定程序担任村民委员会主任,因地制宜、不搞"一刀切"。与换届同步选优配强村务监督委员会成员,基层纪检监察组织加强与村务监督委员会的沟通协作、有效衔接。坚决惩治侵害农民利益的腐败行为。坚持和完善向重点乡村选派驻村第一书记和工作队制度。加大在优秀农村青年中发展党员力度,加强对农村基层干部激励关怀,提高工资补助待遇,改善工作生活条件,切实帮助解决实际困难。推进村委会规范化建设和村务公开"阳光工程"。开展乡村治理试点示范创建工作。创建民主法治示范村,培育农村学法用法示范户。加强乡村人民调解组织队伍建设,推动就地化解矛盾纠纷。深入推进平安乡村建设。建立健全农村地区扫黑除恶常态化机制。加强县、乡、村应急管理和消防安全体系建设,做好对自然灾害、公共卫生、安全隐患等重大事件的风险评估、监测预警、应急处置。

(二十五)加强新时代农村精神文明建设。弘扬和践行社会主义核心价值观,以农民群众喜闻乐见的方式,深入开展习近平新时代中国特色社会主义思想学习教育。拓展新时代文明实践中心建设,深化群众性精神文明创建活动。建强用好县级融媒体中心。在乡村深入开展"听党话、感党恩、跟党走"宣讲活动。深入挖掘、继承创新优秀传统乡土文化,把保护传承和开发利用结合起来,赋予中华农耕文明新的时代内涵。持续推进农村移风易俗,推广积分制、道德评议会、红白理事会等做法,加大高价彩礼、人情攀比、厚葬薄养、铺张浪费、封建迷信等不良风气治理,推动形成文明乡风、良好家风、淳朴民风。加大对农村非法宗教活动和境外渗透活动的打击力度,依法制止利用宗教干预农村公共事务。办好中国农民丰收节。

(二十六)健全乡村振兴考核落实机制。各省(自治区、直辖市)党委和政府每年向党中央、国务院报告实施乡村振兴战略进展情况。对市县党政领导班子和领导干部开展乡村振兴实绩考核,纳入党政领导班子和领导干部综合考核评价内容,加强考核结果应用,注重提拔使用乡村振兴实绩突出的市县党政领导干部。对考核排名落后、履职不力的市县党委和政府主要负责同志进行约谈,建立常态化约谈机制。将巩固拓展脱贫攻坚成果纳入乡村振兴考核。强化乡村振兴督查,创新完善督查方式,及时发现和解决存在的问题,推动政策举措落实落地。持续纠治形式主义、官僚主义,将减轻村级组织不合理负担纳入中央基层减负督查重点内容。坚持实事求是、依法行政,把握好农村各项工作的时度效。加强乡村振兴宣传工作,在全社会营造共同推进乡村振兴的浓厚氛围。

让我们紧密团结在以习近平同志为核心的党中央周围,开拓进取,真抓实干,全面推进乡村振兴,加快农业农村现代化,努力开创"三农"工作新局面,为全面建设社会主义现代化国家、实现第二个百年奋斗目标作出新的贡献!

附录三　国务院办公厅
关于加快农村寄递物流体系建设的意见
国办发〔2021〕29号

各省、自治区、直辖市人民政府，国务院各部委、各直属机构：

农村寄递物流是农产品出村进城、消费品下乡进村的重要渠道之一，对满足农村群众生产生活需要、释放农村消费潜力、促进乡村振兴具有重要意义。近年来，农村寄递物流体系建设取得了长足进步，与农村电子商务协同发展效应显著，但仍存在末端服务能力不足、可持续性较差、基础设施薄弱等一系列突出问题，与群众的期待尚有一定差距。为加快农村寄递物流体系建设，做好"六稳""六保"工作，经国务院同意，现提出如下意见。

一、指导思想

以习近平新时代中国特色社会主义思想为指导，深入贯彻党的十九大和十九届二中、三中、四中、五中全会精神，认真落实党中央、国务院决策部署，立足新发展阶段、贯彻新发展理念、构建新发展格局，坚持以人民为中心的发展思想，健全县、乡、村寄递服务体系，补齐农村寄递物流基础设施短板，推动农村地区流通体系建设，促进群众就业创业，更好满足农村生产生活和消费升级需求，为全面推进乡村振兴、畅通国内大循环作出重要贡献。

二、原则目标

坚持以人民为中心、惠及民生。提升农村寄递服务能力和效率，聚焦农产品进城"最初一公里"和消费品下乡"最后一公里"，助力农民创收增收，促进农村消费升级。

坚持市场主导、政府引导。有效市场和有为政府紧密结合，以市场化方式为主，主动打通政策堵点，引导各类市场主体创新服务模式，积极参与农村寄递物流体系建设。

坚持完善体系、提高效率。强化顶层设计，发挥寄递物流体系优势，促进线上线下融合发展，进一步畅通农村生产、消费循环。

坚持资源共享、协同推进。支持邮政、快递、物流等企业共建共享基础设施和配送渠道，与现代农业、电子商务等深度融合，因地制宜打造一批协同发展示范项目，引领带动农村地区寄递物流水平提升。

到2025年，基本形成开放惠民、集约共享、安全高效、双向畅通的农村寄递物流体系，实现乡乡有网点、村村有服务，农产品运得出、消费品进得去，农村寄递物流供给能力和服务质量显著提高，便民惠民寄递服务基本覆盖。

三、体系建设

（一）强化农村邮政体系作用。在保证邮政普遍服务和特殊服务质量的前提下，加强农村邮政基础设施和服务网络共享，强化邮政网络节点重要作用。创新乡镇邮政网点运营模式，承接代收代办代缴等各类农村公共服务，实现"一点多能"，提升农村邮政基本公共服务能力。发挥邮政网络在边远地区的基础支撑作用,鼓励邮政快递企业整合末端投递资源,满足边远地区群众基本寄递需求。支持邮政企业公平参与农村寄递服务市场竞争,以市场化方式为农村电商提供寄递、仓储、金融一体化服务。(国家邮政局牵头,国家发展改革委、财政部、商务部、国家乡村振兴局、中国邮政集团有限公司等相关单位及各地区按职责分工负责)

(二)健全末端共同配送体系。统筹农村地区寄递物流资源,鼓励邮政、快递、交通、供销、商贸流通等物流平台采取多种方式合作共用末端配送网络,加快推广农村寄递物流共同配送模式,有效降低农村末端寄递成本。推进不同主体之间标准互认和服务互补,在设施建设、运营维护、安全责任等方面实现有效衔接,探索相应的投资方式、服务规范和收益分配机制。鼓励企业通过数据共享、信息互联互通,提升农村寄递物流体系信息化服务能力。(商务部、交通运输部、国家邮政局牵头,国家发展改革委、农业农村部、国家乡村振兴局、供销合作总社、中国邮政集团有限公司等相关单位及各地区按职责分工负责)

(三)优化协同发展体系。强化农村寄递物流与农村电商、交通运输等融合发展。继续发挥邮政快递服务农村电商的主渠道作用,推动运输集约化、设备标准化和流程信息化,2022年6月底前在全国建设100个农村电商快递协同发展示范区,带动提升寄递物流对农村电商的定制化服务能力。鼓励各地区深入推进"四好农村路"和城乡交通运输一体化建设,合理配置城乡交通资源,完善农村客运班车代运邮件快件合作机制,宣传推广农村物流服务品牌。(交通运输部、商务部、国家邮政局、中国邮政集团有限公司等相关单位及各地区按职责分工负责)

(四)构建冷链寄递体系。鼓励邮政快递企业、供销合作社和其他社会资本在农产品田头市场合作建设预冷保鲜、低温分拣、冷藏仓储等设施,缩短流通时间,减少产品损耗,提升农产品流通效率和效益。引导支持邮政快递企业依托快递物流园区建设冷链仓储设施,增加冷链运输车辆,提升末端冷链配送能力,逐步建立覆盖生产流通各环节的冷链寄递物流体系。支持行业协会制定推广电商快递冷链服务标准规范,提升冷链寄递安全监管水平。邮政快递企业参与冷链物流基地建设,可按规定享受相关支持政策。(国家发展改革委、财政部、交通运输部、农业农村部、商务部、国家邮政局、国家乡村振兴局、供销合作总社、中国邮政集团有限公司等相关单位及各地区按职责分工负责)

四、重点任务

(一)分类推进"快递进村"工程。在东中部农村地区,更好发挥市场配置资源的决定性作用,引导企业通过驻村设点、企业合作等方式,提升"快递进村"服务水平。在西部农村地区,更好发挥政府推动作用,引导、鼓励企业利用邮政和交通基础设施网络优势,重点开展邮政与快递、交通、供销多方合作,发挥邮政服务在农村末端寄递中的基础性作用,扩大"快递进村"覆盖范围。引导快递企业完善符合农村实际的分配激励机制,落实快递企业总部责任,保护从业人员合法权益,保障农村快递网络可持续运行。(国家邮政局牵头,国家发展改革委、财政部、人力资源社会保障部、交通运输部、商务部、供销合作总社、中国邮政集团有限公司等相关单位及各地区按职责分工负责)

(二)完善农产品上行发展机制。鼓励支持农村寄递物流企业立足县域特色农产品和现代农业发展需要,主动对接家庭农场、农民合作社、农业产业化龙头企业,为农产品上行提供专业化供应链寄递服务,推动"互联网+"农产品出村进城。发挥农村邮政快递网(站)点辐射带动作用,2022年6月底前建设300个快递服务现代农业示范项目,重点支持脱贫地区乡村特色产业发展壮大,助力当地农产品外销,巩固拓展脱贫攻坚成果。(农业农村部、商务部、国家邮政局牵头,供销合作总社、中国邮政集团有限公司等相关单位及各地区按职责分工负责)

(三)加快农村寄递物流基础设施补短板。各地区依托县域邮件快件处理场地、客运站、货运站、电商仓储场地、供销合作社仓储物流设施等建设县级寄递公共配送中心;整合在村邮政、快递、供销、电商等资源,利用村内现有公共设施,建设村级寄递物流综合服务站。鼓励有条件的县、乡、村布设智能快件(信包)箱。推进乡镇邮政局(所)改造,加快农村邮路汽车化。引导快递企业总部加大农村寄递网络投资,规范管理农村寄递网点,保障网点稳定运行。统筹用好现有资金渠道或专项政策,支持农村寄递物流基础设施改造提升。(国家发展改革委、财政部、交通运输部、农业农村部、商务部、国家邮政局、国家乡村振兴局、供销合作总社、中国邮政集团有限公司等相关单位及各地区按职责分工负责)

(四)继续深化寄递领域"放管服"改革。简化农村快递末端网点备案手续,取消不合理、不必要限制,鼓励发展农村快递末端服务。修订《快递市场管理办法》和《快递服务》等标准,规范农村快递经营行为,鼓励探索符合农村实际的业务模式。鼓励电商企业、寄递企业和社会资本参与村级寄递物流综合服务站建设,吸纳农村劳动力就业创业。加强寄递物流服务监管和运输安全管理,完善消费者投诉申诉机制,依法查处未按约定地址投递、违规收费等行为,促进公平竞争,保障群众合法权益。支持有条件的地区健全县级邮政快递监管工作机制和电商、快递协会组织,加强行业监管和自律。(国家邮政局及各地区按职责分工负责)

五、组织落实

各地区、各相关部门和单位要充分认识加快农村寄递物流体系建设的重要意义,强化责任落实、加强协调配合,按照本意见提出的要求,结合实际研究制定配套措施,及时部署落实。各地区要将农村寄递物流体系建设纳入相关规划和公共基础设施建设范畴,落实地方财政支出责任,支持村级寄递物流综合服务站建设,认真抓好任务落实。各相关部门要建立工作协调机制,研究出台相应支持政策,及时总结推广典型经验做法。国家邮政局要加强工作指导和督促检查,重大情况及时报告国务院。

国务院办公厅
2021 年 7 月 29 日

附录四　供销总社等 17 部门印发
《关于加强县域商业体系建设促进农村消费的意见》
商流通发〔2021〕99 号

各省、自治区、直辖市人民政府，新疆生产建设兵团：

建设县域商业体系是全面推进乡村振兴、推动城乡融合发展的重要内容，是畅通国内大循环、全面促进农村消费的必然选择，是落实以人民为中心发展思想、满足人民对美好生活向往的客观要求。近年来，我国县域商业发展迅速，在脱贫攻坚和乡村振兴中发挥了积极作用。但总的来看，县域商业发展依然滞后，商品和服务供给不足，与构建新发展格局要求还存在差距。为加强县域商业体系建设，推动农村消费提质扩容，经国务院同意，现提出以下意见。

一、总体要求

（一）指导思想。以习近平新时代中国特色社会主义思想为指导，深入贯彻党的十九大和十九届二中、三中、四中、五中全会精神，认真落实党中央、国务院决策部署，立足新发展阶段，贯彻新发展理念，构建新发展格局，充分发挥市场在资源配置中的决定性作用，更好发挥政府作用，分层分类，因地制宜，实事求是，以渠道下沉和农产品上行为主线，推动资源要素向农村市场倾斜，完善农产品现代流通体系，畅通工业品下乡和农产品进城双向流通渠道，推动县域商业高质量发展，实现农民增收与消费提质良性循环。

（二）发展目标。"十四五"时期，实施"县域商业建设行动"，建立完善县域统筹、以县城为中心、乡镇为重点、村为基础的农村商业体系。到 2025 年，在具备条件的地区，基本实现县县有连锁商超和物流配送中心、乡镇有商贸中心、村村通快递，年均新增农村网商（店）100 万家，培育 30 个国家级农产品产地专业市场，经营农产品的公益性市场地市级覆盖率从 40% 提高到 60%。

二、健全农村流通网络

（一）完善县城商业设施。把县域作为统筹农村商业发展的重要切入点，强化县城综合商业服务能力，推动县、乡、村商业联动。改造提升县城综合商贸服务中心和物流配送中心。鼓励城市大型流通企业拓展农村市场，共建共享仓储等设备设施，示范带动中小企业发展。（商务部、各省级人民政府等负责）

（二）建设乡镇商贸中心。鼓励企业通过自建、合作等方式，建设改造一批乡镇商贸中心，推动购物、娱乐、休闲等业态融合，改善乡镇消费环境。引导乡镇商贸中心向周边农村拓展服务，满足农民消费升级需求。（商务部、住房城乡建设部、各省级人民政府等负责）

（三）改造农村传统商业网点。鼓励商贸流通企业输出管理和服务，通过技术赋能、特许经营、供应链整合等方式，改造夫妻店等传统网点，发展新型乡村便利店。丰富村级店快递收发、农产品经纪等服务，满足农民便利消费、就近销售需求。支持邮政企业建设村级邮政综合服务站点，支持符合条件的农村加油点升级改造为加油站。（商务部、邮政局、中华全国供销合作总

社、中国邮政集团有限公司等按职责分工负责)

三、加强市场主体培育

(四)支持企业数字化、连锁化转型。培育县域重点商贸流通企业,引导企业通过组织创新、资源整合做强做大。引导供销、邮政、快递和农村传统商贸流通企业运用5G、大数据、人工智能等技术,强化数据驱动,推动产品创新数字化、运营管理智能化、为农服务精准化,加快转型升级。支持发展直营连锁、加盟连锁等经营模式,鼓励品牌连锁流通企业通过连锁或股权加盟,促进县乡村商业网络连锁化。(商务部、工业和信息化部、邮政局、中华全国供销合作总社、中国邮政集团有限公司等按职责分工负责)

(五)培育农村新型商业带头人。鼓励各地开展新型商业带头人培育计划。举办创业创新和技能大赛,挖掘农村商业人才。利用县级电子商务公共服务中心、师资团队等县域资源开展品牌设计、市场营销、电商应用等专业培训,强化实操技能,提高就业转化率。引入县域外智力、人力资源,加强跨区域人员交流学习,提升对返乡农民工、大学生、退役军人等的就业创业服务水平。依托国家电子商务示范基地、全国电子商务公共服务平台,加快建立农村电商人才培养载体和师资、标准、认证体系。推广农村商业网络公开课,共享培训资源。(商务部、农业农村部、教育部、人力资源社会保障部、退役军人部、全国妇联、中华全国总工会、共青团中央等按职责分工负责)

(六)壮大新型农业经营主体。实施家庭农场培育计划,把规模经营户培育成有活力的家庭农场。扎实开展农民合作社规范提升行动,鼓励以家庭农场为主要成员组建农民合作社,支持农民合作社联合社发展。培育壮大农业专业化社会化服务组织,支持开展面向小农户和粮食等大宗农产品生产关键薄弱环节的统防统治、代耕代收等服务。建设区域性农业全产业链综合服务中心。(农业农村部负责)

四、丰富农村消费市场

(七)开发适合农村市场的消费品。通过大型商贸流通企业、电商平台大数据分析,了解农民消费特征,支持消费领域平台企业挖掘市场潜力,增加优质产品和服务供给。以农民需求为导向,鼓励生产企业开发适合农村市场的日用消费品、大家电、家居、汽车等,促进农村耐用消费品更新换代。完善农村道路、水、电(充电桩)、通信等基础设施,改善耐用消费品等使用环境。(工业和信息化部、交通运输部、水利部、发展改革委、商务部、能源局、各省级人民政府等负责)

(八)优化农村生活服务供给。引导社会资本加大投入,加快建立完善县乡村协调发展的生活服务网络。依托乡镇商贸中心、农村集贸市场等场所,提供餐饮、亲子、洗浴、健身等服务。利用村民活动中心、夫妻店等场所,提供理发、维修、废旧物资回收等便民服务。鼓励城镇市场主体到乡村设点,直接向农民提供服务,缩小城乡居民服务消费差距。(商务部、各省级人民政府等负责)

(九)提升县域文旅服务功能。鼓励文旅、民俗等资源丰富的乡镇推动商旅文娱体等融合发展,吸引城市居民下乡消费。鼓励客栈酒店提供文旅服务,配合全国乡村旅游重点村镇、全国优选乡村民宿名录和森林景区建设,发展乡村民宿、自驾车旅居车营地、木屋营地、帐篷营地等,完善生活服务配套设施,提升服务水平。合理开发利用农耕文化遗产,培育乡村特色文化产业,建设一批特色文化产业村镇和文化产业群。推出一批休闲农业和乡村旅游精品路线,打造乡村休闲旅游聚集区,建设美丽休闲乡村和全国休闲农业重点县。创新举办特色农事节庆活动,发展会展经济,促进特色农产品销售。(文化和旅游部、农业农村部、乡村振兴局、商务部等按职责分工负责)

五、增强农产品上行能力

(十)提升农产品供给质量。建设国家粮食安全产业带。统筹推进现代农业产业园、农业产业强镇和优势特色产业集群建设,继续抓好特色农产品优势区,推动加工、仓储、物流等向主产区布局,实现产购储加销衔接配套。实施农业生产"三品一标"提升行动,加快推进品种培优、品质提升、品牌打造和标准化生产。加强农产品质量安全监管,稳步推进绿色农产品、有机农产品和地理标志农产品认证,全面试行食用农产品达标合格证制度。(发展改革委、农业农村部、粮食和储备局等按职责分工负责)

(十一)提高农产品商品化处理能力。支持产地建设改造具有产后商品化处理功能的集配中心、产地仓等,鼓励研发应用产后初加工、精深加工设施设备。支持农民合作社、家庭农场、中小微企业等发展农产品产地初加工,培育一批生产标准、技术集成、管理科学的农产品初加工企业。鼓励龙头企业和产业园区开展农产品精深加工,拓展延伸产业链,提升产品附加值。(农业农村部、乡村振兴局、商务部等按职责分工负责)

(十二)加强农业品牌培育。建设完善农业品牌标准体系,塑强一批精品区域公用品牌,带动企业品牌和农产品品牌协同发展。深入推进中国农业品牌目录制度,发布消费索引。挖掘品牌内涵,讲好品牌故事,创新品牌营销,支持流通企业、电商平台等开设品牌农产品销售专区,培育农产品网络品牌,促进品牌农产品销售。(农业农村部、商务部等按职责分工负责)

六、完善农产品市场网络

(十三)加快发展产地市场体系。推进以国家级农产品产地专业市场和田头市场为核心的产地市场建设,形成与农业生产布局相适应的产地流通体系。认定一批国家级农产品产地专业市场,提升价格形成、信息服务、物流集散、品牌培育、科技交流、会展贸易等主要功能。加快推进田头市场建设,促进小农户与大市场的有效对接。(农业农村部、商务部等按职责分工负责)

(十四)提高农产品市场公益性保障能力。各地要通过土地作价、投资建设、财政入股、购买服务等方式,支持经营农产品的公益性批发市场建设,增强保供稳价和综合服务能力。采取入股参股、产权回购回租、公建配套等方式,建设改造产地市场、农贸市场、菜市场等,提高便民服务水平。各地要与财政资金支持的农产品市场签订协议,明确市场公益性职责,持续增强民生保障能力。(商务部、农业农村部、自然资源部、中华全国供销合作总社、各省级人民政府等负责)

(十五)完善农产品流通骨干网。以农产品主产区、重要集散地和主销区为基础,提升产地初加工、批发和零售等环节功能,促进流通节点有效衔接,完善跨区域产销链条。综合考虑节点功能、地理位置、产销规模等因素,确定一批全国农产品骨干批发市场和骨干流通企业,带动农产品生产、运输、仓储、流通、消费等各环节信息互联互通、设施共用共享。(商务部、发展改革委、农业农村部、中华全国供销合作总社、中国邮政集团有限公司等按职责分工负责)

（十六）加快补齐冷链设施短板。实施农产品仓储保鲜冷链物流设施建设工程，支持新型农业经营主体建设规模适度的产地冷藏保鲜设施，加强移动式冷库应用，发展产地低温直销配送中心。加强农产品批发市场冷链设施建设。引导生鲜电商、邮政、快递企业建设前置仓、分拨仓，配备冷藏和低温配送设备。推动农产品冷链技术装备标准化，推广可循环标准化周转箱，促进农产品冷链各环节有序衔接。科学布局农产品骨干冷链物流基地，提高冷链物流规模化、集约化、组织化、网络化水平。进一步加强冷链设施建设指导，新建设施要落实疫情防控要求，结合实际预留消杀防疫空间。（发展改革委、农业农村部、商务部、交通运输部、市场监管总局、卫生健康委、住房城乡建设部、邮政局、中华全国供销合作总社、中国邮政集团有限公司等按职责分工负责）

七、加强农业生产资料市场建设

（十七）健全农资流通网络。鼓励各类农资市场主体共建共享，发展直供直销、连锁经营、统一配送等现代流通方式。引导传统农资经销商创新营销模式，提高线上线下融合销售比例。发挥供销系统农资流通主渠道作用，推动传统农资流通企业向现代农资综合服务商转型，加快构建现代农资流通网络。鼓励品牌农资生产经营企业通过兼并、联合等方式进行资产和业务重组，增强核心竞争力。（中华全国供销合作总社等负责）

（十八）增强农资服务能力。引导服务组织面向小农户、家庭农场和农民合作社等新型农业经营主体，发展测土配方施肥、机具租赁等社会化服务，促进现代农业发展。支持供销系统、邮政乡镇网点巩固基层农资供应、农资配送、农产品收购等传统业务，因地制宜发展冷藏保鲜、烘干收储、加工销售、农技推广等生产性服务，打造乡镇区域服务中心。（农业农村部、中华全国供销合作总社、中国邮政集团有限公司等按职责分工负责）

八、创新流通业态和模式

（十九）支持大型企业开展供应链赋能。鼓励大型电商、邮政、快递和商贸流通企业以县镇为重点，延伸供应链，推广应用新型交易模式，为中小企业、个体商户提供集中采购、统一配送、销售分析、库存管理、店面设计等服务，增强农村实体店铺经营水平和抗风险能力。（商务部、邮政局、中华全国供销合作总社、中国邮政集团有限公司等按职责分工负责）

（二十）扩大农村电商覆盖面。强化县级电子商务公共服务中心统筹能力，为电商企业、家庭农场、农民合作社、专业运营公司等主体提供市场开拓、资源对接、业务指导等服务，提升农村电商应用水平。引导电商平台投放更多种类工业品下乡，弥补农村实体店供给不足短板。实施"数商兴农"，发展农村电商新基建。创新农产品电商销售机制和模式，提高农产品电商销售比例。深入推进"互联网＋"农产品出村进城工程，建立健全适应农产品网络销售的供应链体系、运营服务体系和支撑保障体系。培育快递服务现代农业项目。加强部门协同、资源整合，鼓励农村电商服务站点、益农信息社、村邮站、供销社等多站合一、服务共享。（商务部、农业农村部、邮政局、中华全国供销合作总社、中国邮政集团有限公司等按职责分工负责）

（二十一）发展县、乡、村物流共同配送。支持邮政、快递、物流、商贸流通等企业开展市场化合作，实现统一仓储、分拣、运输、配送、揽件，建立完善农村物流共同配送服务规范和运营机制。在整合县域电商快递基础上，搭载日用消费品、农资下乡和农产品进城双向配送服务，推动物流快递统仓共配。推进邮快合作下乡进村工程。推动农村寄递物流公共信息服务平台建设,促进信息共享、数据互联。(商务部、交通运输部、农业农村部、邮政局、中华全国供销合作总社、中国邮政集团有限公司等按职责分工负责)

(二十二)强化产销对接长效机制。引导农产品流通企业与新型农业经营主体通过订单农业、产销一体、股权合作等模式实现精准对接。开展多种形式的产销对接活动,鼓励各地发挥东西部协作、对口支援、县企合作等机制作用,推动对接资源向乡村振兴重点帮扶县和脱贫地区倾斜。压实"菜篮子"市长负责制,加强城市郊区农产品基地建设,积极推进地产地销。(商务部、农业农村部、乡村振兴局、中华全国供销合作总社、中国邮政集团有限公司、各省级人民政府等负责)

九、规范农村市场秩序和加强市场监管

(二十三)强化农村市场执法监督。完善市场监管城乡联动机制,充实执法力量,加大执法力度。加强源头治理,落实企业进货查验责任和质量承诺制度。完善商品质量、"双随机、一公开"和进货台账、不合格商品退市等监管制度,依法查处无证无照经营行为。畅通农村消费投诉举报渠道,发挥社会监督作用。(市场监管总局负责)

(二十四)促进农资市场有序发展。结合春耕、夏种、秋播等重要农时,抓好化肥、农药、农膜、农业机械及零配件等重点农业生产资料市场监管。加快推进农资领域信用体系建设,积极引导农资市场主体加强行业自律,倡导行业内部推行守法经营或质量公开承诺制,规范农业生产资料经营行为。(农业农村部、市场监管总局、中华全国供销合作总社、中国邮政集团有限公司等按职责分工负责)

(二十五)加强市场质量安全监管。围绕与农村居民生产生活密切相关的产品,加大检查力度,依法查处商品销售中掺假使假、以假充真、以次充好、以不合格产品冒充合格产品的行为。严格落实食品生产经营许可制度,加强对食品生产经营者食品安全现场检查和抽查,严厉打击生产经营假冒伪劣食品等违法违规行为。加强农村市场假冒伪劣食品整治行动,加强流通渠道管理,完善农村市场食品安全治理机制,加大宣传力度,切实保障食品安全。(市场监管总局、农业农村部、公安部、商务部、知识产权局、中华全国供销合作总社等按职责分工负责)

十、完善政策机制

(二十六)加强分级分类管理。将县域商业体系建设作为乡村振兴规划的重要内容。制定县域商业建设指南,立足东中西差异,明确商业设施、业态的结构和功能,各地根据人口结构、收入水平等情况,实事求是确定建设规模和标准,加强分级分类管理。(自然资源部、住房城乡建设部、商务部、中央农办、农业农村部等按职责分工负责)

(二十七)便利交通运输。严格执行鲜活农产品运输"绿色通道"政策,整车合法装载运输全国统一的《鲜活农产品品种目录》内的产品的车辆,免收车辆通行费,提高通行效率,减少拥堵,便利群众。(交通运输部、农业农村部、商务部、各省级人民政府等负责)

(二十八)加强财政投入保障。统筹用好中央财政服务业发展资金等现有专项资金或政策,支持符合条件的县域商业领域发展。各地优化财政支出结构,将县域商业设施、农产品产地流通设施建设纳入乡村振兴投入保障范围,加大支持力度。(财政部、商务部、各省级人民政府等负责)

(二十九)创新投融资模式。有序引导金融和社会资本投入县域商业体系建设。加强银企

合作，深化信息协同和科技赋能，为县域商贸、物流、供销等领域企业和合作社提供资金结算、供应链融资、财务管理等服务。鼓励农村信用社等银行业金融机构结合县域商业实际使用场景，开展抵押、担保及信用类小额贷款业务。聚焦特色产业，用好新型农业经营主体名单制，对符合条件的可提供中长期贷款产品。(人民银行、银保监会等按职责分工负责)

（三十）完善标准统计等相关制度。制定强制性国家标准，对农产品市场分级管理。建立健全农村消费相关指标体系，加强农村限额以上批发零售企业统计工作，完善发布内容。推动农产品批发市场立法工作。(商务部、农业农村部、市场监管总局、统计局、司法部等按职责分工负责)

（三十一）强化指导考核。将县域商业建设情况作为乡村振兴工作的重要内容，对国有企业承担的公益性流通网络建设任务，在业绩考核中予以支持。各地要结合实际确定本地区县域商业体系建设的发展目标，按年度分解细化任务安排，明确责任主体、时间表和路线图，形成上下联动工作格局。(中央农办、发展改革委、住房城乡建设部、国资委、商务部、各省级人民政府等负责)

各地区各部门把加强县域商业体系建设作为全面推进乡村振兴、加快农业农村现代化的重要任务，商务部牵头建立县域商业体系建设工作协调机制，会同有关部门加强协调指导，各地方要抓好贯彻落实。重要情况及时按程序请示报告。

商务部 中央农办 发展改革委
工业和信息化部 公安部 财政部
自然资源部 住房城乡建设部 交通运输部
农业农村部 文化和旅游部 人民银行
市场监管总局 银保监会 邮政局
乡村振兴局 中华全国供销合作总社
2021年6月11日

附录五　中共中央 国务院
关于深化供销合作社综合改革的决定
(2015年3月23日)

供销合作社是为农服务的合作经济组织,是党和政府做好"三农"工作的重要载体。为深入贯彻落实党的十八大和十八届二中、三中、四中全会精神,加快推进农业现代化,促进农民增收致富,推动农村全面小康社会建设,现就深化供销合作社综合改革作出如下决定。

一、深化供销合作社综合改革的总体要求

(一)充分认识深化供销合作社综合改革的紧迫性重要性。当前,我国工业化信息化城镇化快速发展,农业现代化深入推进,农村经济社会发展进入新阶段。农业生产经营方式深刻变化,适度规模经营稳步发展,迫切要求发展覆盖全程、综合配套、便捷高效的农业社会化服务;农民生活需求加快升级,迫切要求提供多层次、多样化、便利实惠的生活服务。新形势下加强农业、服务农民,迫切需要打造中国特色为农服务的综合性组织。长期以来,供销合作社扎根农村、贴近农民,组织体系比较完整,经营网络比较健全,服务功能比较完备,完全有条件成为党和政府抓得住、用得上的为农服务骨干力量,要充分用好这支力量。同时必须看到,目前供销合作社与农民合作关系不够紧密,综合服务实力不强,层级联系比较松散,体制没有完全理顺,必须通过深化综合改革,进一步激发内生动力和发展活力,在发展现代农业、促进农民致富、繁荣城乡经济中更好发挥独特优势,担当起更大责任。

(二)指导思想和目标任务。深化供销合作社综合改革,必须贯彻落实党的十八大和十八届二中、三中、四中全会精神,以邓小平理论、"三个代表"重要思想、科学发展观为指导,深入贯彻习近平总书记系列重要讲话精神,紧紧围绕"三农"工作大局,以密切与农民利益联结为核心,以提升为农服务能力为根本,以强化基层社和创新联合社治理机制为重点,按照政事分开、社企分开的方向,因地制宜推进体制改革和机制创新,加快建成适应社会主义市场经济需要、适应城乡发展一体化需要、适应中国特色农业现代化需要的组织体系和服务机制,努力开创中国特色供销合作事业新局面。

到2020年,把供销合作社系统打造成为与农民联结更紧密、为农服务功能更完备、市场化运行更高效的合作经济组织体系,成为服务农民生产生活的生力军和综合平台,成为党和政府密切联系农民群众的桥梁纽带,切实在农业现代化建设中更好地发挥作用。

(三)基本原则

——坚持为农服务根本宗旨。始终把服务"三农"作为供销合作社的立身之本、生存之基,把为农服务成效作为衡量工作的首要标准,做到为农、务农、姓农。

——坚持合作经济基本属性。按照合作制要求,充分尊重农民意愿,推动多种形式的联合与合作,实行民主管理、互助互利。

——坚持社会主义市场经济改革方向。发挥市场在资源配置中的决定性作用,顺应市场经济规律,更多运用经济手段开展经营服务,逐步探索联合社社企分开的途径,增强经济实力

和市场竞争能力。同时,服务"三农"工作大局,体现党和政府的政策导向,履行好社会责任。

——坚持因地制宜、分类指导。鼓励大胆探索、试点先行,允许从实际出发采取差异性、过渡性的制度和政策安排,给基层更多的选择权,不搞"一刀切",不追求一步到位,确保改革积极稳妥、有序推进。

二、拓展供销合作社经营服务领域,更好履行为农服务职责

供销合作社要把为农服务放在首位。面向农业现代化、面向农民生产生活,推动供销合作社由流通服务向全程农业社会化服务延伸、向全方位城乡社区服务拓展,加快形成综合性、规模化、可持续的为农服务体系,在农资供应、农产品流通、农村服务等重点领域和环节为农民提供便利实惠、安全优质的服务。

(四)创新农业生产服务方式和手段。围绕破解"谁来种地""地怎么种"等问题,供销合作社要采取大田托管、代耕代种、股份合作、以销定产等多种方式,为农民和各类新型农业经营主体提供农资供应、配方施肥、农机作业、统防统治、收储加工等系列化服务,推动农业适度规模经营。创新农资服务方式,推动农资销售与技术服务有机结合,加快农资物联网应用与示范项目建设。充分发挥供销合作社科研院所、庄稼医院、职业院校在农业技术推广和农民技能培训中的积极作用。积极承担政府向社会力量购买的公共服务。

(五)提升农产品流通服务水平。加强供销合作社农产品流通网络建设,创新流通方式,推进多种形式的产销对接。将供销合作社农产品市场建设纳入全国农产品市场发展规划,在集散地建设大型农产品批发市场和现代物流中心,在产地建设农产品收集市场和仓储设施,在城市社区建设生鲜超市等零售终端,形成布局合理、联结产地到消费终端的农产品市场网络。积极参与公益性农产品批发市场建设试点,有条件的地区,政府控股的农产品批发市场可交由供销合作社建设、运营、管护。继续实施新农村现代流通服务网络工程建设,健全农资、农副产品、日用消费品、再生资源回收等网络,加快形成连锁化、规模化、品牌化经营服务新格局。顺应商业模式和消费方式深刻变革的新趋势,加快发展供销合作社电子商务,形成网上交易、仓储物流、终端配送一体化经营,实现线上线下融合发展。

(六)打造城乡社区综合服务平台。适应新型城镇化和新农村建设要求,加快建设农村综合服务社和城乡社区服务中心(站),为城乡居民提供日用消费品、文体娱乐、养老幼教、就业培训等多样化服务。统筹整合城乡供销合作社资源,发展城市商贸中心和经营服务综合体,提升城市供销合作社沟通城乡、服务"三农"的辐射带动能力。发挥供销合作社优势,大力发展生态养生、休闲观光、乡村旅游等新兴服务业。积极参与美丽乡村建设,规范建设再生资源回收网点,促进资源循环和高效利用,改善城乡生态环境。

(七)稳步开展农村合作金融服务。发展农村合作金融,是解决农民融资难问题的重要途径,是合作经济组织增强服务功能、提升服务实力的现实需要。有条件的供销合作社要按照社员制、封闭性原则,在不对外吸储放贷、不支付固定回报的前提下,发展农村资金互助合作。有条件的供销合作社可依法设立农村互助合作保险组织,开展互助保险业务。允许符合条件的供销合作社企业依照法定程序开展发起设立中小型银行试点,增强为农服务能力。鼓励有条件的供销合作社设立融资租赁公司、小额贷款公司、融资性担保公司,与地方财政共同出资设立担保公司。供销合作社联合社、金融监管部门和地方政府要按照职责分工,承担起监管职责和风险处置责任,切实防范和化解金融风险。

三、推进供销合作社基层社改造,密切与农民的利益联结

基层社是供销合作社在县以下直接面向农民的综合性经营服务组织,是供销合作社服务"三农"的主要载体。要按照强化合作、农民参与、为农服务的要求,因地制宜推进基层社改造,逐步办成规范的、以农民社员为主体的合作社,实现农民得实惠、基层社得发展的双赢。

(八)强化基层社合作经济组织属性。通过劳动合作、资本合作、土地合作等多种途径,采取合作制、股份合作制等多种形式,广泛吸纳农民和各类新型农业经营主体入社,不断强化基层社与农民在组织上和经济上的联结。按照合作制原则加快完善治理结构,落实基层社社员代表大会、理事会、监事会制度,强化民主管理、民主监督,提高农民社员在经营管理事务中的参与度和话语权。拓宽基层社负责人选任渠道,鼓励村"两委"负责人、农村能人等入社参选。规范基层社和农民社员的利益分配关系,建立健全按交易额返利和按股分红相结合的分配制度,切实做到农民出资、农民参与、农民受益。

(九)加快推进基层社改造。经济实力较强的基层社要扩大服务领域,积极发展生产合作、供销合作、消费合作、信用合作,加快办成以农民为主体的综合性合作社。对经济实力较弱的基层社,要采取政策引导、联合社帮扶、社有企业带动等多种方式,着力提升服务能力,通过服务密切与农民的联系,不断强化与农民的联合与合作。根据农民需求和供销合作社实际,逐步将已经承包或租赁的基层社网点纳入供销合作社经营服务体系;在没有基层社的地区加快经营服务网点建设,新建基层社要按照合作制原则规范创办。

(十)领办创办农民专业合作社。通过共同出资、共创品牌、共享利益等方式,创办一批管理民主、制度健全、产权清晰、带动力强的农民专业合作社。在自愿的前提下,引导发展农民专业合作社联合社,充分发挥供销合作社综合服务平台作用,带动农民专业合作社围绕当地优势产业开展系列化服务。加强基层社与农村集体经济组织、基层农技推广机构、龙头企业等合作,形成服务农民生产生活的合力。

(十一)加强对基层社发展的扶持。国家扶持供销合作社的政策要向基层社倾斜,各级联合社资源要更多投向基层社。支持基层社作为相关涉农政策和项目的实施主体,承担公益性服务。支持符合条件的基层社作为农民专业合作社进行工商登记注册,允许财政项目资金直接投向注册后的基层社,允许财政补助形成的资产转交注册后的基层社持有和管护。

四、创新供销合作社联合社治理机制,增强服务"三农"的综合实力

联合社是供销合作社的联合组织,肩负着领导供销合作事业发展的重要职责。各级联合社要深化体制改革,创新运行机制,理顺社企关系,密切层级联系,着力构建联合社机关主导的行业指导体系和社有企业支撑的经营服务体系,形成社企分开、上下贯通、整体协调运转的双线运行机制。

(十二)构建联合社主导的行业指导体系。中华全国供销合作总社要充分发挥领导全国供销合作事业发展的作用,贯彻落实党中央、国务院"三农"工作方针政策,研究制定发展战略和规划,指导服务全系统改革发展,代表中国合作社参与国际合作社联盟事务。省级和市地级联合社要加强本区域内供销合作社的行业管理、政策协调、资产监管、教育培训,贯彻落实好上级社和地方党委、政府的决策部署。县级联合社要组织实施好基层社改造,强化市场运营,搞好直接面向农民的生产生活服务网点建设。

加强联合社层级间的联合合作，强化联合社为成员社服务、为基层社服务的工作导向。落实县级以上联合社对成员社的资产监管职责，建立成员社对联合社的工作评价机制，完善联合社对成员社的工作考核机制。做实供销合作社合作发展基金，各级联合社当年社有资产收益，按不低于20%的比例注入本级供销合作社合作发展基金。省、市地、县级联合社在自愿的基础上，将本级合作发展基金的一部分上缴上一级联合社合作发展基金，统筹用于基层社建设和为农服务。抓紧制定合作发展基金运行和管理办法，确保出资成员权责明确，基金运行公开透明、规范高效。

（十三）构建社有企业支撑的经营服务体系。深化社有企业改革，规范治理结构，增强社有企业发展活力和为农服务实力。加快完善现代企业制度，健全法人治理结构，建立与绩效挂钩的激励约束机制。加强各层级社有企业间的产权、资本和业务联结，推进社有企业相互参股，建立共同出资的投资平台，推动跨区域横向联合和跨层级纵向整合，促进资源共享，实现共同发展。推进社有企业并购重组，在农资、棉花、粮油、鲜活农产品等重要涉农领域和再生资源行业，培育一批大型企业集团。社有企业改革要公开透明、规范操作，要有"防火墙""隔离带"，切实防止社有资产流失。允许上级社争取的同级财政扶持资金依法以股权形式投入下级社。支持社有企业承担化肥、农药等国家储备任务，鼓励符合条件的社有企业参与大宗农产品政策性收储。

（十四）理顺联合社与社有企业的关系。联合社机关要切实把握好社有企业为农服务方向，加强社有资产监管，促进社有资产保值增值；社有企业要面向市场自主经营、自负盈亏。各级供销合作社理事会是本级社属资产和所属企事业单位资产的所有权代表和管理者，理事会要落实社有资产出资人代表职责，监事会要强化监督职能。联合社机关成立社有资产管理委员会，按照理事会授权，建立社有资本经营预算制度，并接受审计机关和同级财政部门的监督，以管资本为主加强对社有资产的监管。采取委派法人代表管理和特殊管理股股权管理等办法，探索联合社机关对社有企业的多种管理方式。探索组建社有资本投资公司，优化社有资本布局，重点投向为农服务领域。在改革过渡期内，联合社机关参照公务员法管理的人员确因工作需要，经有关机关批准可到本级社有企业兼职，但不得在企业领取报酬。

（十五）创新联合社治理结构。按照建设合作经济联合组织的要求，优化各级联合社机关机构设置、职能配置，更好地运用市场经济的手段推进工作，切实履行加强行业指导、落实为农服务职责、承担宏观调控的任务。稳定县及县以上联合社机关参照公务员法管理。对参照公务员法管理的联合社机关新进的相关工作人员，按照公务员法有关规定，经批准可探索实行聘任制。允许不同发展水平的联合社机关选择参公管理模式或企业化管理模式。对实行企业化运营的，应该进行不再纳入编制管理的试点。管理模式的选择和开展试点要积极稳妥，严密程序，经批准后实施。大力发展行业协会，实现协会与联合社融合互补、协同发展。

着力推进县级联合社民主办社、开放办社，逐步把县级联合社办成基层社共同出资、各类合作经济组织广泛参与、实行民主管理的经济联合组织。创新县级联合社运行机制，逐步建立市场化的管理体制、经营机制、用人制度，选择有条件的县级联合社进行实体性合作经济组织改革试点。统筹运营县域内供销合作社资源，打造县域范围内服务农民生产生活的综合平台，着力培育规模化服务优势。

五、加强对供销合作社综合改革的领导

重视和加强供销合作事业,是党和政府做好"三农"工作的传统和优势。要站在加快推进中国特色农业现代化、巩固党在农村执政基础的战略高度,树立重视供销合作社就是重视农业、扶持供销合作社就是扶持农民的理念,加快推进供销合作社综合改革,继续办好供销合作社。

(十六)各级党委、政府要落实领导责任。把深化供销合作社综合改革纳入全面深化改革大局统筹谋划、协调推进,把握好节奏和力度,精心组织,抓好落实。深入开展调查研究,及时发现和解决改革过程中的苗头性、倾向性问题,确保供销合作社通过综合改革进一步得到加强。积极稳妥推进供销合作社综合改革试点,努力形成可复制、可推广的经验做法,各级财政要给予必要支持。各省(自治区、直辖市)改革试点方案要履行报批手续,中央农村工作领导小组统筹协调把关供销合作社综合改革工作。重视和加强供销合作社领导班子建设,选拔素质高、能力强的干部充实到各级联合社领导班子,特别是选好配强县级联合社领导班子。探索具有合作经济组织特点的干部人事管理制度。

(十七)加大对供销合作社综合改革的支持力度。有关部门要关心支持供销合作社改革发展,按照职能分工,落实好相关配套措施,形成推进供销合作社综合改革的合力。对已出台的扶持政策,要逐项梳理,加强督促检查,确保落实到位。中央财政要继续支持新农村现代流通服务网络工程建设,通过现有资金渠道支持供销合作社组织实施农业社会化服务惠农工程。加大国家农业综合开发对供销合作社新型农业社会化服务体系和产销对接等项目建设的支持力度。加强对财政投入资金的管理和审计监督。各级地方政府要按照有关规定,抓紧落实处理供销合作社财务挂账、金融债务、社有企业职工社会保障等历史遗留问题。保持供销合作社组织体系和社有资产完整性,任何部门和单位都不得违法违规平调、侵占供销合作社财产,不得将社有资产纳入地方政府融资平台,不得改变供销合作社及其所属企事业单位的隶属关系。

(十八)确立供销合作社的特定法律地位。在长期的为农服务实践中,供销合作社形成了独具中国特色的组织和服务体系,组织成分多元,资产构成多样,地位性质特殊,既体现党和政府的政策导向,又承担政府委托的公益性服务,既有事业单位和社团组织的特点,又履行管理社有企业的职责,既要办成以农民为基础的合作经济组织,又要开展市场化经营和农业社会化服务,是党和政府以合作经济组织形式推动"三农"工作的重要载体,是新形势下推动农村经济社会发展不可替代、不可或缺的重要力量。为更好发挥供销合作社独特优势和重要作用,必须确立其特定法律地位,抓紧制定供销合作社条例,适时启动供销合作社法立法工作。

(十九)加强供销合作社自身建设。各级供销合作社要切实增强深化综合改革的自觉性主动性,转变行政化的思维方式和工作方法,用改革的思路和市场的办法不断破解体制机制难题,着力在关键环节和重点领域取得突破。加强供销合作社人才队伍建设,广泛吸引各类经营管理和专业技术人才,着力培养一批懂市场、会管理的优秀企业家,造就一支对农民群众有感情、对合作事业有热情、对干事创业有激情的高素质干部职工队伍。巩固供销合作社系统党的群众路线教育实践活动成果,切实加强和改进作风。大力弘扬"扁担精神""背篓精神"等优良传统,推进供销合作社文化建设,汇聚起推动供销合作事业发展的强大精神力量。

附录六 国务院
关于加快供销合作社改革发展的若干意见
国发〔2009〕40号

各省、自治区、直辖市人民政府,国务院各部委、各直属机构:

供销合作社是为农服务的合作经济组织,是推动农村经济发展和社会进步的重要力量。加快供销合作社改革发展,对于活跃农村流通,完善商品流通体系,建设现代农业,拉动农村需求,推进社会主义新农村建设,促进形成城乡经济社会发展一体化新格局,具有重大意义。现就新形势下加快供销合作社改革发展的若干问题,提出如下意见:

一、新形势下供销合作社改革发展的目标任务

(一)供销合作社改革发展取得显著成就。近年来,全国供销合作社系统认真贯彻党中央、国务院决策部署,始终坚持为农服务宗旨,不断深化体制改革、创新经营机制、拓展服务领域,全面推进基层社、社有企业、联合社、经营网络改造,成功实现扭亏为盈,发展活力明显增强,经济实力明显提升,服务能力明显提高,为促进农业发展、农民增收、农村繁荣作出了重要贡献。经过多年改革发展,供销合作社正在从传统经营方式向现代流通业态转变,从单纯购销业务向综合经营服务转变,从单一供销合作向多领域全面合作转变,成为经营性服务功能充分发挥、公益性服务作用不断体现的新型农村合作经济组织。

(二)供销合作社改革发展面临的新形势新任务。当前,我国改革发展进入关键阶段,农村正在发生深刻变革。发展现代农业,要求供销合作社发挥组织体系完整的优势,积极参与构建新型农业社会化服务体系,推进农业产业化经营,提高农民组织化程度;建设社会主义新农村,要求供销合作社发挥扎根基层的优势,广泛凝聚各类社会资源,大力开展农村社区综合服务,不断提高农民的生活质量;扩大国内需求,要求供销合作社发挥流通网络覆盖城乡的优势,加快推进新农村现代流通服务网络建设,改善农村消费环境,开拓农村市场,促进城乡经济社会统筹发展。

(三)供销合作社改革发展的总体要求。新形势下推进供销合作社改革发展,要全面贯彻党的十七大和十七届三中、四中全会精神,以邓小平理论和"三个代表"重要思想为指导,深入贯彻落实科学发展观,坚持为农服务宗旨,坚持社会主义市场经济改革方向,坚持合作制基本原则,大力推进经营创新、组织创新、服务创新,加快构建运转高效、功能完备、城乡并举、工贸并重的农村现代经营服务新体系,努力成为农业社会化服务的骨干力量、农村现代流通的主导力量、农民专业合作的带动力量,真正办成农民的合作经济组织,不断开创中国特色供销合作事业新局面。

二、加快推进供销合作社现代流通网络建设

(四)加快发展农业生产资料现代经营服务网络。依托供销合作社建设一批统一采购、跨地区配送的大型农资企业集团,在粮食主产区和交通枢纽,完善农资仓储物流基础设施,建设

区域物流配送中心。加快推进农资连锁经营,大力发展统一配送、统一价格、统一标识、统一服务的农资放心店。支持符合条件的供销合作社从事种子、农机具、成品油等商品经营,办好庄稼医院,面向农民开展各种技术服务。支持供销合作社符合条件的企业,利用现有设施承担化肥、农药等重要物资的国家商业储备、救灾储备任务。

(五)加快发展农村日用消费品现代经营网络。支持供销合作社培育壮大日用消费品连锁骨干企业,加快传统经营网络改造升级,加强区域物流配送中心、连锁超市和便利店等农村零售终端建设,逐步形成县有配送中心、乡有超市、村有便利店的连锁经营体系,营造便利实惠、安全放心的消费环境。鼓励供销合作社发挥"一网多用"优势,依法开展家电、图书、药品、烟花爆竹等连锁经营业务。

(六)加快发展农副产品现代购销网络。支持供销合作社开办的农产品批发市场升级改造和功能提升,增强仓储运输、冷链物流能力,建立健全检验检测、资金结算、信息服务系统。引导供销合作社创新农产品流通方式,推动大型连锁超市与农民专业合作社、生产基地、专业大户等直接建立采购关系,培育品牌产品,降低流通成本,提高流通效率。支持供销合作社在棉花主产区和主销区建设仓储物流设施,符合条件的企业可以接受政府委托,承担国家棉花储备、进出口等任务。鼓励供销合作社承担边销茶、羊毛等储备和经营任务。

(七)加快发展再生资源回收利用网络。鼓励供销合作社积极参与再生资源回收利用体系建设,规范建设社区和村镇回收网点、专业化分拣中心、区域集散交易市场和综合利用处理基地。支持供销合作社有条件的企业依法开展废旧家电、报废汽车等回收拆解业务,形成回收、分拣和加工利用一体化经营的再生资源回收利用体系,实现再生资源产业化经营、资源化利用和无害化处理。

三、着力强化供销合作社服务功能

(八)加强专业合作服务。立足当地优势资源和特色产业,利用供销合作社人才、网络、设施等条件,采取多种方式积极领办农民专业合作社。带动农民专业合作社开展信息、营销、技术、农产品加工储运等服务,推进规模化种养、标准化生产、品牌化经营,提高农产品质量安全水平和市场竞争力。帮助农民专业合作社开拓市场,开辟合作社产品进超市、进社区、进批发市场的便捷通道。积极参与农民专业合作社示范社建设,加强人员培训,各级财政根据实际情况,给予必要的经费支持。

(九)完善行业协会服务。加强供销合作社系统行业协会建设,增强服务功能,强化行业自律,反映行业诉求,推动行业诚信建设。推进协会内部改革,建立健全规范的运行机制。在农资、棉花、茶叶、果品、食用菌、蜂产品、畜产品、烟花爆竹和再生资源等传统优势领域,重视发挥供销合作社系统行业协会在制定产业政策、行业规划、产品标准等方面的积极作用。

(十)强化农村综合服务。按照政府引导、多方参与、整合资源、市场运作原则,支持供销合作社参与建设主体多元、功能完备、便民实用的农村社区综合服务中心。按照农民生产生活实际需要,进一步拓展服务领域,创新服务方式,在继续搞好农资、农副产品、日用消费品经营基础上,积极开展文体娱乐、养老幼教、劳动就业等服务。各级政府要制定相关扶持政策,推进公共服务向农村延伸,调动社会各方面力量,共同打造农村社区综合服务平台。

四、不断加强供销合作社组织建设

（十一）继续加强基层社建设。基层社是植根农村、贴近农民、强化为农服务的基本环节，只能加强，不能削弱。根据县域经济发展特点和城镇建设规划要求，调整建制，优化布局，改造建设一批辐射带动能力强的基层社。加强基层社民主管理，建立完善社员代表大会制度，引导社员参与基层社经营管理活动，密切与农民社员的经济联系，逐步结成利益共同体。维护供销合作社资产完整性，基层社改制后的剩余资产，由县联社代为行使所有权和管理权。

（十二）增强联合社的服务功能。各级联合社要认真履行指导、协调、监督、服务、教育培训职能。推进开放办社，广泛吸纳各类合作经济组织、龙头企业、专业大户，积极组建行业协会、农产品经纪人协会，为农民专业合作搭建服务平台。强化社有资产监管，切实行使出资人职责，落实资产保值增值责任。积极探索建立与绩效挂钩的激励约束机制，充分调动管理者和经营者积极性。监督社有企业依法合规经营，督促其完善内部管理、加强风险控制。建立健全民主管理制度，按期召开社员代表大会，做好换届选举工作。

（十三）依法维护供销合作社权益。各级供销合作社联合社理事会是本级社集体财产和所属企事业单位财产的所有权代表，任何部门和单位不得随意侵占、平调其财产，不得随意改变供销合作社及其所属企事业单位的隶属关系，保持供销合作社组织体系的完整性。各级政府根据实际需要，积极创造条件，将可以由供销合作社承担的任务和职能委托或赋予供销合作社。县及县以上联合社在严格核定人员的情况下，将所需经费列入同级财政预算。对未参照公务员法管理的联合社机关，由地方政府依据有关法律法规，结合实际制定管理办法。

五、积极创新社有企业经营机制

（十四）推动社有企业参与农业产业化经营。供销合作社具有联系农民、产业众多、熟悉市场的综合优势，有条件的社有企业都要积极参与农业产业化经营。引导社有企业与农户结成更紧密的利益关系，为生产者提供全方位服务，把更多的利润返还给农民。依托农民专业合作经济组织，按照标准化生产的规范，加快建立水平较高的优质农产品基地，引导农民发展集约化、规模化生产。在果品、茶叶、畜产品、蜂产品、食用菌等传统优势领域，加大品牌整合培育力度，加快技术含量和附加值高的产品开发，拓展国内外市场，提升农产品竞争力。支持社有企业参与国家农业产业化、标准化示范、农业技术研发推广等项目，加大对农业综合开发供销合作社项目的支持力度。

（十五）推进社有企业健全现代企业制度。采取经营者和职工持股、引进社会资本等多种形式，加快推进投资主体多元化，不断健全法人治理结构，完善企业经营机制，提高市场竞争能力。对为农服务的骨干龙头企业，要保持供销合作社控股地位。规范企业改制行为，切实防止社有资产流失。完善企业财务、投资和风险控制机制，加强内部审计监督，提高管理水平。鼓励具备条件的企业在境内外资本市场上市。

（十六）做大做强社有企业。调整优化社有资本布局，促进优势资源向骨干企业集中。推进企业并购重组，加快纵向整合和横向联合，着力在农资、棉花、农副产品、日用消费品、再生资源等领域培育一批主业突出、市场竞争力强、行业影响力大的企业集团，增强供销合作社为农服务实力。拓展社有企业经营范围和服务领域，促进工农产品双向流通、城乡产业紧密融合。支持社有企业参与"万村千乡"和"双百"市场工程以及农超对接、家电下乡、以旧换新等工作，鼓励社有企业积极利用农村物流服务体系发展专项资金、服务业发展专项资金、中小商贸企业发展专项资金开拓农村市场。

六、切实加大对供销合作社改革发展的支持力度

（十七）妥善解决历史遗留问题。对2002年财政部等七部门共同核复的供销合作社系统地方政策性财务挂账，地方政府要尽快采取有效措施，抓紧落实处理；支持供销合作社多渠道消化经营性财务挂账，有关金融机构加快处置供销合作社拖欠的金融债务。要尊重历史，注重现实，根据实际使用情况，依照法律、法规和有关政策确定土地权属，加快供销合作社土地登记颁证工作。供销合作社使用的原国有划拨建设用地，经批准可采取出让、租赁方式处置，收益实行"收支两条线"，优先用于支付供销合作社破产和改制企业职工安置费用、改善农村流通基础设施。抓紧落实相关政策，切实解决好供销合作社企业职工基本养老保险问题。

（十八）支持发展供销合作事业。抓紧完善新农村现代流通服务网络工程建设规划，扩大实施范围，充实建设内容，中央和省级财政继续加大资金扶持力度。鼓励供销合作社的企业法人按照市场准入条件参与组建村镇银行，支持供销合作社领办的农民专业合作社开展农村资金互助社和互助合作保险试点工作。银行业金融机构要加强与供销合作社系统企业的业务合作，积极探索发展适合当地农村特点的金融产品和服务方式。支持供销合作社系统科研机构承担国家科研和农业成果转化项目。支持供销合作社开展农村信息化网络建设。支持利用供销合作社教育培训资源，开展农民专业合作社带头人、农产品经纪人、农民技能培训，发展农村中等职业教育。

（十九）加强供销合作社人才队伍建设。健全理事会、监事会机构设置，保持领导班子相对稳定。实行人才兴社战略，大力引进和培养各类经营管理与专业技术人才，积极吸纳高校毕业生，不断优化干部职工知识和年龄结构。大力弘扬供销合作社"扁担精神""背篓精神"，培育造就一支甘于奉献、勇于创新、善于开拓的高素质干部职工队伍。

国务院

2009年11月17日

附录七 中共中央 国务院
关于深化供销合作社改革的决定
中发〔1995〕5号

深化供销合作社改革，是发展社会主义市场经济的需要，是整个农村改革的重要方面，对于加强农业基础地位，建立和完善农业社会化服务体系，促进城乡经济发展，密切党和政府与农民群众的联系，巩固工农联盟，具有重要意义。各级党委、政府要高度重视，切实抓紧抓好。

一、深化供销合作社改革是一项重要的紧迫任务

农业、农村和农民问题始终是我国社会主义建设事业的根本问题。供销合作社是农民的合作经济组织。40多年来，供销合作社在为农服务、促进城乡物资交流、保障市场供给等方面做了大量工作，作出了重要贡献。随着整个经济体制改革的推进，供销合作社改革了也进行了有益的探索，取得了一定成绩。实践证明，农业和农村是供销合作社生存和发展的基础，供销合作社是繁荣农村经济的重要力量。重视、加强供销合作社、农村、农民就得利受益；忽视、削弱供销合作社，农业、农民就受到损害。从这个意义上说，供销合作社的问题实质上是农业、农村、农民的问题。

当前，我国农业和农村经济正向社会主义市场经济发展，广大农民迫切要求提供各种经济、技术、信息服务和联合起来进入市场，国家也需要对农村经济加强指导和调控。供销合作社应该在这些方面发挥作用，担当起责任。但是，由于种种原因，目前供销合作社体制不顺，缺乏经营活力，为农服务观念淡薄，服务工作削弱，基层社经营严重困难，没有起到它应有的作用。这种状况与农村经济发展和农民群众的要求很不适应，与建立社会主义市场经济体制的目标很不适应。如果不尽快改变，供销合作社就会脱离广大农民群众，性质就会改变，功能就会萎缩，组织就会消亡。因此，必须把深化供销合作社改革作为当前农村经济体制改革和经济发展的一项重要的紧迫任务。

中央认为，深化供销合作社改革的总体思路是：从农村经济发展的需要、从建立社会主义市场经济体制的要求，从供销合作社自身改革的迫切需要出发，紧紧围绕把供销合作社真正办成农民的合作经济组织这个目标，抓住理顺组织体制、强化服务功能、完善经济机制、加强监督管理和给予保护扶持等五个环节，以基层社为重点，采取切实有力的政策措施，使供销合作社真正体现农民合作经济组织的性质，真正实现为农业、农村和农民提供综合服务的宗旨，真正成为加强党和政府与农民密切联系的桥梁和纽带。

二、坚持把供销合作社真正办成农民的合作经济组织

在党和政府的领导下，把供销合作社真正办成农民的合作经济组织，是深化改革的根本目标，也是改革能否成功的关键。要实现这个目标，最重要的是做到三个坚持：

必须坚持供销合作社集体所有制性质。要保证入社农民共同所有财产，共同享受权益，共同承担责任和义务。供销合作社集体财产不能量化到人，不能分掉。一些地方存在的任意平

调和处置供销合作社及所属企业的财产,把供销合作社的财产量化到职工个人,把供销合作社改成股份公司、搞股份合作制的做法,都是违背供销社性质的,必须坚决纠正。要从法律上、体制上、政策上真正体现所有者的地位,保护所有者权益。

必须坚持为农业、农村、农民提供综合服务的办社宗旨。供销合作社作为农民的合作经济组织,主要任务就是围绕建立和完善农业社会化服务体系,做好为农业、农村、农民服务的工作,不断满足农民生产生活中多方面的实际需要,促进农村经济的发展和农民收入水平的提高,把一家一户办不了或不好办的事情办起来,把千家万户的分散经营与大市场连接一起。

必须坚持自愿、互利、民主、平等的合作制原则。要尊重农民的意愿,坚持自愿联合、互利互惠,实行民主管理、民主监督,保证农民在供销合作社活动中的应有权力。

三、理顺供销合作社的组织体制

理顺供销合作社的组织体制,实现供销合作社性质、宗旨、任务的组织保障,是把供销合作社真正办成农民合作经济组织的重要标志。

按照自愿原则,争取更加广泛的农民群众入社,充分体现它的群众性。要坚持农民入社自愿、退社自由,绝不能搞强迫命令。

按照民主的原则,理顺供销合作社的内部管理体制。供销合作社实行代表会议制,设立理事会和监事会。理事会和监事会要有一定比例的社员代表参加。领导成员实行民主选举,职工实行招聘合同制,重大决策实行民主协商,经营管理实行民主监督,充分体现民主性。各级供销合作社的日常工作实行理事会主任负责制。

按照联合的原则,理顺各级供销合作社之间的关系。供销合作社分基层社,县、市联合社,省、自治区、直辖市联合社,全国总社。各级供销合作社之间是自下而上的经济联合关系,内部实行联合社为成员社服务、各级联合社为基层社服务的原则。联合社对成员社负有指导、协调、监督和教育培训人员的责任。

按照政社分开的原则,各级供销合作社退出政府行政机构序列。根据实际需要,可以承担政府委托的任务,行使政府授权的某些职能,列席政府的有关会议。政府依照法律和政策,对其进行指导、协调、扶持、监督。

按照社企分开的原则,理顺各级供销合作社理事会与其所属企业的关系。各级供销合作社理事会是本社集体财产(包括所属事业财产)的所有权代表和管理者;拥有对所属企业主要负责人的聘任和解聘权,企业重大经营、投资活动的审批权,企业经营管理的监督检查权,享有财产受益权,但不干预企业的具体业务活动。各级供销合作社所属企业是独立的企业法人,拥有经营、用工、分配等自主权,实行自主经营、自负盈亏、自我发展、自我约束。

四、强化供销合作社为农服务的功能

各级供销合作社都要把为农服务放在首位,一切活动都要围绕建立和完善农业社会化服务体系,做好为农业、农村、农民服务的工作。要牢固树立全心全意为农服务的观念,进一步转变经营作风,改进经营形式,在农产品购销活动中大力发展合同制、联营制、代理制和利润制,与农民建立稳定的购销关系,使农业生产更符合市场需求,使农民得到更多的实惠。要积极拓展服务领域,扩大经营范围,只要有利于满足农业、农村和农民的需要,有利于繁荣城乡经济的活动,供销合作社都应当依法积极去做,有关部门都应给予积极支持。

建立和完善农业社会化服务体系,是促进农村经济发展的基础建设。各涉农部门和各类农村服务组织都应遵循鼓励竞争、反对垄断、提倡联合、强化服务的原则,互相支持,密切合作。供销合作社要进一步从单纯的购销组织向农村经济的综合服务组织转变,大力发展以加工、销售企业为龙头的贸工农一体化、产供销一条龙经营,带动千农万户连片兴办农产品商品基地和为城市服务的副食品基地,发展农产品加工、储藏、运输业和其他二、三产业,发展专业合作社,积极为农业、农村、农民提供综合性、系列化的经济技术服务,引导农民有组织地进入市场。

要积极扩大对外开放,发展对外经济、贸易、技术合作,引进国外资金、技术和先进的管理经验,不断增加出口创汇。政府有关部门对供销合作社开展对外经济贸易活动,应给予积极支持,并依法管理。

五、完善供销合作社的经营机制

供销合作社的经营机制必须建立在对社员不以营利为主要目的,其他经济活动实行企业化经营,提高经济效益,不断增强自身为农服务实力基础上。

各级供销合作社是自主经营、自负盈亏、独立核算、照章纳税、由社员民主管理的群众性经济组织,具有独立法人地位,依法享有独立进行经济、社会活动的自主权。

供销合作社内部应实行多种形式的经营责任制,不断增强市场竞争意识,搞活企业经营,加强企业管理,提高经济效益。无论实行哪一种经营责任制,都不得改变它的集体所有制性质,都必须确保资产的保值增值,确保社员的经济权益。要进一步改革分配制度,打破"铁饭碗"和平均主义。

要切实加强供销合作社职工队伍的建设。几十年来,供销合作社已经建立起一支庞大的职工队伍,总的来讲,这支队伍是好的,在促进城乡经济发展中做出了巨大努力,取得了显著成绩。但也应当看到,在发展社会主义市场经济的进程中,职工队伍的现状与其所承担的任务很不适应,必须引起高度重视。各级供销合作社都要把职工队伍建设作为一项基础工作来抓。要加强思想政治工作,关心职工生活,保障职工权益,稳定职工队伍。要办好各类专业院校和培训中心,加强在职职工的业务、技术培训和职业道德教育。要深化劳动用工制度的改革,管理人员实行招聘制,职工实行劳动合同制,对专业技术人员按照国家有关规定评定技术职称。要广泛吸收各类优秀人才,优化人才结构,提高职工队伍素质,更好地肩负起供销合作社的历史重任。

六、加强基层供销合作社建设

基层供销社是供销合作社的基础,是直接体现农民合作经济组织性质和实现为农服务宗旨的基本环节。基层社办得好不好,对农村经济的繁荣与发展关系重大,也是农民关注的焦点。因此,必须花大力量把基层供销社建设好。

基层供销合作社要办成综合服务组织,根据农民生产生活的需要,急农民所急,想农民所想,办农民所需,做好产前、产中、产后服务,办好村级综合服务站和庄稼医院,及时地、保质保量地做好生产资料供应工作,帮助农民发展专业化生产,开拓市场,扩大经营,解决农民买难卖难问题。基层供销合作社各类门店实行多种形式的经营责任制。除少数"边、小、微、亏"专销生活资料和从事饮食、服务业的门店、柜组外,一律不搞"社有个营"或"社有民营"。

适当调整基层社建社规模,提高规模经营效益。在有条件的地方,要以大集镇为中心建社,实行并社留店,适当扩大经营规模。要以县联社为龙头,广泛开展农产品的"分购联销"和工业品的"联购分销",提高规模效益。联合社的经营所得,要有一定的比例返还给基层社,以加强基层社的建设,增强其为农服务的功能。

加强领导班子建设和民主管理,是办好基层社的关键。要整顿强化基层社领导班子,选拔懂经营、会管理、有开拓精神、作风正派的人员充实基层社的领导,并注意吸收农民社员中的优秀分子参加管理。要按照社章规定,按期召开社员代表会议,报告工作,听取意见,接受监督。

七、加强对供销合作社的监督和管理

加强监督和管理,是坚持供销合作社的性质和宗旨、促进供销合作社健康发展的重要保证。供销合作社是农民的合作经济组织,又承担国家赋予的某些经济社会任务,在实际工作中要处理好国家与农民之间的利益关系。供销合作社应建立监事会,其成员由政府有关经济部门负责人、社员代表和专家组成,把内部监督与外部监督结合起来。监事会的主要职能是监督检查党和国家有关方针、政策的执行情况,国家委托的各项经济、社会任务的完成情况,以及代表会议执行情况等,以保证供销合作社坚持正确的办社方向和集体财产的保值增值。

八、加强政府对供销合作社的保护和扶持

供销合作社担负着农村经济、农业生产、农民生活提供系列化服务的重要任务,各级政府都要给予保护扶持。要保护供销合作社的财产权益,保障其组织的完整性。任何单位或个人都不得平调它的财产权益,不得随意改变供销合作社及其所属企业的隶属关系。对于一些地方随意改变供销合作社所属企业隶属关系和将基层社下放给乡(镇)政府的做法,应予以纠正。

各级政府要重视发挥供销合作社的作用,同时要兼顾它的经济利益。供销合作社应积极承担和保质保量完成国家委托的经营业务和社会服务任务。政府委托的任务应保障提供必要的资金,由此发生的政策性亏损应予以补偿。供销合作社承担的重要农产品和农业生产资料国家储备任务,所需资金按国家有关规定办理。对供销合作社过去的债务和承担政府委托任务所形成的政策性亏损,由国家计划、财政、审计、银行和新成立的全国供销合作总社共同组织清理,并采取适当措施逐步解决。

鼓励供销合作社向政府承包农业开发项目、扶贫项目。供销合作社应设立专门账户,做到专款专用、承贷承还,管好用活资金。

加快对供销合作社的立法工作,用法律、法规形式明确其性质和宗旨,规范其行为,保护其权益。

九、抓紧组建全国供销合作社总社

党中央、国务院决定成立中华全国供销合作总社,组建工作要抓紧进行。

新成立的中华全国供销合作总社,是全国供销合作社的联合组织,由国务院领导。它的职能和任务是:负责研究制订全国供销合作社的发展战略和发展规划,指导全国供销合作社的发展和改革;按照政府授权对重要农业生产资料、农副产品经营进行组织、协调、管理;维护各级供销合作社的合法权益;协调同有关部门的关系,指导全国供销合作社的业务活动,促进城乡物资交流;宣传贯彻党中央、国务院有关农村经济工作的方针政策;代表中国合作社参与国际合作社联盟的各项活动。

中华全国供销合作总社设立理事会、监事会,实行理事会主任负责制。理事会、监事会由代表会议选举产生。要本着精简、效能的原则,设立精干的办事机构。

党中央、国务院认为,供销合作社改革不是单纯的流通领域改革,也不单是供销合作社自身的机构改革,而是整个经济体制特别是农村经济体制改革的重要组成部分,涉及城市与农村、工业与农业、生产与流通等各方面的关系,影响面广,政策性强。各级党委、政府应当从全面发展农村经济的大局出发,加强对供销合作体制改革的领导,使这项改革有组织、有步骤、积极稳妥地深入进行,见到实效。

中共中央　国务院
1995 年 2 月 27 日

附录八　中华全国供销合作总社印发供销合作社促进小农户和现代农业发展有机衔接工作实施方案的通知

各省、自治区、直辖市及新疆生产建设兵团供销合作社，中华全国供销合作总社各部局、各直属单位、各主管社团、供销集团各成员企业：

为深入贯彻《中共中央办公厅、国务院办公厅印发〈关于促进小农户和现代农业发展有机衔接的意见〉的通知》（中办发〔2019〕8号）精神，充分发挥供销合作社在促进小农户和现代农业发展有机衔接方面的独特优势与重要作用，中华全国供销合作总社研究制定了《供销合作社促进小农户和现代农业发展有机衔接工作实施方案》，现印发你们，请认真抓好贯彻落实。

中华全国供销合作总社
2019年3月7日

供销合作社促进小农户和现代农业发展有机衔接工作实施方案

实现小农户和现代农业发展有机衔接，是以习近平同志为核心的党中央立足我国基本国情农情作出的重大战略部署，对于深入实施乡村振兴战略、推进农业农村现代化具有重要意义。为深入贯彻《中共中央办公厅、国务院办公厅印发〈关于促进小农户和现代农业发展有机衔接的意见〉的通知》（中办发〔2019〕8号）精神，充分发挥供销合作社在促进小农户和现代农业发展有机衔接方面的独特优势与重要作用，中华全国供销合作总社（以下简称总社）按照中央决策部署要求，结合供销合作社实际，制定如下实施方案。

一、总体要求

（一）指导思想。以习近平新时代中国特色社会主义思想为指导，全面贯彻党的十九大和十九届二中、三中全会精神，坚持小农户家庭经营为基础与多种形式适度规模经营为引领相协调，坚持农业生产经营规模宜大则大、宜小则小，按照服务小农户、提高小农户、富裕小农户的要求，以密切与小农户的经济利益联结为核心，以实施"供销合作社农业社会化服务惠农工程"和"供销服务带动小农户工程"为抓手，发挥供销合作社组织网络和服务优势，加强面向小农户的生产生活服务，提升小农户组织化程度，提高小农户生产经营能力，拓宽小农户增收空间，促进传统小农户向现代小农户转变，让小农户共享供销合作社改革发展成果，切实在促进小农户和现代农业发展有机衔接中更好地发挥作用，为中国特色社会主义乡村振兴作出更大贡献。

（二）基本原则

——坚持发挥优势、突出重点。充分发挥供销合作社组织、网络、品牌、服务等优势，找准供销合作社服务小农户工作的着力点和结合点，重点解决小农户面临的生产经营难题，建立健全面向小农户的社会化服务体系，提升小农户组织化程度和发展能力。

——坚持统筹推进、共同发展。统筹兼顾服务小农户和服务新型农业经营主体，发挥新型农业经营主体对小农户的带动作用。协调推进服务小农户与深化供销合作社综合改革,在服务小农户中促进供销合作社改革发展,以改革发展的成果更好地服务小农户。

——坚持因地制宜、分类施策。充分考虑各地资源禀赋、经济社会发展和农林牧渔产业等差异,顺应小农户分化趋势,立足供销合作社实际,探索适合不同地区、不同类型小农户的服务方式和手段,为小农户提供多样化、便利化、精准化服务。

——坚持尊重意愿、保护权益。充分尊重小农户意愿,保护小农户合理权益,调动小农户生产经营的积极性、主动性、创造性,使小农户成为现代农业的积极参与者和直接受益者。完善利益共享机制,让小农户从供销合作社的经营服务中分享更多收益。

(三)主要目标

到2022年,供销合作社系统初步建成着眼小农、立足产业、联结城乡、服务全程的农业社会化服务体系,有效发挥为农服务国家队作用。建成1.5万家规模适度、功能适用的现代农业服务中心,8万家庄稼医院,整合系统内外服务资源,基本形成覆盖全国涉农区县的农业生产性服务网络。农业生产托管等服务土地面积达到2.5亿亩(含复种),农产品市场交易额达到1.2万亿元,农产品购进额达到3万亿元,形成规模服务优势,带动小农户3000万户以上。

二、工作举措

(一)引导小农户开展合作与联合。鼓励县级供销合作社、基层社和社有企业通过共同出资、共创品牌、共享利益等方式,积极领办创办农民专业合作社,带动小农户共同购置农机、农资,推行统耕统收、统防统治、统销统结等服务,降低生产经营成本。引导有条件的供销合作社牵头组建区域型、产业型合作社联合社,发展生产、供销、信用"三位一体"综合合作,提升小农户合作层次和规模,提升产业发展水平,更好地带动小农户增收。积极开展"党建带社建、村社共建",因地制宜在有一定人口规模的中心村建设村级基层社,充分发挥供销合作社经营服务优势与村"两委"政治组织优势,推动基层社与村集体共育经营主体、共建发展项目,实现村集体、供销合作社、小农户共赢发展。依托县级供销合作社发展县域农民专业合作社服务中心,为合作社和各类新型农业经营主体提供财务代账、政务代办、小额融资等综合服务,促进合作社可持续发展,增强服务带动小农户的能力。到2022年,发展农民专业合作社服务中心1000家以上。(合作指导部牵头,金融服务部参与,2022年完成)

(二)创新合作社组织小农户机制。大力创建农民专业合作社示范社,进一步完善发展质量评估和定期监测淘汰机制,提升农民专业合作社规范化建设水平,坚持农户社员在合作社中的主体地位,确保农户成员在合作社中的民主管理、民主监督作用有效发挥,让农户成员切实受益。顺应农村"三变"改革的新形势,组织引导小农户利用实物、土地经营权、林权等作价出资组建股份合作社,盘活农户资源要素。根据小农户生产发展需要,推动社有企业与农民专业合作社对接合作,加强农产品初加工、仓储物流、市场营销等关键环节建设,积极发展社有企业+合作社+农户、农户+合作社、农户+合作社+工厂或公司等模式,形成农业产业化联合体,将小农户纳入现代农业产业体系。健全盈余分配机制,积极推进可分配盈余按照成员与合作社的交易量(交易额)比例、成员所占出资份额统筹返还,并按规定完成优先支付权益,使小农户共享合作收益。完善农业产业化带农惠农机制,鼓励社有企业通过订单收购、保底分红、二次返利、股份合作、吸纳就业、村企对接等多种形式带动小农户共同发展。(合作指导部牵头,经济发展与改革部、农业生产资料与棉麻局、中国供销集团参与,2022年完成)

(三)带动小农户发展特色优质农产品。发挥供销合作社熟悉市场、衔接产销的优势,紧盯市场需求,深挖当地特色优势资源潜力,引导小农户发展地方优势特色产业,促进形成一村一品、一乡一特、一县一业。发挥供销e家全国电商平台和各地区域平台的引领作用,带动小农户开展标准化生产和专业化、品牌化经营,引导小农户发展绿色农业,生产高附加值农产品。加强供销合作社品牌化建设,把小农户纳入供销合作社特色优质农产品品牌发展体系,引导小农户依靠产品品质和特色提高农产品竞争力,与小农户共享品牌经营成果。(经济发展与改革部牵头,合作指导部、科教社团部、中国供销集团参与,2022年完成)

(四)带领小农户发展新产业新业态。围绕地方特色资源和供销合作社传统优势产业,通过企业带动、项目撬动和行业引领,在产地建设改造一批保鲜、储藏、烘干、分级、包装等初加工设施,扶持农民专业合作社拓展经营产地初加工业务,促进农产品转化增值,带动小农户就地创业就业。发挥供销合作社基层经营服务网络优势,引导小农户发展生态农业、康养农业、创意农业等新型业态,推进农业与教育、文化、旅游、健康养老等产业深度融合,让小农户分享二、三产业增值收益。支持社有企业、基层社盘活自身闲置店铺、厂房、仓库等资源,流转小农户土地、托管小农户闲置房屋,积极发展休闲旅游、特色餐饮住宿和养生养老等项目,参与建设田园综合体、美丽乡村、特色小镇等,拓展小农户增收空间。(经济发展与改革部牵头,合作指导部、中国供销集团参与,2022年完成)

(五)发展农业生产性服务业。全面实施供销合作社农业社会化服务惠农工程,加快构建综合性、规模化、可持续的为农服务体系,通过多种方式服务小农户。推动系统农资企业向适应小农户需求的多元化多层次现代农业综合服务商转型,因地制宜组建专业化服务公司,整合资源建设现代农业服务中心,为小农户提供农资供应、绿色生产技术、农业废弃物资源化利用、农机作业等综合性、一站式服务。依托系统农资经营服务网络,创新发展新型庄稼医院,打造智慧农资农技服务平台,为小农户提供病虫害在线诊断、农技指导、测土配肥、统防统治等服务。鼓励各级供销合作社加强服务统筹,创建农机、植保、农资采购、农产品销售等服务联盟,形成规模服务优势,降低成本、提高效益。发挥供销合作社作为党和政府做好"三农"工作重要载体的独特作用,积极承接政府购买服务,为小农户提供公益性生产服务。(合作指导部牵头,农业生产资料与棉麻局、中国供销集团参与,2022年完成)

(六)加快推进农业生产托管服务。大力推广供销合作社土地托管服务经验,争取地方党委政府支持,积极参与实施小农户生产托管服务促进工程,不断扩大托管服务规模。创新农业生产服务方式,适应不同地区不同产业小农户的农业作业环节需求,发展单环节托管、多环节托管、关键环节综合托管和全程托管等多种托管模式,面向从事粮、棉、油、糖等大宗农产品生产的小农户开展托管服务,逐步推动托管服务由粮食作物向经济作物延伸,由平原地区向山区丘陵地区拓展。鼓励各地因地制宜创新托管服务方式,在供销合作社开展"村社共建"的地区发展联耕联种,由村"两委"组织农民将碎片化农地集中起来,实现连片种植,供销合作社农业服务公司、基层社、农民专业合作社等主体提供专业化服务。在开展村级基层社建设的地区探索发展农业共营制,引导农户以土地承包经营权折资入股成立土地股份合作社,村级基层社提供农业生产全程或环节服务。制定供销合作社农业生产托管服务规范,推动农业生产托管实现环节服务标准化和全程服务定制化。到2022年,供销合作社在全国涉农区县普遍开展农业生产托管服务。(合作指导部牵头,农业生产资料与棉麻局、科教社团部参与,2022年完成)

(七)推进经营服务网络与小农户产销对接。发挥系统骨干农产品市场带动作用,布局建设一批面向小农户的产地批发市场、田头市场等,加快建设农产品预冷、贮藏保鲜等冷链设施和冷链物流服务网络,推动系统农产品市场与小农户建立稳定、高效、畅通的产销对接渠道,带动合作社1万家以上、小农户1000万户以上。积极拓展农产品集采集配、直供直销和中央厨房业务,发展农产品社区店、平价店、便利店等零售终端,开展农超对接、农批对接、农社对接等多种形式的农产品产销对接活动,提高流通效率,不断拓宽小农户进入大市场的途径。推动系统棉花骨干企业以市场需求为导向,以销定产、按需定质,发展"订单农业",促进棉农与市场有效对接,为棉农打开销路,提高收入。(经济发展与改革部牵头,合作指导部、农业生产资料与棉麻局、中国供销集团参与,2022年完成)

(八)增强农村电商服务带动小农户能力。落实"互联网+"小农户计划和电商服务小农户专项行动,以农产品电商为重点,引导小农户生产适合网络销售的特色优质农产品,与系统自建和知名第三方电商平台开展网络购销对接,促进农产品流通线上线下有机结合。依托系统电商运营服务中心、电商产业孵化园等,为小农户提供产品开发、包装设计、网店运营、产品追溯等专业服务。加快基层经营服务网点信息化改造,发展农村电子商务服务站,带动农产品销售,形成"小农户—种养加工基地/合作社—电商平台—消费者"供应链,带动合作社5000家以上、小农户100万户以上。扎实开展电商扶贫,帮助贫困地区小农户销售农产品、卖上好价钱。(经济发展与改革部牵头,合作指导部、中国供销集团参与,2022年完成)

(九)提升金融服务小农户水平。规范开展农村金融服务,不断探索具有供销合作社特色的农村金融服务方式,为促进小农户和现代农业发展有机衔接提供金融支撑。坚持稳中求进、以进固稳,开展供销合作社系统合作金融试点工作,加强资金互助组织孵化培育和监督引导,推进规范化、标准化建设,推动资金互助组织在更高层面上开展资金调剂和联合合作,进一步提高供销合作社合作金融的服务规模和覆盖面。加强与中国农业银行、中国人民保险公司、国家农业信贷担保联盟有限责任公司、国家融资担保基金有限责任公司等金融机构务实合作,共同开展"供银担保"支农体系建设,促进金融资源下乡进村,为小农户生产生活提供资金支持。依托基层社和社有骨干企业开展供应链金融,通过产业链将小农户纳入现代农业生产体系,强化与小农户的利益联结机制,提高小农户融资可得性。积极参与农村信用社改制,继续发展村镇银行和小额贷款公司,不断提升系统金融服务小农户的能力和水平。(金融服务部牵头,合作指导部、中国供销集团参与,2022年完成)

(十)积极参与小农户能力提升工程。发挥系统职业院校涉农专业和师资队伍优势,采取"职业院校+农民合作社+农户""送教下乡"、田间学校等多种形式,积极开展面向小农户的教育培训服务和农村实用技术培训,帮助小农户发展成为新型职业农民。支持系统职业院校和行业协会承担新型职业农民培育和新型农业经营主体培育等政府购买公共服务的教育培训类项目,做好农村实用人才带头人示范培训。鼓励各地供销合作社及社有企业利用自身网络、技术、服务等优势,面向小农户开展种养技术、经营管理、农业面源污染治理等方面的培训,提升小农户生产经营能力。(科教社团部牵头,合作指导部、农业生产资料与棉麻局参与,2022年完成)

(十一)加强面向小农户的科技推广服务。引导系统科研院所、社有企业、职业院校等到农业生产一线建立科技示范基地,鼓励科研人员、技术推广人员通过下乡指导、技术培训、定向帮扶等方式,向小农户集成示范推广先进适用技术。加强新型庄稼医院、在线科技服务平台、农资物联网建设,运用现代信息技术为小农户提供农业科技服务。针对小农户生产经营特点和需求,围绕棉花、茶叶、果品、辛香料等农业经济作物,以及农资供应等业务领域,开展小农户生产经营相关标准制定和推广,引导小农户掌握先进技术和标准规范,提高产出效益和市场竞争力。(科教社团部牵头,农业生产资料与棉麻局参与,2022年完成)

三、保障措施

(一)加强组织领导。各级供销合作社要把促进小农户与现代农业发展有机衔接作为新时代供销合作社履行服务职责的重要任务,切实抓紧抓好。总社各部局要统一思想认识,按照任务分工,加强工作指导和督促检查,认真抓好实施方案贯彻落实。各地供销合作社要依据实施方案和总社安排部署,结合各自实际,细化工作举措,确保各项工作落到实处。

(二)强化统筹协调。各地供销合作社要主动向地方党委、政府汇报工作,加强与各涉农部门沟通协调和协作配合,积极争取政策支持、资金扶持和政府购买服务,完善工作协调机制,形成为农服务工作合力。要全面深化供销合作社综合改革,进一步激发改革发展活力,不断增强为农服务综合实力,在促进小农户与现代农业发展有机衔接中发挥更大作用。

(三)加大资金支持。积极协调同级财政部门,加大供销合作社组织实施"农业社会化服务惠农工程"和"服务带动小农户工程"扶持力度。各级"新网工程"专项资金、供销合作发展基金等,要加大对服务带动小农户能力强、效果好的项目支持力度,发挥项目资金的示范引导作用。不断加大供销合作社基层服务设施投入,加强各类为农服务主体建设,整合服务资源,提升基层服务小农户的能力。

(四)加强宣传指导。认真做好实施方案宣讲宣传,让各地供销合作社充分认识在服务带动小农户方面肩负的使命和责任,切实增强做好工作的责任感紧迫感。积极开展调查研究,及时掌握小农户发展的新情况新问题,掌握小农户服务需求变化,不断提高服务的针对性和有效性。及时总结供销合作社促进小农户与现代农业发展有机衔接的新做法新模式,积极宣传推广各地典型经验,在全系统范围内营造服务小农户、促进小农户健康发展的良好氛围。

附录九　中华全国供销合作总社
关于推进区域电商发展的实施意见

各省、自治区、直辖市及计划单列市、新疆生产建设兵团供销合作社,供销集团及其成员企业:

中华全国供销合作总社(以下简称总社)印发《关于加快推进电子商务发展的意见》(供销经字〔2015〕1号)以来,各级供销合作社迅速行动,电子商务呈现良好发展态势。特别是全国供销合作社电子商务工作会议后,各地狠抓落实,加快开展网上交易、仓储物流、终端配送一体化经营,电子商务成为供销合作社发展速度最快的新兴业务板块。为贯彻落实《中共中央办公厅、国务院办公厅关于印发〈数字乡村发展战略纲要〉的通知(中办发〔2019〕31号)精神,进一步发挥供销合作社在区域市场的实体网络优势,顺应电子商务线上线下融合发展大趋势,推动线下资源与线上网络融合对接,促进系统电子商务均衡协调,可持续发展,更好地服务乡村振兴战略,现就供销合作社区电商发展提出以下实施意见。

一、充分认识发展区域电商的重要性

供销合作社经营网点广布,线下资源丰富,且实体网络主要以区域市场形式存在,这是供销合作社推进线上线下融合发展的基本特点和独特优势。随着我国电子商务的快速深入发展,线上线下融合互动成为不可逆转的趋势。各大电商企业纷纷在线下布局,以线上带动线下、线下促进线上,努力打造新的竞争优势,抢占行业发展制高点。

供销合作社发展电子商务的路径是以线下为基础发展线上,实现线上线下融合。新形势下,各地供销合作社必须立足区域实体网络基础,从区域市场寻求差异化竞争优势,推进线下实体网络资源融合对接线上平台。实践证明,只有发展好区域电商,才能为"供销e家"打造全国"一张网"提供有力支撑,才能为供销合作社电子商务持续发展提供坚实基础,走出一条具有供销合作社特色的电商发展之路。

发展具有供销合作社特色的区域电商,主要通过电子商务等互联网信息技术改造区域实体网络,对农村生产生活服务、农产品加工流通、日用消费品连锁经营等传统业务进行全方位整合和提升,构建起以网络预订为主要承载方式,以区域内城乡居民、机关团体企事业单位为服务目标客户,以销售本地农产品为重要内容,以构建智慧物流配送网络为支撑的区域电商发展格局。

二、主要内容

(一)拓展区域实体网络电商功能,推动传统流通业转型升级。丰富的实体网点资源是发展区域电商的重要条件。连锁超市、便利店等实体网点要进行信息化改造,使顾客在满足传统线下体验消费的同时,拓展线上咨询、商品筛选、产品预定和交易结算等经营功能,提供网订店取、代收代发、物流配送等综合服务,推动传统流通业态转型升级;大型商场、日用百货等实体店要增强场景化、立体化、智能化展示功能,增加餐饮、休闲、娱乐、文化等设施,推动线上交流互动、引客聚客、精准营销与线下真实体验、品牌信誉、物流配送相融合,尽快向多样化商业服

务综合体转型;农产品批发市场要发挥供应链的核心作用,创新经营模式,向生产、零售产业链的两端延伸,发展以同城配送为重点的农产品电商,逐步实现由商品批发向供应链管理服务的转变。

(二)做实做强区域电商,打造供销电商"本地生活"。区域电商要针对城乡居民的个性化消费需求,创新商业模式和服务手段,提供不同内容、不同方式的专业化电商服务。对于城市消费者,要研究开发符合城市居民生活和消费习惯的电商功能,找准业务的切入点和合作对象,聚合社会商业网点资源,重点抓好商品组织和仓储物流配送,把线下网点的日用消费品、生鲜农产品销售嫁接到网上,同时拓展快递、家政、餐饮、在线旅游等多种形式的生活服务,努力打造供销电商"本地生活",构建以电商业务为引领的供销合作社新型经营服务网络;对于农村消费者,要重点满足农民生产经营的需求,通过引入电子商务,推进农资销售和农业社会化服务的在线化,面向农民和各类新型经营主体提供质量追溯、测土配方、农技培训等在线服务,提高农业生产的技术水平和效率。实体网络相对薄弱的地区,要立足自身实际,在做好可行性研究和市场分析的基础上,构建区域电商网络。

(三)把控区域农产品资源和品质,发展农产品电子商务。农产品尤其生鲜农产品是区域电商的重要经营内容。供销合作社要努力成为各地农产品电商的重要参与者和组织者,联合农产品经营企业、农民专业合作社和农产品生产基地等主体,整合当地农产品资源,提高农产品的商品化、组织化水平,根据农产品的不同特点开发网络适销的品种。生鲜农产品要重点发展"中央厨房"、同城配送等业务,对接机关、学校等团体单位开展集采集配,面向城市居民建设社区生鲜农产品零售网络。重点推进地方名优特农产品全网销售,努力提高农产品加工、产品包装、营销策划等方面配套服务。强化农产品供给质量,从生产源头加强农产品质量管理,促进农产品生产的标准化、规范化;建立健全农产品质量检验检测体系,加快二维码、OID(对象标识符)在农产品质量追溯中的推广应用。加强农产品电商的品牌建设,加大宣传推广力度,打造拳头产品,尽快形成供销合作社农产品电商的品牌集群,提高市场影响力和美誉度。

(四)挖掘物流资源,构建智慧物流配送网络。区域物流配送网络是发展区域电商的重要支撑。围绕城市社区的商品配送,各地供销合作社要根据自身情况和当地实际,综合比较自建物流和与第三方物流合作的优劣,择优进行选择,构建快捷、高效、低成本的物流配送网络。围绕生鲜农产品同城配送业务,要从提高物流配送速度和保障农产品质量入手,逐渐完善农产品产地预冷、全程冷链配送、终端生鲜自提柜等冷链物流基础设施,实行物流配送信息实时共享查询,建立从农产品生产基地到餐桌的全程专业化冷链物流配送网络。围绕破解农村电商物流"最后一公里"难题,县级供销合作社要利用现有农村物流和商业网点,加强与社会快递企业在资本、业务等方面的合作,通过市场运作、优势互补,建立县级快递分拣中心、乡镇物流站和村级电商服务点三级物流配送体系,通过将配送到乡村的快件集中到县级分拣中心统一配送等方式,提高物流配送的规模效益,降低配送成本,为农村电商发展提供强有力的线下物流支撑。

三、推进方式

(五)坚持上下联动,形成"供销e家"与区域电商相互支撑的发展格局。"供销e家"作为系统电商的总平台,对供销合作社区域电商发展起着统筹引领作用,要抓紧研究制定农产品电商的产品和业务标准,建立优质商品资源共享机制和品牌库,努力为区域电商发展提供技术、业务和金融等综合性的支持和服务。区域电商是"供销e家"发展的基础,要在努力打造集商品销售和本地服务于一体的区域电商生态圈的同时,积极组织区域内商品、服务等各类资源对接"供销e家"全国平台。

(六)坚持重点突破,重视和抓好区域电商运营中心建设。电商运营中心是区域电商发展的重要环节。在推进区域电商发展过程中,要始终把发展电商运营中心作为工作重点,依托区域电商企业,着力建设一批高水平、标准化的电商运营中心,重点强化其在商品运营推广、货源组织、物流配送、质量把控、人才培训等方面的功能,使之成为区域电商发展的重要支撑。

(七)坚持开放共享,增强区域电商的可持续发展能力。开放共享是互联网经济的重要特征。发展区域电商,要坚持市场化导向,扬长避短,把开放共享的理念贯穿到平台、产品、渠道建设等各个环节。在工作推进过程中,既可以利用自有的实体网络,也可以整合社会上的商业网点资源;既可以自建物流,也可以与第三方物流进行合作,努力实现资源利用和经营效益的最大化。同时,要强化体制机制创新,加强产权、技术、品牌等方面的联合合作,积极引入社会资本和专业人才,集聚各方面的资源,用社会资源的优势弥补自身的短板和不足,不断增强供销电商的持续发展能力。

四、保障措施

(八)加强组织领导。各地供销合作社要把发展区域电商作为当前和今后一个时期电商工作的重要着力点,加强组织领导,细化工作措施,从各地实际出发,制定工作方案,明确发展路径。要着重抓好统筹协调,强化业务指导,及时发现、协调解决工作中出现的新情况、新问题。

(九)加大支持力度。主动做好沟通汇报,认真研究各地支持电商发展的政策措施,积极争取各类资金支持。创新投融资方式,通过财政资金、产业基金、股权合作等多种渠道筹措资金,支持一批有线下支撑的区域电商做大做强。

(十)强化人才支撑。利用供销合作社电子商务职业教育基地,加强电子商务实用型人才培训。紧跟行业发展前沿,建立市场化选人用人机制,引进和培养一批掌握商业经营管理和信息化应用知识的复合型电子商务人才,为区域电商发展提供高端人才支撑。

(十一)总结推广经验。及时跟踪掌握、认真总结系统内推进区域电商发展中形成的有效经验,学习借鉴社会上的好经验、好做法,结合供销合作社实际开展深入研究,通过现场交流、集中培训、典型推介等方式,加强宣传推广,努力发挥先进典型的示范带动作用。

中华全国供销合作总社
2019年8月8日

附录十 中华全国供销合作总社关于规范发展供销合作社金融服务的指导意见

各省、自治区、直辖市及计划单列市、新疆生产建设兵团供销合作社：

为深入贯彻落实《中共中央、国务院关于深化供销合作社综合改革的决定》（中发〔2015〕11号，以下简称中发11号文件）精神，进一步深化供销合作社综合改革，防范金融风险，促进系统金融服务规范发展，根据党和国家对金融工作的总体要求及系统实际，提出以下意见。

一、充分认识规范发展金融服务的重要意义

近年来，各地供销合作社认真贯彻中发11号文件精神，积极与各类金融机构合作，开展信用合作、融资担保、保险代理等金融服务，在打通金融惠农"最后一公里"，助推农业农村经济发展、农民增收致富、精准脱贫等方面发挥了积极作用。但也要清醒地认识到，供销合作社金融服务处于起步阶段，还面临着制度建设滞后、经营管理粗放、地区间发展不平衡、服务功能整体偏弱、有效监管缺失等问题，特别是一些地方信用合作组织设立登记不规范、内部管理制度不完善、风险管控机制不健全、监管不到位等问题突出，存在较大风险隐患，亟须加强规范引导。

规范发展供销合作社金融服务、防范金融风险，是深化供销合作社综合改革，推进生产、供销、信用三位一体综合合作，提高为农服务能力和实力的需要，是破解农村金融服务有效供给不足、促进乡村振兴的需要，是打好"三大攻坚战"、维护国家金融安全、实现长治久安的需要。各级供销合作社要切实提高政治站位，进一步增强对金融安全稳定重要性的认识，把主动防范化解金融风险放在更加重要的位置，及时有效识别和化解风险，推动供销合作社金融服务规范、有序发展。

二、指导思想和总体原则

（一）指导思想。深入贯彻习近平新时代中国特色社会主义思想和党的十九大精神，认真落实中发11号文件、《中共中央 国务院关于实施乡村振兴战略的意见》和全国金融工作会议精神，遵守国家有关法律法规，坚持稳中求进工作总基调，强化风险防控意识，以提升为农服务能力为根本宗旨，以服务农村实体经济为出发点和落脚点，正确处理规范与发展的关系，严守不发生系统性金融风险的底线，努力探索构建适应"三农"发展需要，整体运转协调、风险可控的供销合作社农村金融服务体系。

（二）总体原则

——坚持依法合规。供销合作社金融服务要在国家法律法规和政策允许的范围内，按照政府监管部门的要求合规发展。

——坚持稳中求进。供销合作社开展金融服务必须把防范风险放在首要位置，稳字当头，遵循金融发展规律，审慎管理，稳步推动各项业务在高标准严要求下规范、稳步发展。

——坚持服务实体。为实体经济服务是金融的天职。供销合作社开展金融服务必须以服务农村实体经济为导向，把服务实体经济的成效作为衡量工作的根本标准，聚焦支持"三农"

发展。

——坚持分类指导。各地各级供销合作社在遵守国家相关法律法规的前提下,因地制宜探索不同形式的金融服务,有针对性地采取风险防控和发展指导措施,不搞"一刀切"。

三、防范风险,规范先行,筑牢发展基础

供销合作社系统要把风险防控放到更加重要的位置,开展以"防控风险、清理整改、规范发展"为主要内容的常态化风险防控,促进金融服务规范发展。

(三)防控风险,建立内外结合的风险防范机制。政府金融监管部门是供销合作社开展金融服务的监管主体。各级供销合作社要积极配合有关部门做好金融监管工作,同时加快构建供销合作社系统内部监督体系。要明确专门机构并综合运用统计、审计、监察等手段,充分利用互联网信息技术,建立风险排查机制,定期对金融服务组织和金融服务业务的风险情况进行摸底排查,对中小型金融机构的资本充足率、不良率、逾期率等安全性指标进行重点关注,列出问题清单,实行台账管理,有针对性地进行督导管控。要指导金融服务机构按照审慎性原则,完善风险识别、评估、化解、处置和责任追究措施,逐步形成"政府部门监管、供销系统监督、经营机构内控"的风险管理格局。

(四)清理整改,建立违法违规金融服务退出机制。对与供销合作社无实质产权关系而挂靠、使用、冒用供销合作社名义进行金融活动的单位要全面排查,采取果断措施,限时清理,并公告社会。对供销合作社没有实际掌控力的P2P平台,严格禁止使用供销合作社名义开展业务。对无政府部门批准、无监管部门监管、突破批准范围违规经营的金融机构和业务,要限期整改。资金互助组织突破社员制、封闭性,冒用银行名义经营,违规高息揽储、高息放贷,将资金大量投向非农产业甚至国家限制性行业领域,以及业务缺少实体依托、背离发展初衷、"垒大户"等问题要及时整改,逐步消化、稀释风险,对整改后仍达不到要求的要设立退出机制。信用合作规模过大、风险比较集中的地区要采取更加有力的措施,限期把规模和风险降到可控范围内。

(五)规范发展,建立健全金融服务稳健运营机制。供销合作社开展金融服务要按照国家有关准入条件和监管要求,取得有关部门的批准,并在金融监管部门监管下合规开展。要加强制度建设,建立健全审贷决策机制、信息披露制度、风险准备金制度、动态监测制度、抵押担保制度、风险事项报告及应急处理制度,促进业务规范可持续发展。开展信用合作的经济组织要按照"社员制、封闭性、不对外吸储放贷、不支付固定回报"的规定,坚持"小额、短期、分散"原则,规范社员身份、出资额度、资金用途等,细化工作流程,强化责任追究,依法合规开展业务。

四、发挥优势,拓展深度,分类推进金融服务

各地供销合作社要结合实际,探索开展多种形式的金融服务,提高服务的深度和广度,提升金融服务能力和质量。

(六)积极承接各类金融机构的普惠金融服务。充分发挥供销合作社网点多、渠道广、体系健全的优势,加快与金融机构对接合作,推进中华全国供销合作总社(以下简称总社)与农业银行、建设银行、农业发展银行、国家开发银行、中国人民财产保险公司等机构战略协议的贯彻落实。加强对新型农业经营主体、农民合作经济组织、农户基本信息和交易数据的收集、整理和运用,构建"大数据"信息平台,参与社会征信体系建设。积极承接政策性银行、商业银行、农村

中小型银行的金融服务,加强与大型担保机构、保险机构合作,打造金融服务资源下乡进村的综合平台。

(七)积极参与组建农村中小型金融机构。按照国家有关政策要求,积极稳妥参与设立各类农村中小型金融机构,推动金融业务回归本源。有条件的地方,积极参与组建农村商业银行和村镇银行。因地制宜组建小额贷款公司、保理公司和供应链金融公司等,开展面向供销合作社企业、新型农业经营主体和农户的贷款和票据贴现等融资服务。积极发起或参与设立融资性担保公司,为供销合作社企业、新型农业经营主体提供增信服务。

(八)稳步发展农村信用合作。在金融监管部门的监管和指导下,稳步探索开展农村信用合作。尚未开展信用合作的地区,力求高起点规范发展;有一定基础的地区要在整顿规范的基础上,有计划、有步骤地稳步推进;规范发展基础较好、有条件的地方,在金融监管部门的指导下,以合作社联合社等形式,进行更高层次开展资金调剂和风险防范等方面的探索。加快推进生产、供销、信用"三位一体"综合合作,将金融要素融入农业生产经营全产业链、各个环节,有效发挥合作金融的黏合助推作用。

(九)做实合作发展基金。各级供销合作社联合社要结合实际认真贯彻落实中发11号文件精神,加快设立合作发展基金,按照《供销合作社合作发展基金管理暂行办法》规范设立、运行和管理。合作发展基金既可采取以市场化方式运作的股权投资基金形式,也可采取依据合作制原则使用的发展基金形式运作,主要用于供销合作社基层组织和为农服务项目建设、龙头企业培育、产业发展等方面,提升供销合作社为农服务能力。加强系统内合作发展基金的合作,共同培育产业带动力强、社会影响大、经济效益好的项目,促进系统上下贯通、联合合作。

(十)积极拓展农村保险业务。按照国家有关行业自保的政策法规,继续开展系统安全统筹工作,探索"自保+再保"业务,分散风险。在安全统筹的基础上,发展农业互助保险。鼓励有条件的供销合作社参与发起设立保险机构。各级供销合作社要整合资源,加强与各类保险机构合作,大力开展涉农保险代理服务,为农民提供农业、财产、人寿等各类保险服务,为农民生产生活提供保险保障。

五、加强组织,落实责任,形成推动金融服务规范发展的合力

(十一)加强组织领导。各级供销合作社把规范发展金融服务作为深化供销合作社综合改革的具体任务来抓,进一步提高思想认识,强化组织领导,狠抓任务落实,切实做到发展有目标、推进有措施、督查有机制、防控风险有手段、金融服务有成效。

(十二)强化责任落实。各级供销合作社负责本区域内金融服务规范发展工作,切实履行对所办金融组织的管理职责,当好政府监管部门的助手,配合做好风险防范工作。供销合作社要设立或明确专门机构,配备专业人员,对区域内金融服务工作承担指导、协调、监督和服务职责。要在金融监管部门的指导下,因地制宜探索发展符合当地实际的金融服务模式,建立健全行业自律体系。县级供销合作社按照上级部署承接各类金融服务资源,规范发展信用合作,切实履行好现场检查和日常监管职责。

(十三)加强政策协调。按照各地对新型农村合作金融组织的监管、引导、规范以及风险处置职责的相关要求,争取当地政府有关部门落实监督责任。积极与政府相关部门协调解决供销合作社金融服务开展中遇到的准入、设立、登记等问题,为金融服务规范发展创造良好环境。

(十四)加强人才队伍建设。有针对性地开展分层次、分区域、分业务类型的金融培训工

作;积极培养引进一批熟悉供销合作社情况、认同合作发展理念、精通金融业务的专业人才,为供销合作社金融服务规范发展积蓄力量。

(十五)加强基础工作。各级供销合作社要分类做细、做实金融服务的统计、考核、研究、信息化建设等基础工作,加强信息交流、及时总结典型经验,为业务规范发展奠定基础。

中华全国供销合作总社

2019年1月8日

附录十一　供销总社关于加快推进再生资源行业转型升级的指导意见

各省、自治区、直辖市、新疆生产建设兵团供销合作社，中国供销集团、中再资源再生开发有限公司、中国再生资源开发有限公司、中国再生资源回收利用协会：

为贯彻落实党的十九大精神，更好地发挥供销合作社再生资源行业在加快生态文明建设和实施乡村振兴战略中的独特优势和重要作用，加快推进供销合作社再生资源行业转型升级，现提出如下意见：

一、充分认识推进供销合作社再生资源行业转型升级的重大意义

推进再生资源行业转型升级是贯彻落实党的十九大精神的重要举措。贯彻新发展理念，加强生态文明建设，实施乡村振兴战略是党的十九大作出的战略部署。再生资源产业作为发展循环经济的重要载体和有效支撑，是生态文明建设的重要内容，是实现绿色低碳发展的重要途径。供销合作社是为农服务的合作经济组织，是再生资源回收利用行业的主力军，要按照党的十九大作出的战略部署，树立全新的行业发展理念，创新服务模式和组织方式，培育新动能，拓展新空间，推动再生资源企业提质增效，引导再生资源行业转型升级，实现再生资源产业绿色化、循环化、专业化发展，为生态文明建设和服务乡村振兴作出贡献。推进再生资源行业转型升级是深化供销合作社综合改革的内在要求。加快推进再生资源行业转型升级是供销合作社综合改革的一项重要任务。当前，供销合作社综合改革已经进入由点到面、全面推开的新阶段，要认真贯彻落实中发〔2015〕11号文件精神，推进再生资源行业转型升级，加快打造城乡社区综合服务平台，进一步健全再生资源回收网络，积极参与美丽乡村建设，规范建设再生资源回收利用网点，促进资源循环和高效利用，改善城乡生态环境。推进再生资源行业转型升级是再生资源企业走出困境的必然选择。再生资源回收利用是供销合作社传统主营业务，近年来受市场环境、政策调整等因素叠加影响，经营规模大幅萎缩，一些企业处于停业观望状态，保持经营的一些企业也存在管理粗放、经营模式单一、盈利能力和抗风险能力弱、发展方向模糊等问题。同时，随着新环保法和污染物排放标准的施行，对再生资源行业绿色发展提出了更加明确的要求，严峻的形势倒逼供销合作社要加快再生资源行业转型升级，以实现企业的健康可持续发展。

二、总体要求

（一）指导思想

供销合作社再生资源行业转型升级，要以习近平新时代中国特色社会主义思想为指导，深入贯彻新发展理念，全面落实高质量发展要求，围绕生态文明建设和乡村振兴的战略安排，把握机遇，深化改革，发挥优势，突出特色，依靠科技创新提升竞争力，优化经营结构提升发展活力，参与乡村振兴拓展服务能力，逐步推动系统再生资源企业从"废品买卖型"向"环境服务型"转型升级，实现供销合作社再生资源行业良性发展。

(二)基本原则

——市场运作,企业为主。坚持合作经济组织属性原则,充分发挥市场在资源配置中的决定性作用,以需求为导向,以企业为主体,积极稳妥推进转型升级。

——创新驱动,注重效益。发挥服务农民生产生活生力军和综合平台作用,加强规划设计,依托科技创新,按照生态文明建设和乡村振兴战略总要求,主动承担社会责任,实现社会效益和经济效益双赢。

——因地制宜,合理施策。根据各地经济社会发展水平、资源条件、产业特点和系统自身的发展基础,科学选择符合自身实际情况的转型升级模式,避免重复建设和资源浪费。

——加强合作,联合发展。遵循经济规律,以产权为核心,以项目为平台,加快推进系统内外、不同层级、不同区域之间网络的对接与融合,实现共同发展。

(三)主要目标

到 2020 年,发展规范化的城乡回收站点 10 万个、建设设施先进的再生资源综合分拣中心 1500 个、回收利用基地(园区)120 个、培育 10 家年收入超过 50 亿元的大型环境服务型龙头企业。加快形成"村级回收+乡镇转运+县域分拣加工+再生资源基地综合利用",功能完善、技术先进、高效利用、生态环保、覆盖城乡的供销合作社再生资源回收利用体系,在我国再生资源回收利用行业占有重要地位,在加强生态文明建设、实施乡村振兴中发挥重要作用。

三、重点任务

(一)巩固完善城乡回收利用网络。再生资源行业转型升级,构建回收利用网络体系是关键,要加快建设形成以城乡回收网络为基础,以县域分拣中心(集散市场)为中心,以区域综合利用园区为龙头的回收利用体系。

1.加强基层回收网点建设。对现有回收站点实施标准化改造、规范化经营,打造规范有序、整洁环保的示范网络。在网络薄弱和网点空白地区,新建一批现代化、标准化回收站点。依托龙头企业,采取收购、加盟、租赁等方式,对社会回收站点和个体经营者进行规范整合,扩大网络覆盖面。

2.大力发展分拣中心和集散市场。按照土地集约、生态环保的原则,根据区域分布和市场需求,加快规划新建一批专业化、现代化分拣中心和集散市场,提高再生资源回收利用的集约化程度,打造对接产业上下游的服务平台。对现有的分拣中心和集散市场进行升级改造,采用先进应用技术,提高管理经营水平,提升分拣集散功能。

3.科学规划综合利用园区建设。综合利用园区是再生资源回收后加工处理的重要载体,集中体现了再生资源集约化、规模化处理水平。要根据各地再生资源的存量,规划布局园区建设。要建设环保集中处理设施和集信息、研发、仓储、金融服务、环境监控于一体的服务平台,构建再生资源深度加工和规模化、高值化利用产业链,促进企业聚集,形成资源、资金、人才、科技洼地,为地方经济打造新的增长极。

(二)积极向农村环保领域拓展。农村是供销合作社的主阵地,也是再生资源行业转型升级的主战场,要抓住乡村振兴和农村人居环境整治的重要机遇,主动谋划,积极向农村环保产业进军。

1.积极参与农业面源污染治理。充分发挥供销合作社扎根农村,贴近农民,服务农业的优势,大力发展生态农业、循环农业,引导农民采用减量化、再利用、资源化的农业生产方式。积极探索开展秸秆、地膜、农药包装等农业废弃物的回收和资源化利用,拓展农业社会化服务范围。

2.服务农村社区人居环境治理。发挥供销合作社再生资源回收利用网络优势和技术优势,探索农村废弃物资源循环利用的新型农村清洁模式,大力开展农村生活垃圾分类回收和处理,参与当地农村清洁工程建设,开展人畜粪便等农村生活废弃物和玻璃、废纺织品、塑料袋、家具等低值物回收,推进农村生活垃圾减量化和资源化。

3.向农村环境综合治理延伸。因地制宜,积极配合当地政府开展农村环境综合治理,争取当地政府授权和支持,承接农村公益性服务项目。充分利用基层经营服务网络,开展垃圾清运、村镇保洁、垃圾处置、污水处理、土壤修复等农村环境综合治理业务,探索形成科学、有效的农村环境综合服务模式。

(三)培育壮大新型龙头企业。龙头企业是再生资源行业转型升级的主体,要以培育和壮大龙头企业,提高加工利用技术水平为重点,加快再生资源产业链从前端向后端延伸。

1.做强环保型龙头企业。全面推进系统内资源整合,加强同业经营企业的纵向整合与横向联合,促进优势资源进一步向骨干企业集中,尽快培育形成一批回收网络完整、经营规模大、经济效益好、控制力强、技术装备先进的环保型龙头企业。有条件的龙头企业要积极参与城乡固体废物协同处理任务,建设区域性固体废物综合利用和协同处置基地,为地方政府提供城乡环境服务综合解决方案。

2.培育县域骨干企业。县域再生资源企业是农村再生资源回收利用经营管理的主力,是开展农村环境综合治理的重要载体。要大力培育和做强县域再生资源骨干企业,完善回收网络,兴建专用设施,整合各种资源,提升县域骨干企业解决农村废弃物量大、分散、面广、价值低、运费高等难题的能力,在农村环境综合治理中发挥积极作用,充分体现供销合作社为农服务宗旨。

3.提高加工利用技术应用水平。充分发挥科研院所和企业研发的集群优势,加快研发和应用符合农村环保产业要求的新技术、新工艺、新设备,提升农村再生资源回收利用的现代化水平。积极引进和采用先进装备、技术和管理模式,加快分拣加工环节的技术升级改造,大力推广精细分拣和深加工技术,提高资源利用率,增加产品的附加值,消除二次污染。

(四)探索创新经营服务模式。经营服务模式创新关乎再生资源行业转型升级的成败,要大力推进"两网融合"模式,创新回收方式和业态,在巩固传统品种的同时,拓展特种经营等新的经营空间,提高核心竞争能力。

1.大力推进"两网融合"。推行垃圾分类制度、实施"两网融合"是"十三五"规划一项重要战略任务。再生资源企业要积极承担城乡生活垃圾分类减量运营任务,促进再生资源回收利用网络与环卫清运网络实行有效对接,在机制、人力资源、物流、设施、平台等五方面积极实施"两网融合",在融合中寻求新的发展机遇,为推行垃圾分类、促进生活垃圾减量化、资源化和无害化作出应有的贡献。

2.加快创新回收方式和业态。贯彻落实"互联网+"行动计划,探索"互联网+再生资源""互联网+垃圾分类""互联网+园区利用"等新型商业模式。灵活运用在线回收等新型回收方式,拓宽回收渠道。积极探索将大宗商品电子现货和期货交易模式引入再生资源行业,依托再生资源电子交易市场发展期货交易。大力发展供应链金融、互联网金融,解决企业融资问题,增强企业发展后劲。

3.积极向特种经营拓展。在开展传统废弃物回收利用的同时,积极向危险废弃物的收运处置、报废汽车和电子废弃物的回收拆解、餐厨废弃物的处置、固体废弃物的处理等特种经营领域拓展。积极拓展回收渠道,探索大客户回收模式,尝试与党政机关、军队、高校和大型生产企业建立长期、稳定的回收关系。

四、保障措施

(一)加强组织领导。各级供销合作社要从战略和全局的高度深刻认识再生资源行业转型升级的重大意义,并将其作为一项重要工作摆上议事日程。要成立专班,明确职责,制定工作规划,加大工作力度,确保工作取得实效。

(二)加大支持力度。各级供销合作社要积极向当地党委政府汇报,争取把供销合作社再生资源转型升级纳入当地经济社会发展总体建设规划中。要加强与发改、财政、自然资源、工信、税务、生态环境、住建、商务等部门的沟通协调,争取国家及地方的财政支持。总社项目资金将加大对系统再生资源转型升级的支持力度。

(三)加快人才培养。充分发挥供销合作社科技教育资源优势,加强对再生资源回收利用先进技术研究,加大对再生资源经营管理人才培养。组织专项培训,增强从业人员对行业政策的理解把握,提高从业人员技术管理的实操水平。

(四)发挥行业协会作用。充分发挥供销合作社再生资源行业协会在转型升级中的作用,鼓励协会发挥桥梁纽带作用,积极履行行业自律、信息沟通和反映诉求职能。加快制定行业标准,组织专业技能培训,引导企业规范经营,推动行业诚信建设,维护公平竞争的市场秩序。

(五)及时总结推广经验。对于各地在推进转型升级中涌现出来的典型经验和做法,以及具有供销合作社特色的发展模式,总社和省级供销合作社要认真进行总结,抓好业务指导,加强宣传和推广,发挥好示范带动作用。

中华全国供销合作总社
2018 年 4 月 12 日

附录十二 国务院关于解决当前供销合作社几个突出问题的通知
国发〔1999〕5 号

各省、自治区、直辖市人民政府,国务院各部委、各直属机构:

《中共中央、国务院关于深化供销合作社改革的决定》(中发〔1995〕5 号,以下简称中央 5 号文件)下发以来,各级供销合作社围绕真正办成农民合作经济组织的目标,进行了大量的探索,取得了一定成绩。当前,农业和农村经济发展很快,农产品和农业生产资料供应充裕,棉花、化肥流通体制发生重大变化,农村市场多元化的格局已经显现。亿万农民走向市场迫切需要有力的组织和正确的引导。但是,目前供销合作社经营机制不活,为农服务功能不强,人员负担及债务包袱沉重,亏损不断增加,难以适应农业和农村新形势的要求。必须按照党的十五届三中全会提出的要求,进一步深化供销合作社改革,着力解决当前最突出的几个问题。现就有关问题通知如下:

一、坚持合作经济方向,着力解决当前存在的突出问题

发展合作经济,是坚持以公有制为主体、多种所有制经济共同发展基本经济制度的需要。随着农村改革的深化和经济的发展,供销合作社的作用应当加强,不能削弱。中央 5 号文件提出把供销合作社办成农民的合作经济组织,指明了供销合作社改革的方向。对此,要坚定不移。但实现这一目标是个长期的过程,需要逐步推进。深化供销合作社改革,要从现阶段农村生产力发展的实际出发,大胆探索合作经济的多种实现形式。当前最重要的是针对供销合作社存在的突出问题,尽快扭转效益下滑、亏损增加、经营萎缩的被动局面,清理整顿社员股金,防范和化解金融风险。通过改革,使供销合作社建立起自主经营,自负盈亏的经营机制,更好地为农服务,为进一步发展合作经济奠定坚实的基础。

二、改造基层社,创造条件逐步办成农民的合作经济组织

基层社应直接体现为农服务宗旨和合作经济性质。要通过清产核资,重新认定社员的合法权益,实行民主管理,民主监督,利益共享,风险共担。理事会、监事会成员由社员民主选举产生,真正做到民有、民管、民享。基层社要完善经营机制,自主经营,自负盈亏,加强内部管理,降低经营费用,提高经济效益。对扭亏无望、资不抵债的基层社依法实施破产。破产基层社的国家正式职工纳入当地的再就业工程。

基层社要努力开拓城乡市场,拓宽为农服务领域,增强为农服务功能。要充分发挥在农村流通领域的优势,从当地实际出发,围绕农业生产的主导产业和骨干产品,把生产、加工、销售等环节连成一体,带领千家万户农民走向市场。要尊重农民意愿,凡是农民需要的商品和服务,都要积极组织经营。对国家专营商品,专营部门应尽量委托基层社在农村代购代销。

供销合作社要发挥联结城乡市场的优势,利用现有的城镇网点设施,办好消费合作社。

三、进一步理顺各级联社的组织管理体制

各级地方政府要加强对供销合作社的指导、协调、扶持和监督,但不得干预供销合作社正

常的经营活动。供销合作社结构调整、企业改革、再就业工程等需要政府组织协调的,由当地人民政府负责。要切实保护供销合作社的合法权益,不允许随意下达政策性经营任务和进行各种行政摊派。今后凡是政府委托供销合作社从事政策性业务,都要事先签订委托合同,明确责任和义务,并确保兑现。银行也要加强资金监管,纠正多头开户问题,确保资金安全。

各级联社在经济上独立承担责任,除国家委托的政策性经营任务外,上级联社不对下级联社下达经营任务。理事会的主要职能是,对成员社进行业务指导,协调与政府部门、社会组织的关系,行使本级社有资产出资人代表职能,监督社有资产保值增值,并按出资额依法享有所有者的资产受益、重大决策和选择管理者的权利。各级联社所办企业在自主经营、自负盈亏的基础上,相互协作,平等竞争。

县联社在发挥供销合作社作用中处于关键环节。县联社要切实加强对基层社的指导、协调和监督,发展为农业产业化服务的龙头企业,提高效益,增强为农服务实力。县联社的理事会人员和机构设置由社员代表大会确定,管理人员由理事会聘任,严格核定人员编制,经费来源仍维持现行渠道。全国供销合作总社和省、市(地)级联社应大力精简机构,减员消肿,所需经费列入同级财政预算,不再向所办企业提取管理费。

四、按照自主经营、自负盈亏的要求,搞活社办企业

社办企业要围绕扭亏增盈加快改革步伐,坚持从实际出发,因地制宜,多种形式,但必须保护出资人权益,不准无偿量化并分掉社有资产。要接受债权银行监督,防止逃废银行债务。要切实加强管理,建立层层负责的扭亏增盈目标责任制,实行与经济效益挂钩的收入分配办法。要大力精简富余人员,减少费用开支。社办企业中下岗分流的国家正式职工纳入当地再就业工程。要着力挖掘现有企业潜力,杜绝盲目铺新摊子。对现有扭亏无望的企业和项目,要下决心停办和退出,尽量减少损失。

各级供销合作社棉花经营企业要全面贯彻落实国务院关于棉花流通体制改革的精神,积极参与市场竞争,实行下岗分流,减员增效,自负盈亏;要通过调整收购网点,减少流通环节和流通费用;要彻底实行政策性业务和经营性业务、主营业务与附营业务严格分开。农业发展银行对棉花收购资金实行"库贷挂钩、封闭运行"。供销合作社棉花企业必须在农业发展银行开立基本账户,不许挤占挪用收购资金,不得再发生新的亏损挂账。国家委托供销合作社棉花企业承担的储备棉任务,要严格核定储备费用和贴息数额并及时拨付;超出核定的费用由企业自行承担;要加强管理,明确责任,确保储备棉安全。鼓励产棉区以供销合作社为依托发展棉花合作组织,与农民结成利益共同体。具备条件的棉花合作组织可直接与大型纺织企业建立稳定的产销关系,实现产供销、贸工农一体化。

供销合作社农资经营企业,要适应化肥市场逐步放开的要求,转变经营机制,努力改善为农服务,在市场竞争中发挥主导作用。国家和地方委托农资企业承担储备任务,要核定储备费用和利息补贴数额。农资企业经营化肥购销业务发生的亏损,一律由企业自行承担。要与化肥生产企业加强营销联系,县以下供销合作社要积极兴办农资专业合作社,并可与当地农技站、土肥站、植保站实行联合服务,优势互补,利益联结,联合兴农。

五、清理社员股金,消除金融隐患

各级供销合作社要认真贯彻《国务院办公厅转发中国人民银行整顿乱集资乱批设金融机

构和乱办金融业务实施方案的通知》(国办发〔1998〕126号)中清理整顿股金的有关政策,对以"保息分红"方式吸收的股金,根据股金的来源、期限,在三年内分期转退,平稳过渡。在清理整顿期间,各地供销合作社一律不得吸收新股金。对经营不善、支付困难的基层社,县联社要及时向当地政府报告,采取切实有效措施,防范和化解可能发生的挤兑风险。全国供销合作总社要根据国家的金融政策尽快修订股金管理办法。

六、妥善处理供销合作社亏损挂账

为促进供销合作社转换经营机制,妥善解决供销合作社亏损挂账,国务院决定成立供销合作社亏损挂账清理核查小组,对供销合作社历史形成的亏损挂账进行全面清理、核查,并按照"分清性质,分清责任,逐级负担"的原则制定具体处理办法,报国务院批准后实施。各级供销合作社要积极配合,根据供销合作社亏损挂账清理核查小组统一制定的方案和表格,据实填报亏损数额和亏损原因,不得更改原始账目。各级政府要全力协助供销合作社亏损挂账清理核查小组做好清理、核查工作,确保此项工作的顺利进行。